Katherine Allfrey

Die Trojanerin

OMNIBUS

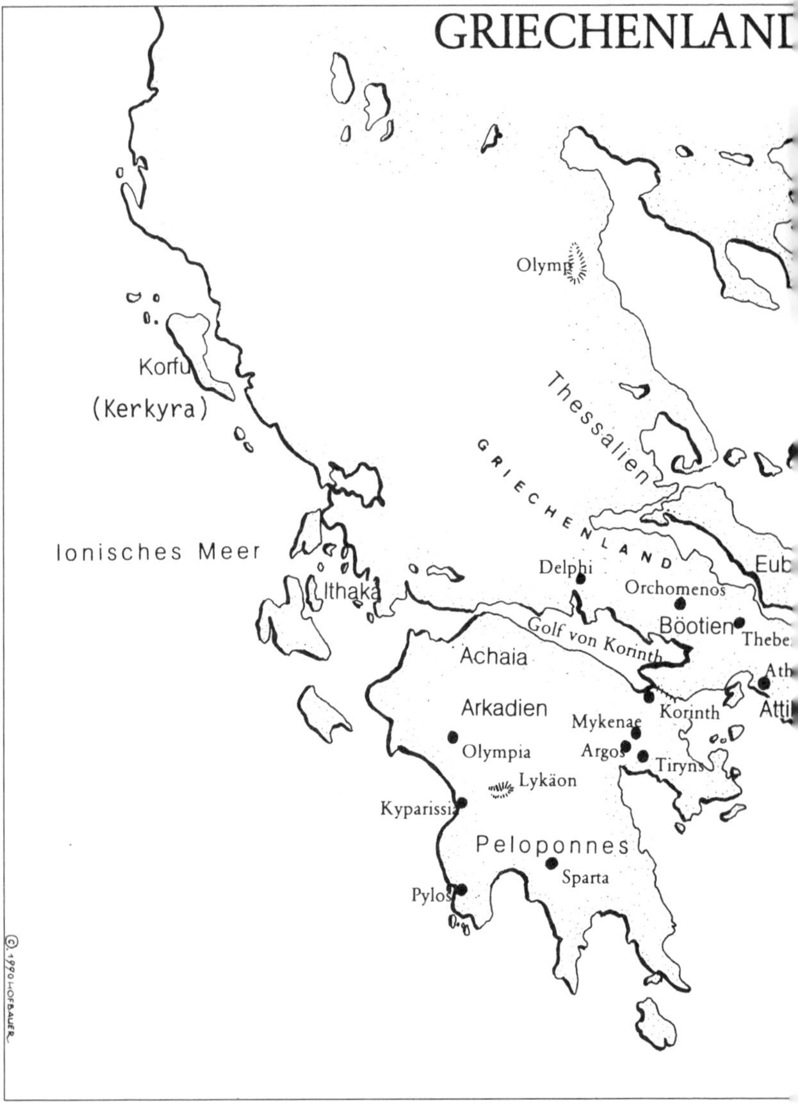
GRIECHENLAND
Olymp
Korfu
(Kerkyra)
Thessalien
GRIECHENLAND
Ionisches Meer
Ithaka
Delphi
Orchomenos
Eub
Böotien
Theben
Golf von Korinth
Achaia
Ath
Arkadien
Korinth
Atti
Mykenae
Olympia
Argos
Tiryns
Lykäon
Kyparissia
Peloponnes
Sparta
Pylos
©. 1990 HOFBAUER

UND KLEINASIEN
Thrakien
Athos
Limnos
Troja
Tenedos
Lesbos
Mitilini
KLEINASIEN
Ägäisches Meer
Chios
Chios
Gerästos
Ephesos
Samos
Keos
Miletos
Rhodos
Rhodos

DIE AUTORIN

Foto: © privat

Katherine Allfrey, 1910 in Deutschland geboren, ging 1933 nach Athen und arbeitete dort als Kindermädchen und Sprachlehrerin. Während dieser Zeit entwickelte sich ihr Interesse für das griechische Altertum. Auf einer Reise lernte sie ihren späteren Mann kennen, mit dem sie nach Neuseeland auswanderte. 1949 kehrte sie nach Europa zurück und lebt seit 1988 wieder in Deutschland. 1963 erhielt Katherine Allfrey den Kinderbuchpreis des Deutschen Jugendbuchpreises.

Weitere Titel sind in Vorbereitung.

Katherine Allfrey

Die Trojanerin

THIENEMANN TASCHENBUCH

THIENEMANN TASCHENBUCH BEI OMNIBUS
Band 26091

Umwelthinweis:
Dieses Buch wurde auf chlorfrei gebleichtem Papier gedruckt.

Erstmals als Thienemann Taschenbuch
bei OMNIBUS Dezember 2000
OMNIBUS ist der Taschenbuchverlag
für Kinder und Jugendliche von Bertelsmann
Gesetzt nach den Regeln der Rechtschreibreform

Karte: Michael Hofbauer
Umschlagbild: Thomas Müller
Umschlagkonzeption: Klaus Renner
go · Herstellung: Stefan Hansen
Satz: Uhl + Massopust, Aalen
Druck: Presse-Druck Augsburg
ISBN 3-570-26091-7
Printed in Germany

www.omnibus-verlag.de

10 9 8 7 6 5 4 3 2 1

OMNIBUS

Erstes Kapitel

Ein fahler Schein stahl sich in die Dunkelheit: Es wollte Tag werden. Am Ufer, wo die Schiffe der Achäer lagen, regte sich noch nichts. Erst als die schwarze Nacht sich in kühle graue Dämmerung verwandelte, wurde es dort lebendig.

In den Hütten weiter weg vom Strand aber hob sich hier ein Kopf, setzte sich da eine Gestalt auf, wurden Seufzer der Erwachenden laut. Die hier lagen, waren Gefangene, junge Töchter Trojas, jetzt ein Teil der Siegesbeute. Denn vor wenigen Tagen war Troja gefallen, nicht im Kampf, sondern durch eine List, im zehnten Jahr des Krieges. Troja, das als unbezwinglich galt – seine Männer niedergemetzelt, seine Frauen, seine Kinder zum Lager der Feinde hinabgetrieben wie Herden zum Markt. Die Stadt selbst, ihre Königsburg, ihre Tempel, ihre starken Türme, ihre Toten, alles war dem Feuer übergeben worden. Es brannte noch; über die weite Ebene wälzte sich träger, stinkender Rauch.

Schon am Vortage waren die edelsten der Trojanerinnen abgeholt und zu den Schiffen gebracht worden. Andromache, Hektors Gemahlin, war dem Sohn des Achilles zugefallen, als Preis für die großen Taten seines Vaters; Agamemnon hatte Kassandra verlangt und erhalten; Odysseus nahm Hekabe, die alte Königin. Helena jedoch, um derentwillen dieser furchtbare Krieg begonnen wurde, Helena war der Strafe entronnen und fuhr auf einem der ersten Schiffe mit Menelaos über das Meer davon.

Danach wurden die Kinder verladen, frische Ware für die Sklavenmärkte. Die Kleinen wussten nicht, was ihnen geschah, sie wussten nur, dass sie von ihren Eltern und den vertrauten Wärterinnen getrennt waren, und ihr Klagen drang bis hierher zu denen, die in den Hütten ihr eigenes Schicksal erwarteten. Junge Frauen, junge Mädchen, und alle so voll Angst.

Eine, fast noch ein Kind, fragte immer wieder: »Werden sie uns töten? Müssen wir sterben wie Polyxene?« Denn sie alle hatten den Schmerzensschrei der alten Königin gehört, als sie erfuhr, dass ihre Tochter am Grab des Achilles geopfert worden war.

Nur Stöhnen und hilfloses Schluchzen antwortete dem Mädchen, bis eine mit Bitterkeit getränkte, aber feste Stimme laut wurde: »Sie werden uns nicht töten. Sind wir nicht Beutestücke wie Gold und Silber, wie kostbare Rüstungen und große Bronzekessel?« Die Stimme senkte sich, sie wurde tonlos. »Wir werden Sklavinnen sein, und die sind wertvoll.«

Ein Aufschrei antwortete ihr, ein fassungsloses Weinen: »Ich ertrage es nicht – ich, eine Edle von Troja ...«

»Troja ist nicht mehr und du bist eine Sklavin.« Damit löste sich die Sprecherin aus dem Kreis der Unglücklichen und ging zu der Einzigen hinüber, die ihm ferngeblieben war. Sie beugte sich nieder: »Theano?« Und als die andere sich nicht regte, berührte sie sanft die schmale Schulter: »Hast du ein wenig schlafen können, Theano?«

Eine leise Kopfbewegung antwortete: »Nein.«

Darauf nahm sie eine der blassen Hände; sie war kalt wie die einer Toten. Mit ihrer anderen Hand hob sie Theanos Gesicht. Theano ließ es geschehen, aber ihre Augen blieben stumpf, ohne eine Spur des Erkennens.

Sie sieht mich gar nicht, dachte die Ältere, sie hat sich wieder ganz in sich zurückgezogen. Ich muss es nochmals versuchen. Und sie sagte etwas lauter: »Du kennst mich doch, Kind? Ich bin's, Themiste, Kassandras Gehilfin im Tempel. Gestern sprachen wir miteinander, entsinnst du dich?«

Endlich kam so etwas wie Leben in die dunklen Augen: »Ja.«

Themiste atmete auf. »Gleich werden sie uns zu essen geben«, sagte sie. »Bleib du hier, ich bringe dir etwas. Aber du musst mir versprechen, dass du es isst.«

Ein Schauder überlief Theano. »Doch!«, flüsterte Themiste eindringlich. »Du musst essen. Denke an das, was du mir gestern anvertraut hast!«

Theano bog sich zusammen wie im Krampf. Aber sie gab das Versprechen.

Bald darauf wurden die Häute, die den Hütteneingang versperrten, auseinander gerissen, zwei Wachen traten ein und stellten sich zu beiden Seiten der Öffnung auf. Sklaven kamen herein mit Kübeln und Brotfladen; einer trug Ringe von getrockneten Feigen. Die Gefangenen waren zurückgewichen, dicht gedrängt standen sie so weit wie möglich von der Türöffnung entfernt und starrten auf die beiden Krieger. Der eine von ihnen rief ihnen rau, aber nicht unfreundlich zu: »Esst, ihr Mädchen, so viel ihr könnt! Ihr kriegt so bald nichts wieder.«

Die Sklaven verteilten das Brot und die Feigen. Sie verließen die Hütte und auch die Krieger gingen hinaus.

»Essen wir«, gebot Themiste. »Wir wissen nicht, was heute auf uns zukommt, wir brauchen Kraft. Diese Speise scheint nahrhaft, kommt her und fangt an.«

Sie nahm als Erste von dem steifen Brei, häufte ein wenig auf einen Brotfladen und trug ihn zu Theano, sie holte noch ihren eigenen Anteil und ließ sich damit neben ihr nieder. Zuerst musste sie Theano füttern wie ein kleines Kind, sie brach Brocken ab und schob sie ihr in den Mund, ihr ruhig zuredend, sie lobend: »So ist es recht! Noch ein Stückchen. Nimm auch von dem Brei –«

Mit Erleichterung sah sie etwas Farbe in das blasse Gesicht zurückkehren. Jetzt erst fing sie selbst an zu essen.

Die Sklaven brachten Wasser in Krügen und schafften die teilweise geleerten Kübel fort. Die Gefangenen tranken; sie gossen einander das Wasser in die Hände, denn es gab keine Trinkgefäße für sie. Aber es war reichlich davon da, sie konnten sogar ihre Gesichter erfrischen und ihre Hände abspülen. Mehrere versuchten ihr Haar zu glätten, ihre schlechten Hüllen zu ordnen. Sie alle trugen nur, was ihre Bezwinger ihnen zugeworfen hatten, und es war armselig genug. Themiste richtete Theano her, so gut es ging, und sah zu ihrer Freude, dass diese versuchte sich selbst zu helfen.

Während die Mädchen so beschäftigt waren, wurden wieder die Häute zurückgezogen, und die Wachen traten ein. Ihnen auf dem Fuß folgte ein Herold, er ließ seinen Blick über die ganze Schar schweifen, zählte sie und verkündete: »Ihr werdet einen Zug bilden und zum Strand hinabgehen, zusammen mit denen aus der anderen Hütte. Sofort! Und schnell!« Schon ging er zu der zweiten Hütte hinüber, den Wachen nach.

Es war Themiste gelungen, als Letzte ihr Gefängnis zu verlassen, den Arm fest um Theano gelegt. Dicht hinter ihnen folgten die Wachen. Nach dem Halbdunkel der Hütten war das Licht zu stark für verweinte Augen; erst nach und nach gewöhnten sie sich daran und blickten schüchtern umher. Die Jüngsten von ihnen gingen hier zum ersten Mal, denn die Ebene vor Troja war Schlachtfeld gewesen, solange sie denken konnten. Nur von oben, nur von den Zinnen der Stadtmauern hatten sie die weite Ebene erblickt; die Lager der Feinde, die zahllosen Schiffe am Strand und, wenn es dunkelte, die vielen roten Feuer, an denen sie geraubtes Vieh rösteten. Jetzt waren die Zelte und Hütten abgebrochen, es lagen schon nicht mehr so viele Schiffe am Ufer. Aber um diese Schiffe wimmelte es vor Geschäftigkeit. Die Achäer bereiteten ihre Abfahrt vor.

Der Doppelzug der Gefangenen bewegte sich langsamer. Auf einmal hielt er ganz an. Die Frauen und Mädchen blickten zurück und sahen jetzt erst, was aus ihrer Vaterstadt geworden war – ein einziger Brandherd. Seit Tagesanbruch hatten die Sieger wieder neue Fackeln in die schwelenden Ruinen geschleudert, damit auch nicht der geringste Rest von Trojas Macht und Größe übrig bliebe. Nur eingestürzte Mauern und darunter die Gebeine der Ermordeten.

Eine der Frauen murmelte: »Ganz Troja ist ihr Scheiterhaufen.« Die es hörten, stimmten die Totenklage an, aber die Wachen fluchten und stießen sie mit den Speerschäften vorwärts. Nur einer wehrte ihnen, der Mann, der sie ermuntert hatte, sich satt zu essen. »Seid ihr denn Menschen?«, rief er. »Würden eure Töchter nicht um euch klagen?«

Die anderen verhöhnten ihn, aber sie hörten auf den Zug so roh vorwärts zu treiben. Es war auch nicht mehr nötig, die Frauen und Mädchen waren still geworden. Mit gesenkten Köpfen wanderten sie dem Ufer zu. Hin und wieder stolperte eine, dann halfen die Nächsten ihr weiter. Und den ganzen Weg lang redete Themiste dringlich auf Theano ein, gute, verständige Worte, in der Hoffnung, dass einige davon in deren erstarrten Geist einsinken und zur rechten Stunde auftauchen möchten.

Bei den Schiffen angelangt, sahen sie sich einer Ansammlung von Kriegern gegenüber, die nicht von hohem Rang waren, sich aber in vielen Kämpfen hervorgetan hatten und nun einen besonderen Lohn empfangen sollten. Zwischen ihnen und den Gefangenen stand auf behauenem Stein ein hohes bronzenes Gefäß, davor ein Priester, links und rechts Wachen.

Der Priester hob den Deckel von der Urne, griff hinein und holte eine Scherbe hervor. Er las laut den Namen, der in den Ton geritzt war; einer der Krieger trat vor und nahm sein Ehrengeschenk in Empfang. Es war ihm anzusehen, dass er nicht viel von der armseligen Gestalt hielt, die nun, als eine der beiden Ersten, einen Schritt auf ihn zu tat. Das Los hatte gesprochen, er konnte nicht anders, als sie annehmen. Unwirsch wandte er sich zum Gehen, mit einer Kopfbewegung, die ihr zu folgen gebot. Das Mädchen warf einen verzweifelten Blick zu ihren Leidensgefährtinnen zurück, aber nichts antwortete ihm als die gleiche Verzweiflung. Sie verhüllte ihr Gesicht und ging ihrem Besitzer nach.

Unterdessen war ein zweiter Name aufgerufen worden, ein dritter, ein vierter. Die Fünfte war an der Reihe. Es war die, welche in der Frühe so bitter geschluchzt hatte: »Und ich, eine Edle von Troja ...«

Diese blickte sich nicht um. Sie trat dicht vor den Achäer hin, dem sie zugefallen war, riss ihm blitzschnell den Dolch aus dem Gürtel und stieß ihn sich in die Kehle. Der Priester wich zurück, die Reihe der Krieger brach, Schreie stiegen aus dem Zug der Gefangenen auf. Eine von ihnen sprang hervor und warf sich über die Sterbende, laut jammernd und ihr Haar zerraufend. Sie mochte ihre Freundin gewesen sein, vielleicht ihre Schwester, die da zuckend im Sand lag. Aber der Achäer, der sich um seinen Besitz gebracht sah, stieß sie mit dem Fuß beiseite, zog den Dolch aus der Wunde und fluchte. »So bleibe ich als Einziger ohne meinen Preis«, grollte er.

Das Mädchen regte sich nicht mehr, die Trauernde war wieder in die Reihe der Übrigen zurückgezogen worden, die Herolde zuckten die Schultern. Der Priester trat wieder an die Urne, aber den Enttäuschten nahm einer der Wartenden beiseite. »Hör, Freund«, sagte er, »ich schlage dir einen Handel vor. Ich mache mir nichts aus solchen Mädchen; wenn du meines haben willst – gerne. Gib mir ein Stück von deiner übrigen Beute, ein gutes Schwert oder eine bronzene Schale, und wir sind beide zufrieden.« Sie waren sich schnell einig, Sklaven trugen die Tote fort und die Verlosung nahm ihren Fortgang.

Ganz am Ende der Kette verstörter Frauen und Mädchen neigte Themiste sich zu Theano. »Arisbe hat sich getötet«, flüsterte sie,»mit dem Dolch des Achäers.«

Ein irres Licht sprang in Theanos Augen auf. »Das – das –«, stammelte sie, aber Themiste sagte hart: »Einmal gelingt so eine Tat, weil niemand sie erwartet hat. Die Männer da vorn werden jetzt alle die Hand am Dolchgriff haben, das glaube nur. Überdies, du hast weiterzuleben!«

Zweifelnd hob Theano den Blick. Themiste sah sie an, fest, sehr streng. »Doch, du hast weiterzuleben, und du weißt, warum. Du kannst es. Du *kannst* es. Vergiss nur meinen Rat nicht! Weißt du ihn noch?«

Theano nickte stumm.

»Versprich mir noch einmal, dass du ihn befolgen wirst!«

»Ich verspreche es.«

Wenige Minuten später standen sie vor den letzten beiden Kriegern, die noch auf den Ruf des Priesters warteten. Der eine war ein Stier von einem Mann, dem die Lüsternheit aus den Augen sah. Sein Name erklang zuerst. Rasch stellte Themiste sich vor Theano und blickte ihn herausfordernd an. Grinsend ergriff er ihren Arm.

»Lass mich von meiner Schwester Abschied nehmen«, sagte Themiste. Es klang wie ein Befehl. Verblüfft ließ er sie los.

Sie umarmte Theano, küsste sie und flüsterte: »Wir werden uns wiedersehen. Solange wir leben, lebt Troja. Vergiss es nicht.«

Gleich darauf ging sie neben dem Achäer seinem Schiff zu. Neben, nicht hinter ihm, wie es ihr zugekommen wäre. Und Theano stand vor dem, dessen Eigentum sie nun war. Der Priester lächelte und reichte ihm die Scherbe mit seinem Namen: Mekisteus.

Der Mann sah die Trojanerin kaum an. Eine Sklavin mehr, was weiter? Er rief einen seiner Schiffsgesellen herbei, dem übergab er sie: »Bring sie zum Schiff, ich komme sogleich nach. Wir fahren noch in dieser Stunde.«

Zweites Kapitel

Sie war noch nie auf einem Schiff gewesen und doch betrat sie die Planke, die hinüberführte, als hätte sie es von jeher getan. Sie hatte nur dem Krieger zu folgen und sie folgte ihm.

Er schwang sich an Bord, er drehte sich um und ergriff sie, hob sie über den Rand von Schilden und stellte sie ab, wie man einen Krug abstellt oder sonst ein Stück der Ladung. Der Boden unter ihren Füßen schwankte leise.

Die Schiffsmannschaft saß schon auf den Ruderbänken, der Steuermann war bereit. Mehrere Sklaven waren noch dabei, den einen oder anderen Ballen sicherer zu verstauen; auf das Geheiß des Kriegers schoben sie Theano ein längliches, fest verschnürtes Bündel hin, sich darauf zu setzen. Da sie wie abwesend stehen blieb, drückte der Mann sie nieder, nicht gerade sanft, und die anderen lachten. Grobe Scherze wurden laut, verstummten aber, sobald Mekisteus erschien. Er warf einen Blick auf die reglose Gestalt bei den Beutestücken, gab seinen Leuten noch einige Anweisungen und gesellte sich dem Schiffsmeister zu. Die Planke wurde an Bord gezogen, die Ruder hoben sich, senkten sich und trieben das Fahrzeug aus der Bucht. Einmal auf dem offenen Meer, hissten sie das große Segel mit dem Wahrzeichen des Mekisteus, einem Falken mit ausgebreiteten Flügeln und gespreizten Fängen, längst von Wind und Wetter ausgebleicht und dennoch drohend. Drei weitere Schiffe folgten diesem ersten, aus ihnen stieg Gesang auf, denn die Küste Asiens, der Hügel, auf dem Troja gestanden hatte, selbst die finstere Rauchwolke versanken hinter ihnen – es ging dem Vaterland zu, und die da sangen, kehrten als Sieger heim.

Sie steuerten Tenedos an, wohin die Flotte Nestors ihnen vorausgesegelt war, um sie dort zu erwarten. Mekisteus war ein Mann, den Nestor hoch schätzte; ihm waren die letzten drei Schiffe, schwer beladen mit wertvoller Beute, anvertraut worden, damit er sie sicher heim nach Pylos brächte. Auf Tenedos aber erhielt er die Nachricht, dass Nestor am Vortag nach Lesbos abgefahren sei und dort auf ihn und die Schiffe warte. Dort auf Lesbos sollte sich entscheiden, welcher Weg einzuschlagen sei, um so schnell wie möglich die Heimatküste zu erreichen.

Der Wind war günstig und Mekisteus ordnete unverzüglich die Weiterfahrt an. Nur was an Vorräten ergänzt werden musste, ließ er die Sklaven besorgen; auch wies er sie an, einige Gewandstücke für die neue Sklavin zu bringen, damit sie bekleidet sei, wie es seinem Ansehen zukam.

Theano hatte die Überfahrt nach Tenedos in der gleichen

Starre zugebracht, die sie seit dem Fall Trojas wie mit eisigen Klammern festhielt. Reglos und stumm lag sie im Bug des Schiffes, wachsbleich und mit geschlossenen Augen. Reichte man ihr Trank und Speise, so beachtete sie es nicht, man musste ihr befehlen, davon zu essen. Auch die Hüllen, die man ihr brachte, blieben unbeachtet; da es aber auf dem Meere kühl war und nachts schwerer Tau fiel, warf der ältere der beiden Sklaven eine Decke über sie. Nicht aus Gutherzigkeit: Sie war das Eigentum seines Herrn, das er zu schützen hatte.

Die Schiffsmannschaft hatte die Trojanerin mit großer Neugier betrachtet, als sie an Bord kam, aber bald war sie ihnen weiter nichts als ein dunkles Bündel, das zur übrigen Fracht gehörte. Sie alle, die Freien wie die Sklaven, waren der gleichen Meinung – dass der Ehrengabe ihres Anführers wenig Wert beizumessen sei. Die Männer kümmerten sich nicht mehr um sie, vergaßen beinahe, dass sie an Bord war. Es ging viel Scherz und Gelächter unter ihnen um, denn ein starker, stetiger Wind blies und füllte das Segel. Das Schiff rauschte auf Lesbos zu mit einer Geschwindigkeit, die jeden froh machen musste.

Ebendieser Wind, dieses blitzende Salzgesprüh, weckte Theano aus ihrer Betäubung. Sie richtete sich auf, sie tastete nach einem Halt und blickte sich um. »Ich lebe noch«, flüsterte sie.

Ringsumher sah sie das tanzende Meer, dunkle Wellen mit flimmernden Schaumkränzen, in der Ferne ein paar Felsbrocken, sonst kein Land. So war es also, wenn man auf einem Schiff fuhr. Eine schwankende Welt, nichts war fest, nichts war still. Der Wind summte in den Tauen, ein ganz anderes Lied als die Weise, die er um die Türme Trojas gesungen hatte. – Troja! Damit begann der Schmerz, tief und schneidend. Sie musste es wieder durchleben – das Entsetzen jener Nacht, der Einbruch schrecklicher Gestalten in ihre stille Kammer, mit Fackeln und Schwertern – Anthas, der vom Lager aufschnellte und sogleich niedergemacht wurde ... Die Schreie der Mutter im Nebenraum, die harte Faust, die sie ergriff und aus dem schon brennenden Haus schleifte. Sie hörte sich schreien: Anthas, Anthas!, und das Lachen des Menschen, der sie über seine Schulter warf und mit ihr davonstürmte. Und überall Flammen, Flammen –

Was dann geschehen war, wusste sie nicht mehr. Nur, dass sie in einer Hütte zu sich gekommen war, und ein Arm hatte sie gestützt, eine Stimme ihr zugesprochen. Das war Themiste gewesen, Themiste hatte sich ihrer angenommen. In ihren Armen hatte sie den ersten, unerträglichen Schmerz ausbrechen lassen: Anthas tot, dessen Frau sie vor wenigen Monaten geworden war, dem sie in dieser Nacht anvertraut hatte, dass sie sein Kind erwartete. Und nun war er tot, ermordet auf dem Lager, zu dem die Freundinnen, singend und bekränzt, sie vor so kurzer Zeit geleitet hatten.

Zwei Tage in jener Hütte, mit anderen Frauen und Mädchen zusammengepfercht wie Schafe in einer Hürde, und alle so voll Entsetzen wie sie. Alle so voller Leid um geliebte Menschen: Eltern, Geschwister, Freunde. Theano ertrug es nicht, sie verschloss sich, aber Themiste hatte es nicht zugelassen. Sie hatte die Arme nur fester um sie gelegt und zu ihr gesprochen, immerzu. Keine Trostworte, sondern fordernde Worte. Harte Worte: Du musst – du musst – du musst. Wie Hammerschläge. »Du trägst ein Kind, Anthas' Kind. Anthas, der für Troja gekämpft hat, seit er ein Knabe war; nun kämpfe du für sein Kind. Du musst leben, auf dass es lebe. – Theano, hörst du mich? Du musst leben, um Anthas' Kind das Leben zu geben –«

Das Erinnern brach über sie herein wie eine Woge. Erbrechen schüttelte sie, Schwäche überfiel sie, es wurde schwarz vor ihren Augen. Gutmütiger Spott wurde laut; sie hörte nichts davon. Mekisteus wies mit einer Kopfbewegung den Timalkos an, nach ihr zu sehen. Der trug sie zu einem geschützteren Fleck und bettete sie auf ein etwas besseres Lager; er brachte eine wollene Decke und breitete sie über die Kranke. Denn dafür hielt er sie, für eine Kranke.

Mekisteus, dem er das sagte, blieb unbewegt. »Sie wird gesund sein, sobald sie festen Boden unter den Füßen hat«, zuckte er die Schultern. Der Schiffsmeister, der neben ihm stand, lachte, aber Timalkos dachte anders. Er meinte, es sei mehr als einfache Seekrankheit. Tun konnte er nichts für das arme Geschöpf, nur ihm Wasser mit etwas Wein vermischt bringen und ihm zureden, dass es trank.

Am nächsten Tag saß Theano wieder auf dem alten Fleck, bleich, verfallen, aber mit Augen, die nicht mehr stumpf vor sich hin starrten. In der Nacht hatte sie etwas entdeckt, was ihr weiterhelfen konnte, nämlich alles, was Themiste ihr gesagt hatte, heraufzuholen aus der Tiefe, in die es versunken war.

Langsam gelang es ihr. Satz für Satz fügte sich zusammen, forderte von ihr, dass sie ihn durchdachte, dass sie selbst es als ein Muss erkannte. Noch bevor das Schiff in Mytilene anlegte, hatte sie sich fest eingeprägt, was ihr zur Richtschnur werden sollte: das Beste zu erreichen für ihr Kind. Für Anthas' Kind.

Viele Schiffe lagen im Hafen und die vier des Mekisteus wurden mit lauten Rufen begrüßt: »So schnell seid ihr gekommen!«, hieß es immer wieder. »Ja, ihr hattet guten Wind!«

»Guten Wind und glückliche Fahrt«, bestätigte Mekisteus, während er mit seinen Leuten auf das Zeltlager des Fürsten zuging. Theano folgte, links und rechts von ihr gingen die beiden Sklaven.

Da kam er, Nestor, der älteste und weiseste unter den Heerführern der Achäer, er trat aus seinem prächtigen Zelt und begrüßte Mekisteus wie einen eigenen Sohn. »Es ist gut, dich zu sehen, Mekisteus«, rief er erfreut, »hast du mir Gutes zu berichten?«

»Nur, dass Agamemnons Flotte uns doch bald folgen wird«, erwiderte Mekisteus und nahm den Willkommenstrunk, den ein Diener ihm brachte. Auch Nestor hatte eine Trinkschale in den Händen, er erhob sie und sie tranken einander zu: »Gesundheit und glückliche Heimkehr!« – aber erst, nachdem sie den Göttern die ersten Tropfen geweiht hatten. »Und nun lass dir berichten, was wir hier beschlossen haben«, sagte Nestor. Er ließ sich auf seinen Sessel nieder, winkte dem Mekisteus, sich ebenfalls zu setzen, und kam sofort zum Kern des Ganzen. Alle Vorzeichen waren so günstig, dass er daran glauben musste: Es war der Wille der Götter, ein sicherer Weg war ihm bestimmt. So wollte er denn nur die Opferfeier begehen, gleich am nächsten Tag, und so reich und würdig sollte sie sein, wie er selten eine gehalten hatte. Und dies nicht allein, um ihren Beistand für die lange, gefährliche Fahrt zu erflehen, nein – immer wieder musste den Göttern gedankt werden, immer wieder, für den Sieg über Troja.

Mekisteus, völlig im Einvernehmen mit seinem Lehnsherrn, nickte beifällig. »Also morgen die Opfer, anschließend das Fest. Übermorgen wird alles verladen und am dritten Tag heben wir die Anker, ist das der Plan?«

Nestor bestätigte es und fuhr fort: »Auch die Frage nach dem Weg, den unsere Schiffe nehmen sollen, ist gelöst. Die Seher erklären einstimmig, dass wir nicht Chios umschiffen, sondern geradewegs auf Euböa zusteuern sollen. Der Wind wird anhalten, alle Anzeichen sprechen dafür. Die Götter wollen es, und wenn wir ihnen folgen, werden sie uns schützen.«

»Wir warten nicht auf Agamemnon und seine Schiffe noch auf sonst einen der Fürsten?«

»Wir warten nicht. Diomedes ist hier und ebenso zur Fahrt bereit wie du. Ah, Mekisteus, es wird gut sein, die Heimaterde unterm Fuß zu haben!«

Der alte Mann erging sich noch eine Weile in Erinnerungen an sein schönes Pylos und das gute Leben dort, er mutmaßte noch dies und das. Dann endlich entließ er Mekisteus.

Eine der Wachen am Eingang des Zeltes sagte ihm, wo er sein eigenes Zelt finden würde: »Drüben bei den Kiefern, Mekisteus, es ist schon aufgeschlagen. Dein Diener war eben hier und sagte es uns.« Er dankte dem Mann und ging auf die Kieferngruppe zu, nicht schnell, sondern wie einer tief in Gedanken. Mekisteus war kein Seemann, es behagte ihm, guten, festen Boden unter den Füßen zu spüren, wenn es auch noch nicht die Heimaterde war. Und dieser Abend gehörte ihm. Er würde ein paar Freunde in Diomedes' Lager aufsuchen, einiges über die Heimreise mit ihnen besprechen und dann das Mahl mit ihnen teilen. Allzu lange wollte er nicht bleiben, aber wenn der Wein gut war …

Der Wein seines Freundes Aristomenes war immer gut. Er hatte eine Spürnase dafür und Zeit genug gehabt, den guten lesbischen aufzutreiben. Zwei ganze Tage früher als Nestor seien sie angekommen, die ganze Insel hätten sie leer trinken können, bis Mekisteus anlangte, prahlte sein Gastgeber. »Aber ich bin großzügig«, erklärte er, »ich habe an meine Freunde gedacht und dafür gesorgt, dass genügend für sie übrig bleibt. Komm nun, Bester, und hilf uns mit den Krügen dort fertig zu werden! Die anderen sind dir schon um eine reichliche Stunde voraus.«

Er führte Mekisteus auf ein Feuer zu, um das die Gesellschaft sich gelagert hatte. Seitab, über einer Grube voll Holzkohlenglut, briet ein Lamm am Spieß. Ein Sklave drehte ihn, wurde aber gerade von einem der jungen Krieger beiseite gedrängt: Er würde dieses Lamm so rösten, wie es geröstet werden musste – er und niemand anders. »Du darfst dann den Majoran darüber streuen«, versprach er dem Alten.

Der war's zufrieden, er blieb aber in der Nähe, um bei der Hand zu sein, wenn der schon ziemlich angeheiterte Held die Aufgabe leid würde.

Aristomenes lachte und reichte Mekisteus die volle Trinkschale. »Gut ist er, aber er ist nicht der Wein der Heimat«, bemerkte er und sie tranken auf den Tag, der ihnen wiedergeben würde, was auf ihren eigenen Rebäckern reif geworden war.

Das Lamm brauchte seine Zeit, aber niemand war ungeduldig, denn nicht nur der Wein, auch die Unterhaltung war gut. Diomedes selbst kam zu ihnen und nun wurde es erst recht laut und lebhaft. Es war schon spät, als Mekisteus endlich zu seinem Zelt zurückging. Erst als er den Vorhang hob, fiel ihm ein, dass seine neue Sklavin ihn darin erwartete. Dass er dem Timalkos befohlen hatte, sie herzubringen.

So gehörte es sich. Dies war sein Zelt, sie war seine Sklavin, sie hatte darin zu sein, wenn er zurückkehrte.

Da war sie. Im Winkel glomm ein Holzkohlenbecken, im schwachen Schein einer kleinen Öllampe. Als Mekisteus eintrat, erhob sie sich, sie stand vor ihm, sehr still, den Blick auf den Boden gerichtet. »Nimm mir die Rüstung ab«, sagte Mekisteus.

Sie gehorchte. Sie löste den Schwertgurt, den Brustpanzer und nahm ihm die Beinschienen ab. Er sah, dass sie geübt in solchen Verrichtungen war, aber ihre Hände waren unsicher, ihre Finger bebten. »Leg alles zum Schild«, befahl er und beobachtete, wie sie durch den fast dunklen Raum ging, so gerade wie ein Speerschaft. Ein guter Gang, urteilte er.

»Wie heißt du?«, fragte er.

»Theano.«

»Mädchen oder Frau?«, fragte er weiter.

»Frau«, gab sie zurück. Sie sah starr an ihm vorüber.

»Dein Mann?« Die Frage galt dem Namen, aber Theano nahm es anders auf. »Gefallen«, sagte sie.

»Wann?«

»Vor mehr als zwei Monaten.«

Er nickte, ging zu seinem Lager und legte sich nieder. »Komm«, befahl er. Sie kam. Was sie den ganzen langen Abend, allein in diesem Zelt, gefürchtet hatte, geschah. Mekisteus übte sein Recht aus, das Recht des Siegers, wandte sich dann von ihr ab und schlief sofort ein.

Lautlos, unendlich vorsichtig verließ sie das Lager und ging auf nackten Füßen zurück in den Winkel, zu der schwachen Wärme des Kohlenbeckens. Sie nahm ihre Hülle um, die dort liegen geblieben war, und so hockte sie neben dem Rest der Glut. Langsam verging er. Noch langsamer verging die Nacht.

Drittes Kapitel

Wirr, unentrinnbar kreisten Gedanken hinter ihrer Stirn. Worte Themistes zuckten auf, wieder und wieder: »Wenn es geschieht – und es wird geschehen – je eher, desto besser. Wenn dein Sohn kein Sklave sein soll, muss der Achäer glauben, es sei sein Sohn. Daran denke und du erträgst auch dies.«

Seltsam. Wie sicher Themiste gewesen war, dass es ein Sohn sein würde. Oder war es nur ein Wunsch gewesen? Auch ihr eigener, auch Anthas' Wunsch. Unser erstes Kind – ein Sohn.

Nein, sie durfte nicht weinen. Auch der kleinste Laut konnte den Schläfer da drüben wecken und das durfte nicht sein. Mehr ertrug sie nicht. Besser, viel besser war es, an Themiste zu denken, an ihren Rat, dem Achäer zu sagen, ihr Mann sei vor Monaten in einer Schlacht gefallen. Dass sie es noch gewusst hatte! Im rechten Augenblick war ihr die Lüge so glatt über die Lippen geschlüpft, als sei sie die lauterste Wahrheit. Und der Mann hatte sie geglaubt.

Es musste geschehen – es ist geschehen – es gab kein Entfliehen. Dies ist mein Geschick. Aber mein Sohn wird kein Sklave sein. Themiste hat gesagt – Themiste hat gesagt –

Ihre überhitzten Gedanken irrten in schnelleren und schnelleren Kreisen und sie war doch so müde. Todmüde. Könnte ich schlafen, stieg ein Seufzer in ihrem Herzen auf. Und diesen Seufzer musste ein Gott gehört haben. Theanos Gesicht sank auf ihre Knie nieder, Tränen kamen und endlich schlief das gequälte Wesen ein.

Einmal schluchzte sie im Schlaf auf, aber Mekisteus hörte es nicht. Auch in der Frühe, als er erwachte, rief er nicht nach ihr. Ein übervoller Tag lag vor ihm, er erhob sich sogleich und einen Augenblick später erschienen schon die Sklaven. Theano war angekleidet, ihr Haar geordnet, sie war bereit, ihrem Herrn die Dienste zu leisten, die er von der Frau in seinem Zelte erwartete.

Doch, sie war geübt in solchen Dingen, Mekisteus sah es nun richtig ein. Er war zufrieden mit ihr. Wenn sie auch blass und reizlos war, wenn sie auch kaum sprach und beharrlich an ihm vorbeiblickte – umso nützlicher würde sie sein. Was sollte er mit einer Chryseis oder Briseis? Er wusste es heute schon, sein Ehrengeschenk war nicht zu verachten.

»Wer waren deine Eltern?«, fragte er, als sie ihm den Helm reichte.

Dieses Mal sah sie ihn voll an, aus tief verschatteten Augen. »Bürger Trojas«, sagte sie kurz. Es war die deutlichste Abweisung. Mekisteus fragte nicht weiter.

Aristomenes kam, um seinen Freund abzuholen, und sah sich dessen neue Sklavin genau an. Diese Trojanerin neidete er dem Mekisteus gewiss nicht.

»Sie muss durch Kopf und Geschick wettmachen, was ihr an Schönheit mangelt«, war sein Urteil, als sie ins Freie traten. »Hat sie sehr geschrien und widerstrebt, gestern Nacht?«

»Gar nicht«, gab Mekisteus zurück, »es gab keinen Laut.«

»Also damit ist es auch nichts«, meinte Aristomenes achselzuckend.

Sie waren bei Nestors Zelt angekommen, er schlug Mekisteus lachend auf die Schulter und ging weiter, auf Diomedes' Lager zu. Mekisteus gesellte sich zu der beträchtlichen Zahl der Hauptleute, die hier auf ihren Fürsten warteten.

Nestor erschien in der Zeltöffnung, ehrwürdig, hoheitsvoll, Gold über der Stirn, am Hals, an den Armen. Die Männer traten zurück, öffneten eine Gasse und der Gebieter schritt hindurch. Er grüßte den einen oder anderen besonders, wechselte aber mit keinem ein Wort. Dem Mekisteus winkte er, an seine Seite zu treten; die Übrigen schlossen sich ihnen an, und so, ein ganzer Zug, gingen sie zum Tempel hinauf. Von mehreren Seiten näherten sich Gruppen, aber keine war so stattlich und so zahlreich wie die Gefolgschaft Nestors.

Diomedes erschien mit der seinigen, stolz und fürstlich auch er, einer der größten Helden der Achäer. Nestor verhielt den

Schritt, als er ihn gewahrte. Mekisteus trat zurück und Diomedes nahm den Platz an Nestors Seite ein. Sie erreichten den Tempel, Kitharen und Flöten erklangen und die Priester begannen ihren heiligen Dienst.

Sie mögen ihren Göttern danken, dachte Theano mit unsäglicher Bitterkeit, denselben Göttern, die auch wir geehrt haben. Denen wir Opfer darbrachten, die wir um ihren Beistand anflehten. Aber uns hörten sie nicht. Uns ließen sie untergehen. Sie verfiel wieder in düsteres Brüten, sie tauchte in ihr Leid ein wie in ein schwarzes Gewässer. Erst als ein leichter Wind den Geruch der Opferbrände zu ihr brachte, kam sie daraus hervor. Die fettigen Schwaden waren aufs Neue der Brandgeruch Trojas und mit hilflosem Entsetzen schlug sie die Hände vors Gesicht. Es gab kein Entkommen.

Der Sklave Timalkos fand sie so, in einen Winkel des Zeltes gedrückt, irre Worte stammelnd. Er verstand nicht eines davon, aber dass es schlecht um Theano stand, erkannte er. Er selbst war immer Sklave gewesen, als Sklave aufgewachsen – dennoch konnte er sich vorstellen, was in diesem unglücklichen Geschöpf vor sich ging. Und so lief er hin und holte eine Schale mit kühlem Wasser für sie; er half ihr sich aufzurichten. »Unser Herr wird bald zurückkommen«, mahnte er. »Soll er dich so sehen?«

Sie schien ihn nicht zu verstehen, da feuchtete er ein Tuch an und kühlte ihre Stirn und Wangen. »Ich bin weit gekommen«, murmelte er unwirsch, »der Sklave einer Sklavin! Aber einer muss ihr helfen, wer sonst, wenn nicht ich? Der Phemios tät's nicht.« Und er war froh, dass Phemios zum Markt gegangen war und ihn bei seinem erzwungenen Pflegeamt nicht sah.

Mekisteus kam jedoch nicht zu seinem Zelt zurück. Er war mit seinen Freunden sogleich zu dem großen Fest gegangen, mit dem Nestor und Diomedes ihren Abschied von Lesbos, noch mehr aber von der Troas und zehn Jahren blutigen Krieges feierten. An reichen Speisen und köstlichen Weinen fehlte es nicht, noch an Flötenspielerinnen und Sängern; das Gelage währte den Rest des Tages und die ihm folgende Nacht. Mekisteus war kein übermäßiger Trinker und aus Flötenspielerinnen machte er sich gar nichts, aber aushalten musste er. Dem Fürsten lag viel an ihm, er ehrte diesen Gefolgsmann vor allen anderen. So blieb er dann, bis Nestor sich zurückzog, zum Glück lange vor dem Ende des Festes.

Er merkte kaum, dass nur Timalkos ihn bediente, er fragte nicht einmal nach der neuen Sklavin. In der Tat hatte er vergessen, dass es sie gab; das dunkle Bündel im Hintergrund des Zeltes sah er nicht. Er schlief nur wenige Stunden und war schon früh dabei, seine Schiffe für die lange Fahrt bereitzumachen. Erst am Abend sah er Theano, bleich und so elend, dass sie sich kaum auf den Füßen halten konnte. Missbilligend zuckte er die Schultern und rief nach Timalkos.

Auch Phemios warf einen abschätzenden Blick auf die Trojanerin, als sie sich anschickten, zum Hafen zu gehen, am nächsten Morgen. »Am besten würde Mekisteus sie hier lassen«, sagte er verächtlich.

»Hier lassen – seinen Ehrenpreis?«, rief Timalkos empört.

»Schöner Ehrenpreis«, höhnte Phemios. »Da gab es noch ganz andere, dort in der Hütte.«

»Die du natürlich genau gesehen hast«, höhnte Timalkos seinerseits.

»Natürlich«, bestätigte Phemios, »ich war einer von denen, die ihnen Wasser brachten.«

Darauf wusste Timalkos nichts zu erwidern.

Theano hatte nicht hingehört. Was ging es sie an, solches

Sklavengeschwätz? In diesem Augenblick war sie ganz die Bürgerin Trojas, nur darauf bedacht, diesen bittersten Gang mit Würde zu bestehen. Ihr Hirn war wieder klar, ihr Wille stark, ihr geschwächter Körper hatte zu gehorchen. So aufrecht stand sie vor der Laufplanke, dass Timalkos ihr unwillkürlich den Vortritt ließ, wie es einer Herrin gebührte.

Phemios gaffte ihr nach, bis ein Rippenstoß ihn daran erinnerte, dass auch er an Bord zu gehen hatte.

Im Schiff war niemand außer einem Wächter. Timalkos brachte Theano zu dem geschützten Winkel, der zwischen dem Frachtgut für sie ausgespart worden war. Er wies auf ein Bündel Felle, ein Sitz für sie: »Solange wir ruhige See haben. Wenn es stürmisch wird, musst du unter das Verdeck.«

Sie nickte und blickte wieder auf ihre Hände, die müßig in ihrem Schoß ruhten. Aber Timalkos hatte noch etwas zu sagen. »Ich gehe noch einmal zum Markt«, ließ er sie wissen, »wenn du etwas brauchst, kann ich es dir mitbringen.«

Sie sagte das Erste, was ihr in den Sinn sprang: »Ein Webschiffchen«, denn während sie ihre Hände betrachtete, hatte sie gedacht: Ihr werdet wieder das Schiffchen werfen, aber der Webstuhl wird auf fremder Erde stehen. Und da sie Timalkos' Erstaunen sah, wiederholte sie: »Ein Webschiffchen, Timalkos.«

Verständnislos starrte er sie an. Was wollte sie mit einem Webschiffchen an Bord eines Kriegsschiffes? Sollte es vielleicht ein Talisman sein? Bis er zum Markt kam, rätselte er daran herum. Timalkos war abergläubisch, er kam darauf, dass solch ein Ding Glück bringen könnte, nicht nur ihr, sondern der ganzen Schiffsmannschaft und damit ihm selbst. Er würde klug handeln, wenn er es ihr besorgte. Da er aber ein praktischer Mann war, kaufte er außer dem Schiffchen auch noch Spindel und Rocken und ein Bund Flachs. »Besser, sie hat etwas zu tun«, brummte er, während er auf die schwarze Höhle eines Schmiedes zueilte. Er erwarb noch eine Ahle und etliche Spangen, besuchte auch einen Händler, der Leder feilhielt, und begab sich zum Schiff zurück.

Theano saß noch immer wie zuvor, die Hände im Schoß. Auf der Mole war viel Kommen und Gehen; sie achtete nicht darauf. Aber als Timalkos zu ihr trat, hob sie den Blick.

»Da hast du es«, sagte er und hielt ihr das Webschiffchen hin, »obwohl ich nicht weiß, was du hier damit anfangen kannst. Darum habe ich dir dies mitgebracht.« Er legte Spindel, Rocken und Flachsbündel neben sie auf die Planken.

Sie beachtete es nicht; sie griff nach dem kleinen hölzernen Ding und barg es in einer Gewandfalte. Sie hob den Blick zu ihm auf und sagte schlicht: »Sei bedankt, Timalkos, und nicht nur für dies – für alles.«

Verwirrt zog er sich zurück. Wer war sie denn gewesen, bevor sie eine Sklavin wurde? Sklavinnen sprachen nicht so. Eins aber schien sicher, sie war nicht mehr das gebrochene, verzweifelte Wesen, dem er vor kurzem Stirn und Wangen gebadet hatte.

Theano saß zwischen Krügen und Ballen, das Webschiffchen in der Hand. Es war leicht und glatt, aus hellem Holz, kaum verschieden von einem, mit dem sie zuletzt an ihrem Webstuhl daheim gearbeitet hatte...

Die Schiffsleute kamen, lachend und lärmend, sie nahmen ihre Plätze ein. Mekisteus kehrte von einer letzten Überprüfung der anderen Schiffe zurück, winkte den Freunden zu, die ihn begleitet hatten, und kam an Bord. Der Schiffsmeister gab das Zeichen und die Taue wurden gelöst. Die Ruder senkten sich und der Päan zum Preis Apollons stieg auf – zum Preis Apollons, der die glückliche Ankunft zu geben hat.

Die Trojanerin aber saß, das Webschiffchen in den Händen, und begann es hin- und herzuwerfen, von einer Hand in die andere. Es war, als webe sie ein Schicksal. Aber nur Timalkos beobachtete sie dabei und wunderte sich, was dieses Spiel wohl zu bedeuten hätte.

Sie selbst wusste kaum, dass sie es trieb. Sie wusste nur, dass dies der letzte, der endgültige Abschied war. Von Lesbos aus hatte sie noch die Küste ihrer Heimat sehen können; sie würde nun auch zurückbleiben, versinken. Das Schiff glitt aus dem Hafen und trug sie fort, sie und ihr Webschiffchen, einer fremden Erde zu.

Viertes Kapitel

Es war, als ob ein Gott ihnen voraufzöge, die Wasser zu glätten, den Winden Stille zu gebieten. Noch immer war der Himmel freundlich, der Herbst mild. Und wenn ein Regen fiel, dann lachten die Männer und riefen den Wolken zu, ihre Äcker in der Heimat nicht zu vergessen.

Die Tage glitten an Theano vorbei wie die Wellen, gleichmäßig, nicht unfreundlich. Das graue Zwielicht, in dem sie bisher verweilt hatte, begann sich zu lichten. Schließlich zerriss es und sie erkannte, dass es doch noch die Sonne gab. Ob sie es wünschte oder nicht, diese Sonne fing an sie zu heilen, sie zu stärken.

Meist blieb sie reglos in ihrem Versteck, nur ließ sie das Schiffchen von einer Hand in die andere gleiten. Dazu das leise Rauschen des Wassers am Bug – auch das war heilend.

Dann geschah es, dass sie bei einem plötzlichen Schwanken des Schiffes nach einem Halt griff und mit der Hand an die Spindel geriet. Unwillkürlich ergriff sie sie, sah sie zum ersten Mal mit wachen Augen an, sah beides, Spindel und Rocken. Timalkos! Als er ihr das Webschiffchen brachte, musste er ihr auch das da hingelegt haben.

Spindel und Rocken, aber wo war die Wolle? Das Bündel daneben, sicher gehörte es dazu. Sie zog es zu sich herüber und prüfte den weichen Bausch mit den Fingerspitzen: Flachs, guter, feiner Flachs, schon gekämmt und zu einem losen Zopf geflochten. Aus alter Gewohnheit begann sie ihn um den Rocken zu wickeln, Lage für Lage, sehr darauf bedacht, dass der Flachs regelmäßig um den Stab zu liegen kam. Nun war es genug, ihr Rocken war fertig, nur fehlte noch ein Band, den flaumigen Kegel zusammenzuhalten.

Eine Hand hielt ihr einen schmalen Zeugstreifen hin. Sie gehörte Timalkos, der ihr gespannt zugesehen hatte. Oft genug hatte er seiner Mutter ein solches Band reichen müssen, vor vielen Jahren, als er noch ein Kind war. Theano nahm den Streifen und wand ihn um den Rocken.

»Also verstehst du dich aufs Spinnen«, nickte er ihr beifällig zu.

»Nicht sehr gut«, gab sie zurück. »Das taten die Sklavinnen –« Sie brach ab, ein schnelles Rot flog über ihr blasses Gesicht.

Timalkos fragte, als ob sie solche Gespräche von jeher geführt hätten: »Und was hattest du zu tun?«

»Ich gehörte zum Haus der Merope, eins von den Mädchen, die immer um sie waren.«

»Wer war Merope?«, wollte Timalkos wissen.

»Eine Tochter Priams –«

Entsetzt blickte sie ihn an. Er hatte herbeigeführt, was sie um jeden Preis vermeiden wollte – die Vergangenheit zurückzurufen, Namen zu nennen, Gesichter heraufzubeschwören –

Merope: Wo war sie jetzt? Mit großer Klarheit sah Theano das Gemach der Fürstin, in dem sie Schmuck und Gewänder bereitzulegen hatte; sie hörte die hellen Stimmen, das Gelächter der anderen Mädchen, das gutmütige Schelten der alten Kammerfrau. »Eine Tochter Priams«, wiederholte sie hart. »Hoffentlich ist sie tot!«

Nun war die Reihe an Timalkos, sich zu entsetzen. »Mädchen«, begann er, aber sie sprach weiter: »Es ist besser, viel besser, tot zu sein. Besser der Tod als die Sklaverei.« Damit wandte sie sich ab und sprach an diesem Tag kein Wort mehr.

Und doch fand Timalkos, dass dies kurze, bittere Gespräch ein Schritt vorwärts war. Sie hatte mit ihm gesprochen, und zwar mehr als je zuvor; sicherlich war es ein Zeichen, dass sie aufzuleben begann.

Trotzdem, so etwas zu sagen, so schreckliche Worte. »Ich hoffe, sie ist tot«, und dann das vom Tod und der Sklaverei. Ein so junges Ding und sprach mit solcher Härte! Timalkos schüttelte den Kopf. Das Mädchen hatte Unrecht, er war überzeugt davon. Selbst ein Sklavendasein war dem Tod vorzuziehen, aber wer nicht, wie er selbst, als Sklave geboren war, musste wohl anders denken. Auch durfte er nicht vergessen, dass dieses junge Dinge Gräuel gesehen, sogar erlebt hatte, die er nicht kannte. Oder doch nur vom Hörensagen.

Noch ein weiterer Gedanke kam dem Timalkos. Er warf einen scheuen Blick zu Theano hinüber, die sich eben über den Schiffsrand beugte. Wenn das ihr Ernst gewesen war, wenn sie wirklich den Tod vorziehen sollte!

Schon wollte er hinspringen, da richtete sie sich wieder auf.

Dennoch beschloss er, von jetzt an besonders gut auf das Mädchen Acht zu haben. Und nicht nur deshalb, weil sie das Eigentum seines Herrn war, das er zu hüten hatte. Nein, weil sie sein Schützling war, und nicht erst seit heute.

Das Flachsbündel war längst zu feinem, festem Garn versponnen und ein gleich fester Faden verband Theano und Timalkos. Von ihm war er ausgegangen und er sorgte dafür, dass er nicht riss. Denn sein Schützling hatte viel zu lernen und Timalkos meinte, je eher sie damit anfing, desto besser. Er sprach es aber nicht aus, sondern suchte es einzurichten, dass sie lernte, ohne es zu gewahren.

Die Berge Euböas hoben sich über den Horizont, als sie zum ersten Mal eine Frage an ihn richtete. Den Blick auf die fernen bläulichen Konturen geheftet, die Stimme senkend, fragte sie: »Timalkos – wenn wir Pylos erreichen, was erwartet mich dort?«

Er wich aus: »Du meinst, was Mekisteus mit dir vorhat?«

Sie bejahte, die Augen stetig auf die fernen Berge gerichtet.

»Er wird dich der Frau seines Hauses übergeben. Sie muss entscheiden, was aus dir wird.«

Theano, wenn auch unmerklich, erzitterte. Aber sie fragte weiter: »Mekisteus' Frau?«

»Ja«, bestätigte er und fuhr fort: »Bevor er aufbrach, damals vor zehn Jahren, hat er Hochzeit gehalten. Mit Androklea, der Braut, die seine Eltern für ihn erwählt hatten. Es ging ihnen um Nachkommen, denn Mekisteus ist der einzige Sohn.«

Theano sah ihn voll an. »Sprich weiter, Timalkos.«

Er zuckte die Achseln. »Was ist sonst noch darüber zu sagen? Auch ihm ging es darum. Außer ihm gibt es keine Erben, nicht einmal Töchter, habe ich gehört.«

»Zehn Jahre«, flüsterte Theano zu sich selbst, »zehn Jahre. Eine lange Zeit.«

Sie sann darüber nach. Was für Menschen waren es, die auf eine so lange Zeit ihr Land, ihre Frauen und Kinder verließen, um fremde Küsten zu verheeren, um Beute aufzuhäufen, um an sich zu reißen, was immer sie konnten? Gold, Kostbarkeiten, Vieh – sogar die Bewohner dieser Küsten selbst! Um all das trugen sie den Krieg in fernste Länder, gefräßig wie Heuschreckenschwärme. Neun Jahre hatten diese Achäer es so getrieben, erst im zehnten war es zum offenen Kampf um Troja selbst gekommen; zu den großen Schlachten um Priams feste Burg, die zu stürzen sie vor einem Jahrzehnt ausgezogen waren.

Und daheim die Frauen, die nichts tun konnten als warten; die Kinder, die nicht wussten, wie ihre Väter aussahen; die alten Eltern, die nur hoffen durften, ihre Söhne wiederzusehen, Jahr auf Jahr.

Diese Androklea, wie alt mochte sie gewesen sein, als Mekisteus sie zur Frau nahm? Sicher nicht älter als sie, Theano. Zehn Jahre – sie würde verblüht sein nach so langem Warten. O ihr Götter, dachte Theano plötzlich, und ihr Mann bringt eine junge Frau von seinen Kriegszügen heim! Sie wird mich hassen; wie kann sie anders?

Sie hatte viel Zeit zum Grübeln, denn je näher sie der Insel Euböa kamen, desto mehr hatte Timalkos zu tun. Mekisteus' Rüstung musste auf den höchsten Glanz gebracht werden und nicht nur die seine, sondern auch die seiner Schiffsgefährten. Phemios und die zwei oder drei Sklaven des Schiffsmeisters waren anzuweisen und zu beaufsichtigen – im ganzen Schiff war rege Geschäftigkeit. Nur sie, die Sklavin, saß müßig da. Sie hatte nur abzuwarten, was der nächste Morgen ihr bringen würde.

Er brachte es in aller Frühe, ihn vielmehr, Timalkos, mit einem sorgsam gefalteten Kleidungsstück über dem Arm. »Mach dich bereit«, sagte er knapp, »um die Mittagsstunde werden wir auf Euböa landen. Hier ist ein schönes Kleid für dich: Mekisteus will Ehre mit dir einlegen. Gib dir Mühe!«

Es war ein Gewand aus fein gewebtem Stoff, die Kanten mit kühnen Mustern verziert, schwarz auf weichem Rot. Dem Schnitt nach zu schließen stammte es nicht aus Troja. Wer mochte sie sein, die es einst getragen hatte? Es war nicht neu, das sah sie dem schönen Rot an, hier und da leicht verblichen von der Sonne. Und wo war sie jetzt? Nicht denken, nur nicht daran denken –

»Träumst du?«, unterbrach Timalkos ihr Sinnen. »Fang an, eil dich, ordne dein Haar! Und diese sollst du tragen.« Damit warf er zwei schmale, aus Golddraht kunstvoll geflochtene Armreifen in ihren Schoß.

Theano fuhr zurück. Diese Armreifen kannte sie. Sie hatte dem Goldschmied zugesehen, als er sie schuf. Sie waren zur Brautgabe für eine Enkelin Priams bestimmt gewesen, sie selbst hatte Merope begleitet, die wissen wollte, wie weit der Meister mit der Arbeit sei.

Timalkos wurde ungeduldig. »Wird's bald?«, fuhr er sie an.

Sie stand auf, die Reifen glitten zu Boden. »Sklavinnen gebührt kein Schmuck«, sagte sie herb. »Außerdem, sie sind zu eng.« Damit raffte sie das rote Gewand zusammen und verschwand hinter dem Stück Segeltuch, das sie mehr oder weniger vor den Blicken der Mannschaft schützte.

Erst als er die Reifen auflas, fiel Timalkos etwas auf. »Woher weiß sie, dass sie zu eng sind?«, fragte er verblüfft. »Sie hat sie nicht einmal angerührt!«

Im nächsten Augenblick gab er sich selbst die Antwort. Er

hatte erkannt, dass Theano diese Reifen nicht zum ersten Mal sah, er konnte sich denken, was sie ihr sagten. Mekisteus wird nicht zufrieden mit ihr sein, dachte er, er will seine Ehrengabe möglichst achtbar erscheinen lassen. Zu verstehen ist es. Aber ich werde dasselbe sagen wie sie – dass die Reifen zu eng waren. Und er hoffte, dass Mekisteus bei all der Aufregung des Landens den Ungehorsam seiner Sklavin nicht bemerken würde.

Etwas später war er hoch erstaunt – und sein Herr ebenfalls –, als Theano neu gekleidet hervortrat. Wohl erschien ihr Gesicht über dem Rot des Kleides noch blasser als gewöhnlich, aber sie hatte ihr Haar auf eine Weise hochgebunden, die ihr Würde verlieh. So, wie die Jungvermählten Trojas es trugen, und es stand ihr gut.

Phemios, der Theano an diesem Morgen noch nicht gesehen hatte, stieß Timalkos an. »Sie ist doch nicht so ohne«, raunte er und schnalzte mit der Zunge. Timalkos gab ihm einen abweisenden Blick. »Halt den Mund«, sagte er ebenso leise. Dann, etwas lauter, dass Mekisteus als Erster an Land gehen würde: »Und wir folgen ihm sofort. Zuerst du, Theano, und du gehst ein paar Schritte hinter ihm; dann kommen wir beide.«

»Bleiben wir hier?«, fragte Theano.

»Nicht lange. Nur bis das Dankopfer dargebracht ist. Komm nun, es ist Zeit. Ich helfe dir.«

Sie zögerte. »Gib mir ein Tuch, Timalkos«, bat sie.

»Wozu ein Tuch? Was für ein Tuch?«

»Eins, mein Haar hineinzubinden.«

Timalkos schüttelte den Kopf. »Nein. Du brauchst kein Tuch. Dein Haar ist schön, wenn du es trägst wie heute. Da – Mekisteus ist von Bord. Nun du –«

Er half ihr beim Aussteigen und sie war ihm dankbar, denn

das rote Gewand war enger, als sie es gewohnt war. Sie fürchtete den Spott der Menge, die das Ufer säumte; griechische Zungen waren schnell und scharf und griechischer Witz noch schärfer. Sie wusste das sehr gut, mehrmals war sie sein Ziel gewesen während der langen Fahrt.

Aber niemand achtete auf sie. Die von den Schiffen dachten an nichts als an die Landung, die am Ufer an nichts als an die Begrüßung der Helden, der Sieger, und das Gewühl wurde immer stärker, da so viele Menschen aus dem Ort herbeieilten.

Ein vielstimmiger Ruf stieg auf, denn wieder zogen Schiffe heran, nahten mit aller Kraft ihrer Ruder. »Nestor! Nestor selbst!«, tönte es den Strand entlang.

»Er ist es!«, rief auch Mekisteus und erzwang sich den Weg durch die dichte Menge. Niemand als er durfte seinen Fürsten ans Land geleiten. Und Nestor, der Erste der Heerführer, der den Heimatboden wiedergewann, betrat ihn, auf die Schulter seines treuesten Dieners gestützt.

Fünftes Kapitel

Theano stand abseits, halb betäubt von dem Gewimmel. Immer noch war ihr, als schwanke der Boden unter ihren Füßen, so sehr war sie an die Bewegung des Schiffes gewöhnt. In diesem Augenblick wünschte sie sich nichts sehnlicher, als wieder an Bord zu sein: Dort konnte ihr nichts geschehen, als was Poseidon schickte. Hier aber, auf dem Festen – sie verlor sich an die Vorstellung eines Schiffbruchs und des schnellen Todes in den Wogen, bis Timalkos herbeistürzte und ihren Arm ergriff: »Kommst du denn nicht? Soll dein Herr auf dich warten?«

Jetzt erst bemerkte sie, dass Nestor und seine Krieger sich dem Tempel zubewegten, jede Schiffsmannschaft für sich und alle in der gleichen, sieghaften Haltung. Ihre Waffen warfen die Sonnenstrahlen zurück, die Helmzier der Anführer ließ sie Halbgöttern gleich erscheinen. Aber waren die Helden Trojas weniger groß und glänzend gewesen? Hieß es nicht von Hektor, er schreite eher wie der Sohn eines Gottes als wie eines Menschen Sohn? Und Agenor, an Mut den Besten gleich, und Troilus, der fröhliche, der berühmte Wagenlenker, und ihr eigener Anthas – sie konnte nicht anders, sie rief die teuren Namen, die edlen Erscheinungen sich ins Gedächtnis – ach, alle dahin, alle schon längst Staub und Asche. Und während die Achäer den heiligen Bezirk betraten, hielt sie in ihrem Herzen stumme Totenfeier.

Sie wurde rau unterbrochen. Phemios kam und brachte Mekisteus' Befehl. Zusammen mit den Dienern des Fürsten sollten sie die Zelte errichten und in dem seinigen auf ihn warten. Die Trojanerin aber sollte seinen großen Mantel, das Geschenk Nestors, bereitmachen, ihn glätten und dafür sorgen, dass er makellos sei. Am Morgen wollte er ihn tragen, bei dem großen Opferfest, erzählte Phemios wichtig.

Timalkos ging hin und öffnete einen großen Ballen. Der Mantel lag obenauf, weiß wie Wolken, ein kostbares Gewebe. Er war aus feinster Wolle und die Hände, die seine Kanten mit so kühnen Farben geziert hatten, waren kunstreich und sehr geübt gewesen, das sah Theano sofort. Sie entfaltete ihn, sie streckte ihre Arme, so weit es ging, und doch nicht weit genug, um das prächtige Stück in seinem ganzen Umfang bewundern zu können. Timalkos hob mehrere der Falten und sagte: »Er ist fast nicht zerdrückt. Breite ihn auf dem Lager aus und sieh genau nach! Es darf nicht der kleinste Flecken daran sein. Mir scheint, unser Herr will morgen nicht nur die Götter, sondern auch seinen Fürsten ehren.«

Es ließ sich nur ein einziger Flecken finden, und zwar am unteren Rand, am linken Zipfel. Eigentlich war es eher eine Verfärbung, so, als ob der Träger ihn achtlos über den Boden hätte schleifen lassen. Das war nicht Mekisteus' Art, er war nie nachlässig, was sein Aussehen betraf. Wer mochte diesen Mantel vor ihm getragen haben? Das Geschenk Nestors…

Ein Sohn des Fürsten war vor Troja gefallen, das wusste sie. Seinen Namen hatte sie vergessen, nur daran, dass er jung und sehr tapfer gewesen sei, erinnerte sie sich. Ob ihm dieser Mantel gehört hatte? Möglich war es – aber dann war diese bräunliche Stelle, die sie zu beseitigen hatte, eine Spur trojanischer Erde! Trojanischen Staubes, verbesserte sie sich mit einem bitteren Lächeln. Sie hatte Achäer gesehen, die den ihnen wiedergeschenkten Heimatboden küssten; sie war keine Achäerin. Aber sie strich leise über diesen letzten, armseligen Rest ihrer Heimaterde. Ganz auslöschen wollte sie ihn nicht.

Timalkos, mit dem Brustpanzer seines Herrn beschäftigt, sah kaum hin, als sie ihm die Stelle zeigte und bekannte, der Schmutz wolle nicht weichen. Ohne den ganzen Mantel zu waschen, würde sie ihn nicht los.

»Das bisschen Staub da unten? Das sieht man nicht, wenn der Mantel erst schön von den Schultern herabfällt«, meinte er achtlos.

»Mekisteus ist sehr eigen«, zweifelte Theano.

»Heute sieht er nichts und niemanden als seinen Fürsten und morgen«, Timalkos lachte, »erst recht nicht. Er wird denken, dass einer seiner Gefährten ihm darauf getreten ist.«

Theano beließ es dabei. Sie legte den Mantel mit Sorgfalt auf

Mekisteus' Lager, wandte sich um und fragte wie beiläufig: »Wie hieß doch der Sohn Nestors, der vor Troja im Kampf mit Memnon fiel?«

»Antilochos«, gab Timalkos zurück, den Glanz des Panzers bewundernd. Wirklich, es gab keine matte Stelle mehr. »Warum fragst du?«

»Nur so«, sagte Theano und ging aus dem Zelt.

Um Sonnenuntergang kam Mekisteus und ließ sich von Timalkos die Rüstung anlegen. Erst als er im vollen Schmuck des achäischen Kriegers dastand, winkte er der Trojanerin, dass sie ihm den Mantel umhänge. Sie tat es, sie ordnete die Falten mit der ihr eigenen Geschicklichkeit. Was dabei in ihr vorging – ihr stilles Gesicht verriet nichts.

Timalkos reichte ihm den Helm; Mekisteus nickte beifällig. Die Sklavin würdigte er keines Blickes.

Sie war allein im Zelt. Ihre Aufgabe war nun, das Durcheinander darin wieder in die geziemende Ordnung zu verwandeln. War das geschehen, dann hatte sie nichts zu tun, als zu warten, bis ihr Herr wieder nach ihr verlangte.

Dieser Herr, dem sie als Beute zugefallen war, was für ein Mensch war er? Während der langen Seefahrt hatte er sich nicht um sie gekümmert, sie war nicht vorhanden, schien es. Dass es ihm missfiel, wenn sie schwach und elend in ihrem Winkel lag, wusste sie von Timalkos. Mekisteus, hatte er erklärt, könne nichts leiden, was kraftlos und kränklich war. Er selbst war hart und stark, es erfülle ihn mit Unwillen, wenn andere nicht so zäh waren wie er. So viel wusste sie nun über ihn.

Ein kaltes Herz, hätte sie geurteilt, wenn sie nicht zweierlei über ihn erfahren hätte. Von Timalkos natürlich: Die unbedingte Ergebenheit, die er seinem Fürsten zollte, war das eine, sein brennender Ehrgeiz das andere.

Brennender Ehrgeiz? Sie schüttelte den Kopf. Selbst sein Ehrgeiz war kalt, aber darum nicht geringer.

Diese Untätigkeit, zu der sie gezwungen war! Wie sehnte sie das Ende der Fahrt herbei. Was danach kam, war ungewiss, und doch meinte sie, es müsste besser sein. Einen festen Platz in einem geordneten Haushalt zu haben, Pflichten, selbst unangenehme, ausführen zu müssen – das war es, was sie brauchte. Eine Ordnung, in die sie sich einfügen konnte, Ruhe, in der ihr Kind reifen würde, seiner Geburt entgegen: das war's, was Not tat.

Diese Nacht noch, vielleicht eine zweite, und er benötigte sie nicht mehr. Das war ein guter Gedanke. Seine Gattin hatte ältere Rechte und würde darauf bestehen.

Die Nacht war überstanden, Theano war der ersehnten Ordnung schon um eine Tagesfahrt näher. Sobald den Göttern gegeben war, was ihnen gehörte, hatten Nestor und die Seinigen sich eingeschifft. Diomedes, der erst in der Nacht eingetroffen war, den es ebenso sehr drängte, sein Reich wiederzusehen, tat es ihnen nach; Agamemnons Flotte war noch nicht erschienen. Das große Achäerheer hatte sich längst aufgelöst. Schon von der Küste Trojas an hatte Menelaos eigene Wege eingeschlagen und die meisten der Heerführer hatten es nicht anders gemacht.

Nestor, den weisesten von ihnen, bewog noch ein anderer Grund als der Drang, sein geliebtes Pylos wiederzusehen. Eine warnende Stimme in seinem Inneren, oder sprachen die Götter zu ihm, der er sie stets geehrt hatte? Jedenfalls gehorchte er ihr. »Bis hierher haben sie uns günstigen Wind und unverhofft schnelle Fahrt gewährt«, bemerkte er, sich mit Mekisteus beratend, »ein großes Glück für uns. Wie aber, wenn sie uns gerade so viel Glück und nicht mehr zugemessen hätten? Wir sollten keinen Augenblick vergeuden. Es könnte auch sein, dass unser Glück schwindet, wenn wir uns zu sorglos darauf verlassen.«

Mekisteus, wie immer, stimmte ihm bei und sie hatten als Erste ihre Segel gehisst und Kurs auf Keos genommen. Diese letzte Strecke ihres Weges war reich an Inseln, aber sie legten bei keiner an.

Der Wind blies stärker, der Himmel bewölkte sich, es war Winter geworden. Theano fror in den warmen Hüllen, die Timalkos ihr brachte. Aber bald war der südlichste Teil der Pelops-Insel, der gefährlichste, umrundet und im Schiff wuchs die Erwartung, die Freude auf die Ankunft ins Ungeheure.

Es war fast Mittag, als sie den Hafen von Pylos erreichten. Die Flotte war längst gesichtet worden, das Gestade war voll von Menschen und immer noch mehr eilten herbei. Sie schwenkten grüne Zweige, sie sangen den Willkommensgruß wieder und wieder und sobald das erste, Nestors, Schiff dem Ufer nahe genug war, stürzten sich dutzende von jubelnden Männern ins Wasser, um es ans Land zu ziehen. Auf ihren Schultern trugen sie den Fürsten durch die dicht gedrängte Menge und versuchten auch dem Mekisteus die gleiche Ehre zu erweisen. Das aber gelang ihnen nicht. Er und die Seinen betraten die Heimaterde auf eigenen Füßen. Mekisteus wusste, dass ihm nicht dasselbe zukam wie dem Herrscher des Landes.

Schon wurde ein schönes, fehlerloses Stierkalb zum Strand hinabgetrieben, ein Kreis um den Altarstein freigemacht und Nestor brachte das Opfer dar. Flöten und Zimbeln ertönten und mit dem Rauch des Altars stiegen Hymnen des Preises empor. Aber dieses Opfer entbehrte der gemessenen Feierlichkeit, mit der solche Feste begangen wurden. Nicht, dass es an Andacht gefehlt hätte, nur brannte die freudige Erregung heller als die kostbaren Hölzer, auf denen der Anteil der Götter verschwelte. Und als dieser Anteil gänzlich von den Flammen verzehrt war, gab Nestor den Befehl zum Aufbruch. Edle Pferde warteten längst, Nestors Söhne bildeten die Vorhut und der Fürst stieg auf. Nur das letzte, kürzeste Stück war noch zurückzulegen: der Weg zu seiner Burg.

Mekisteus war nicht unter denen, die Nestor folgten. Sein weiser Fürst hatte bestimmt, dass er mit seinen Leuten und seinen Gütern den eigenen Weg antreten sollte, den zu seinem Besitz weiter im Land, hin bis zu den Seinen.

So geschah es. Mekisteus schwang sich auf den Streitwagen, der für ihn bereitstand; sein Speerträger folgte. Einer seiner Krieger lenkte einen zweiten Wagen, nachdem er Theano herbeigewinkt und sie angewiesen hatte aufzusteigen. Zu ihrem großen Erstaunen, denn bis jetzt war sie unbeachtet geblieben. Nicht einmal Timalkos hatte sich um sie gekümmert, all die bunten Wirbel hatten sich vor ihr gedreht, doch sie war außerhalb geblieben. Und jetzt wurde sie, gerade sie, so bevorzugt?

Sechstes Kapitel

Der Weg stieg an, er war hart und uneben. Es kostete Mühe, in dem schwankenden Gefährt das Gleichgewicht zu bewahren. Der Wagenlenker war sichtlich darauf bedacht, seinem Anführer nicht zu viel Vorsprung zu lassen, und seine Pferde schienen gleichen Sinnes mit ihm zu sein. Theano klammerte sich an den Wagenrand, so gut sie konnte; sie meinte, nicht einmal das Schiff hätte sie so durchgeschüttelt.

Erst als sie die Höhe erreicht hatten und der Wagen kurz anhielt, wagte sie sich umzusehen. Weit hinten gewahrte sie einen Zug von Lastträgern und Lasttieren, der sich langsam hangaufwärts bewegte. Sie erriet, dass es Mekisteus' Sklaven waren, die seine Schiffsladung heimbeförderten, sein Eigentum, seine Kriegsbeute. Zu denen gehöre ich doch auch, fuhr es ihr durch den Sinn. Unwillkürlich wandte sie sich an den Wagenlenker, mit dem sie bis jetzt noch kein Wort gesprochen hatte: »Warum ich?«

Er war so überrascht wie sie selber, nicht so sehr über die Frage, sondern weil sie überhaupt etwas geäußert hatte. »Warum du?«, wiederholte er verblüfft.

»Ja: Warum ich mit dir auf dem Wagen fahre und nicht zu Fuß gehe wie die dahinten.«

Nun verstand er. »Du bist doch Mekisteus' Ehrengeschenk. Er will, dass du mit ihm zusammen eintriffst.«

»Anderes ist wertvoller«, gab sie zurück.

»Das verstehst du nicht«, sagte der Mann und trieb seine Pferde aufs Neue an. Es ging nun sehr schnell, aber der Weg war besser, und Theano konnte einen Blick in die Runde tun. Die Sonne wollte untergehen, sie warf ein seltsam klares, rosiges Licht über die Landschaft, über Weideland, sanfte Mulden, über sehr alte Ölbäume und schmale Zypressen. Auf die Landesfremde, die in der mauerumschlossenen Burg König Priams herangewachsen war, wirkte die Gelassenheit, die heitere Ruhe dieses Bildes. Wie sollte es anders sein, dachte sie. Niemand hat Krieg und Verwüstung hierher gebracht. Sie verschloss sich dem Bilde und blickte stumm vor sich hin.

Der Wagenlenker wies nach vorn: »Sieh dort – Mekisteus' Haus!«

Es war ein schlichtes Landhaus, nicht hoch, doch mit einem gefälligen Vorbau. Schmale Terrassen führten zu ihm hinan, sicher waren es Gärten. Nur ein paar Bäume, die sie für Feigenbäume ansah, und niedrige Büsche waren zu unterscheiden. Wie grün das alles ist, dachte sie. Ach ja, dieses Land ist sorgsam bestellt worden, ihm ist es nicht ergangen wie der Ebene von Troja. Die musste zum Schlachtfeld werden.

Nun ein glatter, fester Weg, er endete in einem geräumigen Hof. Der Wagen hielt vor flachen, breiten Stufen; der Lenker bedeutete ihr, dass sie abzusteigen hätte. Zwei oder drei Sklaven liefen herbei, stützten sie, bis sie sicher auf dem Boden stand, und liefen dann dem Wagen nach. Theano stand allein und wusste nicht, was beginnen. Denn auf der obersten Stufe spielte sich das Wiedersehen Mekisteus' mit seiner Mutter ab. Sie musste seine Mutter sein, diese hohe, schmale, sehr aufrecht stehende Frau, aus deren Umarmung er sich eben gelöst hatte. Theano trat einen Schritt zurück in den Schatten eines Strauches; es war nicht schicklich, dass sie dieser Begrüßung zusah. Aber Mekisteus' nächste Worte musste sie doch mit anhören.

Er sprach laut, fast war es ein Ruf: »Wo bleibt Androklea? Kommt sie nicht vors Haus, mich willkommen zu heißen?«

Seine Mutter antwortete nicht mit Worten. Sie senkte den Kopf, sie zog das Tuch, das ihr Haar verdeckte und lose über die Schultern fiel, vor ihr Gesicht.

Mekisteus verstand. »Sie ist tot«, sagte er. »Androklea ist tot.«

Seufzer wurden laut, denn das Hausgesinde hatte sich zu beiden Seiten der hohen Türme versammelt, und eine Frau, wohl eine alte Amme, die es sich erlauben durfte, stieß schrille Klagetöne aus.

»Still!«, herrschte Mekisteus sie an. Etwas milder wandte er sich an seine Mutter: »Wann starb sie?«

»Zwei Jahre nachdem du fortzogst.«

»Zwei Jahre«, wiederholte er. Und dann, noch ungestümer als zuvor: »Sie erwartete ein Kind. Wo ist mein Kind?«

»Es lebte nur wenige Stunden. Mein Sohn –«, sie wollte ihn nochmals umarmen, aber er wehrte ab. Er ging an ihr vorbei in die Halle, man hörte seinen harten Tritt auf den Fliesen.

Das Gesinde verschwand, nur die Wirtschafterin näherte sich der Frau des Hauses. »Herrin«, sagte sie leise, »die dort – wer ist sie?«

Jetzt erst gewahrte Nikostrate die Gestalt im Schatten des Gesträuchs. »Bring sie zu mir, Antibia«, befahl sie, und als Theano vor ihr stand, fragte auch sie: »Wer bist du, Fremde?«

»Ich bin die Sklavin des Mekisteus«, war die Antwort.

»Die Sklavin – gekauft oder erbeutet?«

»Ihm durch das Los zugeteilt.«

Nikostrate wusste, was das bedeutete. »Nach der Schlacht«, nickte sie.

»Nach der letzten Schlacht.« Zum ersten Mal hob Theano den Blick. Sie sah die Mutter des Mekisteus fest an, abweisend, warnend sogar. »Rühr nicht daran«, sagte dieser Blick.

Nikostrate wies die Wirtschafterin an, die Fremde in das Frauengemach zu führen. Sie selbst ging zu ihrem Sohn. Sie fand ihn im Megaron, allein, er stand an einem Fenster, das einen weiten Blick über sein Land gewährte, und er wandte sich nicht um, als sie sich näherte.

»Mein Sohn«, begann Nikostrate, »mein lieber Sohn. Willst du nicht mit mir reden, dann lasse ich dich allein. Aber solltest du mir nicht sagen, was du von mir erwartest? So traurig es ist, was ich dir mitzuteilen hatte, so groß dein Verlust – bedenke, es sind Jahre vergangen, und Androklea ...«

»Androklea«, unterbrach er sie heftig, »es geht mir nicht um sie. Mir geht es um den Sohn. Zehn Jahre lang habe ich geglaubt, ihr beiden, meine Gattin und meine Mutter, zieht ihn mir auf, und wenn ich heimkehre, springt er mir entgegen. Auf diesen Tag habe ich gewartet und nun sieh, was er mir bringt.«

Nikostrate entgegnete herbe: »Ja, zehn Jahre warst du deinem Haus und den Deinigen fern. Hast du wirklich geglaubt, dass sich nichts ändern würde? Ich habe dir erhalten, was dein Vater dir hinterlassen hat. Geh über dein Land, sieh deine Herden an, schau in die Vorratshäuser! Du wirst alles gut verwaltet finden. Dass dein Kind starb, war der Wille der Götter; wirf es nicht deiner Mutter vor. Noch weniger wirf deiner Gattin vor, dass sie so jung gestorben ist.«

Erstaunt drehte er sich um. So sprach seine Mutter zu ihm, so streng und hart?

»Es ist klar, dass hier der Herr gefehlt hat«, war seine einzige Antwort und ihre darauf: »Verlangst du, dass deine Mutter sich vor dir verbeugt?«

Mekisteus schwieg und sie fuhr fort: »Es ist keine gute Heimkunft für dich. Der Schlag traf dich zu plötzlich. Sage mir nur, was du nun wünschst, und ich werde dafür sorgen, dass es geschieht.« Sie selber reichte ihm Brot und Wein. Er brach das Brot, er verschüttete die ersten Tropfen den Göttern zur Ehre, bevor er trank, aber sie sah wohl, es war nur Gewohnheit. Sein Sinn war bei anderen Dingen.

Nachdem er den Becher geleert hatte, eröffnete Mekisteus, dass er sehr bald zu seinem Herrn zurückkehren würde, ja, müsste, denn der Fürst hielte große Stücke auf ihn, und dort sei sein Platz. »Morgen aber«, bestimmte er, »werde ich meinen Schiffsgefährten ein Fest geben. Es soll an nichts fehlen, weder an fetten Lämmern und Schweinen noch an gutem Wein – dem besten! – und feinem Brot.«

Nikostrate stimmte dem Plan zu. »Lade auch unsere nächsten Nachbarn dazu ein«, schlug sie vor. »Es ist ein Mastkalb im Stall; da es ein großes Fest ist, das Fest deiner Heimkehr, sollten wir es schlachten.« Und sie erwähnte, dass in jedem der letzten Jahre ein Kalb gemästet worden sei, seiner Heimkehr gewärtig. Es rührte ihn und er dankte ihr.

»Noch eins«, erinnerte sie ihn, »die junge Frau, die du mitgebracht hast – was soll mit ihr geschehen?«

»Mein Ehrengeschenk«, erwiderte er düster, »eine Trojanerin. Ich hatte sie Androklea zugedacht, jetzt aber… Ich überlasse sie dir, Mutter. Sieh zu, wozu sie taugt.« Er verließ das Megaron.

Sein Ehrengeschenk, die Anerkennung seiner Dienste, auf das er stolz gewesen war. Und ihr Sohn war stolz, das wusste Nikostrate. Auch dieser Augenblick, der golden und glänzend hätte sein sollen, war Staub und Asche für Mekisteus geworden.

Zwei Tage später stand sie auf der Terrasse und blickte ihm nach. Er ritt davon, begleitet von etlichen seiner Kriegsgefährten. Die meisten waren auf ihre Gehöfte zurückgegangen, nur diese wenigen hatten vorgezogen, mit ihm zusammenzubleiben. Nikostrate glaubte nicht, dass es mit Treue zu tun hatte. Ihnen ging es wie Mekisteus, sie hatten nichts, was sie zu Hause festhielt, und sicher graute ihnen vor der Einförmigkeit des Landlebens. An Nestors Hof war doch Kommen und Gehen, gab es Neues, eröffneten sich ihnen Wege zu Abenteuern, zu neuen Kämpfen – und seien es auch nur die Kämpfe der Rennbahn.

Mein Sohn, dachte die alte Frau wehmütig, ist ein Fremder geworden. Zehn Jahre war er fort, zwei Tage gab er uns, mir und seinem Erbe. Wenn Androklea ihn erwartet hätte, hier auf dieser Schwelle, Kränze in den Händen für den Sieger, vielleicht hätte sie ihn halten können. Ich konnte es nicht. Zehn lange Jahre, harte Jahre. Kenne ich ihn denn noch?

Die Fremde fiel ihr ein. Wieder eine Bürde mehr, die sie zu schultern hatte. Eine Trojanerin, allen hiesigen Bräuchen völlig fremd und, wie sie den wenigen Worten ihres Sohnes entnommen hatte, halsstarrig, unbeugsam. Sehr kräftig schien sie auch nicht zu sein. Sklaven hatten kräftig zu sein, es war das Erste, was man von ihnen verlangte. So dachte Mekisteus, es war ihm wohl nicht eingefallen, dass diese erst Sklavin wurde, als sie den Siegern in die Hände fiel.

Als sie sich auf ihren Sitz niedergelassen und die Fremde herangewinkt hatte, musste sie ein winziges Lächeln verbergen. Auf Frauen verstand er sich nicht, ihr Sohn Mekisteus. Diese hier, so blass und abgemagert sie vor ihr stand, war durchaus nicht zu verachten. Lieblich war sie wohl nur als kleines Kind gewesen; jetzt konnte man sie nicht so nennen. Aber diese Haltung, diese Augen, wenn auch tief umschattet, dieses reiche, nachtdunkle Haar! Während der zwei Tage ihrer Anwesenheit hatte Nikostrate genug Gelegenheit gehabt, zu bemerken, mit welchem Neid ihre Mägde auf das prächtige Haar der Fremden blickten. »Wir werden es nicht abschneiden«, dachte sie laut.

Überrascht hob Theano den Blick: »Herrin?«

»Dein Haar«, erklärte Nikostrate. »Gewöhnlich schneiden wir neuen Sklaven das Haar.«

»Dann schert auch meines«, sagte Theano gleichgültig.

»Aber du bist ja eigentlich keine Sklavin«, gab Nikostrate sich und ihr zu bedenken.

»Und keine Freie«, führte Theano den Gedanken zu Ende. »Nenne mich Sklavin, ich bin nichts weiter.«

So schroff es klang, es war vernünftig. Nikostrate überlegte. Sie kam zu einem Entschluss: »Aufs Feld werde ich dich nicht schicken, auch nicht in die Küche oder zu den Wäscherinnen.

Sag mir, was du am besten kannst – oder warst du bisher nichts als die Tochter deiner Eltern?«

Theano zuckte zusammen, als ihre Eltern so beiläufig erwähnt wurden. Sie behielt sich jedoch fest in der Hand und antwortete, dass sie dem Hof der Priamstochter Merope angehört habe.

»Wir sind einfache Leute«, meinte Nikostrate trocken. »Sicher bist du geschickt in lauter Dingen, für die wir hier keinen Gebrauch haben.«

»Meine Mutter hat mich erzogen«, erklärte Theano, »und bei uns ging es einfach zu. Auch im Haus der Merope war wenig Prunk, weniger als bei – anderen.« Und das letzte Wort war durchtränkt von Abscheu. Nikostrate betrachtete sie sehr aufmerksam. Sie meinte zu wissen, an wen die Trojanerin dachte.

»Herrin«, schlug diese vor, »gib mir zu tun, was dir richtig scheint. Was es auch ist, ich werde es ausführen, so gut ich kann.«

Nikostrate zögerte nicht länger. »Mädchen«, sagte sie, »ich bin alt. Ich habe weder Tochter noch Schwiegertochter, die mir meine Bürde abnehmen könnten. Es war eine schwere Last, all diese Jahre unser Gut zu verwalten, und der Herr dieses Hauses, dieser Ländereien, abwesend. Mekisteus wird mir die Last nicht abnehmen, er hat es mir deutlich gezeigt. Ich muss sie weiterhin tragen. Nun sehe ich, dass du selbstständig bist und jung genug zum Lernen: Es soll deine Pflicht sein, mir zur Seite zu stehen.«

Theano neigte den Kopf, nicht unterwürfig, sondern ergeben. »Da es dein Wille ist, Herrin«, erwiderte sie.

»Es ist mein Wunsch«, verbesserte Nikostrate. Es klang gütig.

Und Mekisteus ist ihr Sohn, wunderte sich Theano.

Siebtes Kapitel

Auch Nikostrate wunderte sich. Nicht über ihren Sohn; sie verstand ihn. Eine alte Frau, ein stilles Haus, was hatten sie ihm zu bieten? Der Fürstenhof war ihm jetzt mehr als das Elternhaus. Er war ein Mann, er brauchte ein anderes Leben als das genügsame Dasein auf dem Lande zwischen Ölbäumen und Rebgärten. Ein Mann, ein Krieger, den verlangte es nach neuen Kriegszügen, nach größerem Ruhm, nach Eroberungen, nach Beute. Mekisteus' Vater war ebenso gewesen. Von einem seiner Streifzüge war er nicht zurückgekehrt. Der Wille der Götter: Sie hatte sich bescheiden müssen. Diesmal war es der Wille ihres Sohnes und sie würde sich wiederum bescheiden.

Aber die junge Fremde, die er mit heimgebracht hatte – war sie ihm nichts als ein Beutestück? »Sieh zu, wozu du sie gebrauchen kannst«, und kein Wort weiter. Nicht einen Blick hatte er ihr gegönnt und doch war es klar, dass sie sein Lager geteilt hatte. Und sie, die Fremde, hatte sie nicht beharrlich die Lider gesenkt, wenn er im Raum war, hatte sie ihm auch nur einmal nachgesehen, wenn er aus der Tür ging? An seinem Fest hatte sie nicht anders teilgenommen, als die Mägde es taten, nur mit dem Herbeitragen von Brot und Speisen.

Jetzt, da er fort war, würde die Fremde sich ihr zuwenden, sich ihr erschließen, hatte Nikostrate gemeint, da sie doch mit Güte von der Herrin aufgenommen worden war. Aber es war nicht geschehen und dies war es, worüber sie sich wunderte. Sie dachte darüber nach und fand eine Antwort: Vielleicht weiß sie nicht, wie ganz anders sie es hätte treffen können.

Sie selbst hatte sich um neu erworbene Sklaven nie gekümmert, das war die Sache von Wirtschafterin und Verwalter. Warum also kümmerte sie sich um diese?

Weil sie anders ist, dachte Nikostrate. Finster und trotzig hatte Mekisteus sie genannt, aber so war sie nicht. Schweigsam und traurig, ja, trotzig oder störrisch nicht. Im Gegenteil, sie war willig und wusste zu gehorchen. Nein, entschied Nikostrate, ich habe mich nicht geirrt. In diesem Mädchen steckt mehr als Eigensinn und Trotz.

Sie gab es vor sich selber zu: Sie brauchte Hilfe. Nicht nur sie war alt geworden, ihre treue Pero war es auch, und Psamma noch älter. Antibia war jünger, aber nicht sehr viel jünger als sie.

Was wir brauchen, dachte Nikostrate, ist ein junges Wesen, das uns von seiner Jugend mitteilen kann.

Es blieb Theano nicht verborgen, dass ihre Herrin sie beobachtete, prüfend, erwägend, manchmal sinnend. Sie wusste auch, dass ihre Zukunft von dieser Frau abhing. Es ängstigte sie nicht. Sie fühlte sich im sicheren Hafen und es lag allein an ihr, ob sie darin bleiben konnte. An ihr sollte es nicht fehlen, sie gelobte es sich.

So ging sie neben Nikostrate durch das Haus und alle seine Räume, sah, wie alles gehalten war, und hörte, warum dies und das so sein musste und nicht anders. Sie begriff schnell, sie fragte selten und fragte sie doch, dann war es keine leere Frage.

In der Webkammer erntete sie ein Lob, das erste, das ihr zuteil wurde. Mehrere Mägde waren hier bei der Arbeit; eine von ihnen, die jüngste, wurde mit dem Muster einer Kante nicht fertig. Theano kannte dieses Muster, schwarz und safranfarben auf weißem Grund, sie sah auch, dass die Kleine den Tränen nahe war. Ohne zu zögern, legte sie ihren Finger auf den Fehler: »Hier fängt es an, falsch zu gehen«, und dann, sehr bestimmt, »bis dahin musst du das Gewebe auftrennen. Es sind nicht viele

Fäden. Ich komme wieder und zeige dir, wie du es machen musst.«

Das Mädchen war so erstaunt, dass es nur stumm nicken konnte, es begann aber sofort mit dem Auftrennen. Die älteste der Weberinnen kam eilfertig herbei, aber anstatt die Kleine zu entschuldigen, suchte sie das Vergehen noch hervorzuheben. »Sie ist achtlos, Herrin, sie ist ungeschickt. Dabei ist es eine so einfache Kante, ich dachte …«

»Die Kante ist nicht so einfach«, wies Nikostrate sie zurecht. »Wie heißt das Kind? Dirke? Theano, lass Dirke zusehen, wie du es machst. Ich gehe indessen zur nächsten Hütte.«

Gleich darauf saß Theano vor dem kaum begonnenen Gewebe und warf das Schiffchen durch die Fäden der Kette. Sie erklärte jeden Wurf und den Wechsel von einer Farbe zur anderen mit viel Geduld. »Verstehst du es jetzt?«, fragte sie die Kleine. »Dann setz dich her und zeig mir, wie gut du es nun kannst!«

Scheu und ängstlich nahm Dirke ihren Platz wieder ein und griff nach dem Schiffchen. Noch ein fragender Blick: Du gehst doch nicht weg? Und da Theano ermutigend lächelte, ging sie ans Werk. Diesmal gab es keinen Fehler. Als Theano sich aufrichtete, stand Nikostrate neben ihr und bemerkte: »Ich sehe, du kannst weben – und noch mehr als weben.«

Die kleine Dirke aber sah zu Theano auf, als sei es die Göttin Athene selbst, die ihr beigesprungen war.

An diesem Abend musste Theano ihrer Herrin beschreiben, wie sich ein Tag im Haus der Priamstochter abgespielt hatte. Sie tat es und es war ihr eine Qual. Auch dies war etwas, das sie tief in sich begraben hatte. Es war, als ob einer das Siegel eines vollen Kruges gebrochen hätte: Sehr viel mehr kommt heraus als der eine Schluck Wein, die eine Maß Öl.

Plötzlich gewahrte Nikostrate, dass sie schwankte. Sie griff nach ihr, um sie zu stützen, sie befahl Psamma, die wie immer in der Nähe war, Theano das Lager zu bereiten, und zu Theano gewandt: »Geh zur Ruhe, Kind. Ich hätte dich nicht so viel fragen sollen; es tut mir Leid.«

Später, allein im Frauengemach, dachte sie nach, was dies junge Menschenkind erlitten haben mochte, in jener Nacht, da Troja fiel. Sie selbst hatte nie irgendwelchen Gräuel erleben müssen, hatte aber die Männer ihres Hauses prahlen gehört, wenn sie einen Sieg feierten. Man nahm es hin, es war immer so gewesen. Vater, Gatte oder auch ältere Brüder zogen aus, und wenn sie glücklich heimkehrten, war der Reichtum des Hauses beträchtlich vermehrt, ein paar dutzend neue Sklaven arbeiteten in den Feldern, fügten sich oder fügten sich auch nicht, und man entledigte sich ihrer – so war es überall. Es war nicht von Wichtigkeit.

Hier nun war etwas völlig Neues. Sie, Nikostrate, hatte Mitleid verspürt, Mitleid mit einer Sklavin. Als ob sie ihresgleichen wäre.

Sie hielt den Atem an. Wohin geriet sie nur bei solchen Grübeleien? Sie versuchte weniger gefühlvoll zu denken. Dass Theano einer Ohnmacht nahe gewesen war, daran war nicht zu zweifeln. Aber was war der Grund dieser plötzlichen Schwäche? Sie aß auch nicht recht, sie war offenbar nicht bei guter Gesundheit. Psamma hatte schon mehrmals berichtet, dass sie das Wenige, das sie zu sich nahm, meistens erbrach. Die Wirtschafterin hatte es auch bemerkt und war aufgebracht: »Ist diese Trojanerin so heikel, dass sie unsere Nahrung nicht verträgt?«

»Heikel nicht. Sie lobte deine gute Brühe und doch erbrach sie sie.« Gleich darauf zog sie scharf den Atem ein und sah Antibia an; beide fingen an zu lachen. Nikostrate brauchte nicht weiter zu fragen, worüber.

»Manche tun es gleich im ersten Monat«, flüsterte Psamma wichtig und Antibia bestätigte: »Ja, von Anfang an sogar.«

»Legt euch schlafen«, verwies ihnen Nikostrate die ungebührliche Lustigkeit, »und Psamma, dass du mir nicht in Haus und Hof herumstreust, was du denkst!«

»Nein, nein«, versprach die alte Amme, aber ihre kleinen schwarzen Augen funkelten vor Vergnügen und Mutwillen. Kein Geheimnis war bei Psamma sicher.

Darum schickte Nikostrate sie gleich am nächsten Morgen, die Trojanerin herzuholen. »Sofort, sofort, Herrin«, rief Psamma und war schon unterwegs.

Sie fand Theano in der Kammer, in der das schwere Winterzeug aufbewahrt wurde. Sobald das Wetter warm genug war, sollte es gewaschen werden, und sie war mit zwei anderen Sklavinnen dabei, einen umfangreichen Stapel durchzusehen.

»Du sollst zur Herrin kommen, aber schnell!«, rief Psamma und tat geheimnisvoll. Sie war ein altes, gebücktes Weiblein, längst zu keiner Arbeit mehr zu gebrauchen, aber sie war Nikostrates Amme und später die Amme ihrer Kinder gewesen, und so wurde sie im Haus geduldet und sogar ein wenig verwöhnt. Psamma wusste immer alles und es war klug, sich gut mit ihr zu stellen. »Eil dich, eil dich«, drängte sie jetzt.

»Was ist denn – habe ich etwas falsch gemacht?«, fragte Theano erschrocken. Die Alte gluckste vor Vergnügen. »Falsch gemacht? Nein, ich glaube nicht. Falsch, nein, gewiss nicht –«

Aber Theano war schon fort und stand gleich darauf vor Nikostrate.

Ohne Umschweife sagte die Herrin: »Ich höre, dass dir oft übel ist. Bekommt dir unser Essen nicht?«

»Nein – ja – doch«, stammelte Theano. »Es ist nichts, Herrin.«

»Nichts? Sag es nur frei heraus: Du erwartest ein Kind.«

»Ja«, sagte Theano.

Nikostrate fragte weiter: »Mekisteus' Kind?«

»Wessen sonst?«, fragte Theano zurück.

»Du bist sicher?«

»Ganz sicher, Herrin.« Und sie fügte hinzu: »Ich war neu verheiratet, als mein … als er … als er fiel. Ich war Witwe, als Troja fiel, und ich trug kein Kind.« Sie sprach mit unbewegtem Gesicht, sie sprach es wie etwas Eingelerntes.

Ein tiefer Atemzug wurde vernehmbar. »Komm her zu mir«, befahl Nikostrate. »Komm her, ganz nahe.«

Theano gehorchte. Sie fühlte die kühle, feste Hand unter ihrem Kinn. Sie war Auge in Auge mit der Herrin und hielt ihrem Blick stand. »Kind, es ist mein Enkel, den du trägst«, sagte Nikostrate.

Und noch einmal antwortete Theano: »Ja.«

Die Hand, die ihr Kinn gehoben hatte, legte sich auf ihre Schulter, mit einem sanften Druck. »Du wirst mir sein wie eine Tochter«, gelobte Nikostrate. »Nicht vor den anderen hier im Hause, das würde nicht angehen. Du verstehst mich wohl. Aber zwischen uns beiden … Komm mit allem zu mir, Theano.« Ihre Stimme schwankte ein wenig, sie war tief bewegt. »Heute möchte ich dir geben, was du nur begehrst«, fuhr sie fort. »Nicht die Freiheit; das steht nicht in meiner Macht. Aber sag mir einen Wunsch und ich erfülle ihn dir.«

»Herrin, ja«, rief Theano. »Einen Winkel in deinem Haus, in dem ich nachts allein sein kann!«

Nikostrate war überrascht: »Das ist ein seltsamer Wunsch. Einen Winkel, in dem du allein sein kannst, in der Nacht? Wer will denn dann allein sein? Aber ich habe dir versprochen, dass du haben sollst, was du willst, und sei es auch ein Winkel.« Sie klatschte leicht in die Hände und Pero erschien. Psamma folgte ihr. »Geht mit Theano durch das Haus und lasst sie ihren Schlafraum wählen«, befahl sie. »Nicht zu weit von dem meinigen.«

Pero hob die Augenbrauen, Psamma fing an zu protestieren. Aber Nikostrate sagte: »Geht!«

Sie gingen, Pero vorauf. Pero ließ in der nächsten halben Stunde nichts aus, keine Gewand-, keine Waffenkammer, keinen Abstellraum, nicht einmal die kleine Pförtnerhütte, längst nicht mehr bewohnt, am hinteren Tor. Psamma entrüstete sich: »Hierher bringst du sie, zu diesem Loch! In das kein Mensch mehr geht! Sicher gibt's ein Gespenst darin, und wenn kein Gespenst, dann gibt's Ratten. Feucht ist es auch«, und sie zeigte vorwurfsvoll auf die rauen Steinwände.

»Obendrein«, gab Pero zu, »viel zu weit weg von Nikostrates Gemach.«

Ich wüsste gern, dachte Theano, warum sie uns hierher gebracht hat.

Sie gingen ins Megaron zurück und stiegen die flachen Stufen zum Frauengemach hinan. Hier oben, in einem anschließenden Raum, schlief Nikostrate, ein Bad und ein Ankleideraum gehörten dazu; auch ein winziges Gelass, in dem Pero duftende Öle und heilende Salben aufbewahrte. Damit war es also auch nichts. Aber im Frauengemach fiel Theanos Blick auf einen schweren Vorhang, der fast die ganze Schmalwand bedeckte. Sicher verbarg er eine Öffnung. »Was ist dahinter?«, fragte sie.

»Nichts, das man einen Raum nennen könnte«, zuckte Pero die Schultern und zog das bunte Gewebe zur Seite.

Sie hatte Recht, nur ein breiter Gang lag vor dem Frauengemach. Vielleicht war er einmal offen gewesen, ein luftiger Ort, von dem aus frühere Herrinnen weit übers Land blicken konnten; jetzt schloss ihn die Außenmauer ein. Es gab ein Fenster darin. Theano trat an dieses Fenster. Gegenüber lag ein sanfter Hang im Silbergrau der Oliven und dem Schwarz-Grün der Zypressen; zwischen den dunklen Stämmen blühten Anemonen im jungen Gras. »Hier«, sagte Theano mit einem tiefen Atemzug, »hier will ich schlafen.«

»Unmöglich!«, riefen Pero und Psamma wie aus einem Munde. »Nie hat jemand hier geschlafen. Es ist nicht einmal eine Kammer!«

»So lasst mich eine daraus machen.« Theano schritt ein längliches Viereck ab: »So viel für mich und als vierte Wand einen Vorhang.« Sie wies auf etliche große Krüge und tönerne Truhen, die an den Wänden entlangstanden, und auf einen alten Webstuhl ganz am anderen Ende des Ganges. »Das alles kann da bleiben. Ein Bett, einen Schemel, mehr brauche ich nicht. Vielleicht noch eine von diesen Truhen, wenn eine leer ist und die Herrin es erlaubt.«

Die Herrin hielt nicht viel von ihrer Wahl. »Warum nicht eins von den Gastzimmern?«, wandte sie ein.

»Und wenn Gäste kommen?«, fragte Antibia, die gerade bei ihr war.

»Wer sollte kommen?«

»Mekisteus ist wieder daheim; er hat Freunde, die wir bewirten müssten.«

Nikostrate blickte immer noch bedenklich drein, aber Theano lehnte ein Gastzimmer mit Entschiedenheit ab: Es stehe ihr nicht zu. »Ich wäre ja nicht allein da oben«, endete sie, »denn Antibia schläft hinter dem Frauengemach, und du, Herrin, bist nicht fern.«

Schließlich war es nur noch Psamma, die mit Gegenvorschlägen mehr hinderte als half. Antibia nahm sie kurzerhand mit, um etwas Taugliches für die vierte Wand der Kammer zu finden, und mit Hilfe einiger Mägde war bald alles so geordnet, wie Theano es haben wollte.

Verstehen konnten sie es nicht, nicht eine von ihnen. Psamma hatte verraten, dass wieder ein Kind im Haus sein würde, Mekisteus' Kind. Das erklärte viel, aber Antibia begriff die Trojanerin trotzdem nicht. »Reifen und bronzene Nadeln hätte sie haben können oder das kostbarste Gewand, diese Theano. Aber was sie wählt, ist eine Schlafstelle bei meinen leeren Krügen.«

»Vielleicht hält man es so, da, wo sie herkommt«, meinte Pero.

»Doch wohl kaum«, widersprach ihr die Wirtschafterin. »Sagtest du nicht, dass sie einer Fürstin gedient hätte, Psamma?«

»Und dabei bleibe ich«, bekräftigte Psamma. »Ich weiß, was ich weiß, darauf könnt ihr euch verlassen.«

»Nicht für eine Nacht zöge ich da hinein«, schauderte Pero, »und wenn mir Gold geboten würde.«

Psamma war nachdenklich geworden. Sie erinnerte ihre beiden Vertrauten daran, dass werdende Mütter seltsame Launen an den Tag legten und dass man solche Launen oder Wünsche erfüllen müsste. Tat man es nicht, wer weiß, ob es dem Kind nicht schaden würde?

»Nein, nein«, riefen Pero und Antibia hastig, »sie soll das haben, was sie will!«

Und Antibia holte noch eine besonders weiche Decke für das Bett im alten Gang.

Achtes Kapitel

Oben lehnte Theano an ihrem Fenster. Sie dachte: Dies ist so gut wie draußen, so weit draußen, wie man in einem Haus sein kann, wenigstens in der Nacht. »Die anderen schlafen drüben«, murmelte sie, »auf der anderen Seite – auf dieser Seite nur ich.« Und von dem Hang gegenüber, dessen Olivenkronen bald dunkel, bald silbern erschienen, je nachdem, ob der Nachtwind sie raute oder glatt strich, kam so etwas wie Heilung zu ihr.

Aber es war noch zu früh für Heilung. In der ersten Nacht hier oben wurde es ihr bewusst.

Die Dämmerung vertiefte sich und die kleinen Eulen begannen einander zuzurufen. So hatten die Eulen der Troas gerufen – an jenem Abend, als Anthas sie auf den Mauern traf. Das erste Mal allein, denn ihre Gefährtinnen waren zurückgeblieben. Er hatte ihr gesagt, dass er am nächsten Tag zu ihrem Vater gehen und sie sich zur Frau erbitten wolle, er hatte ihre Hand in seine beiden Hände genommen und sie dringlich gefragt: »Du aber, Theano, du willst es auch?«

Anthas, den sie geliebt hatte, seit sie zwölf Jahre alt war!

Bevor sie ihm antworten konnte, kamen die anderen Mädchen herbeigeeilt. Er wusste ja auch, wie ihre Antwort gelautet hätte. Später sagte er es ihr: Ihre Hand hätte es verraten, so hätte sie in der seinen gezittert. Und sie hatte sie ihm nicht entzogen.

Noch vor der nächsten Schlacht war sie die Seine geworden. Man hatte nicht genug Zeit in Troja, sich Zeit zu lassen, und es war auch kein Heim für sie zu rüsten. In Theanos Elternhaus war reichlich Raum, seit beide Söhne gefallen waren.

Die Erinnerung brach über sie herein wie eine Flutwelle, sie riss jede Schutzwehr hinweg, mit der sie sich umgeben hatte. Sie hatte das Unerträgliche tief in sich vergraben geglaubt, da die Umnachtung der ersten Zeit ihr barmherziges Dunkel darüber geworfen hatte. Themiste fiel ihr ein. Themiste hatte es von ihr reißen wollen, hatte darum gekämpft, dass sie dem Dunkel nicht ganz verfiel.

Damit war es nun aus. Mit dem ersten Erinnern stieg alles herauf, das große Glück – und das, was dann kam, das Grauen. Sie hatte es aufs Neue zu erleiden, in dieser Nacht und in vielen Nächten.

Jener Tag, an dem Troja die Segel der Achäer entschwinden sah, ungläubig zuerst, dann jubelnd. Kein Zweifel, die Feinde waren es müde geworden: die lange Belagerung, der Verlust an Kämpfern – die Feinde gaben es auf und segelten davon. Aber am leeren Strand war etwas zurückgeblieben, das gigantische Standbild eines Pferdes aus Holz.

Da stand es und niemand konnte sich denken, was es bedeuten sollte. Sie fragten auch nicht lange, sondern brachten es hinauf zu Priams Stadt, ein ausgelassen froher Zug, singend und tanzend. Nur eine Stimme hatte sich dagegen erhoben, die Stimme Kassandras, der Prophetin. Sie warnte, sie sah Unheil voraus, sollte dieses Standbild in die Stadt kommen, aber wer hörte je auf Kassandra?

Sie stellten das hölzerne Pferd in Troja auf.

Und dann das Fest. Ganz Troja feierte dieses eine, dieses größte aller Feste, das Ende eines zehnjährigen Krieges, die Befreiung aus der langen Haft der Mauern. Doch, diese Mauern ihrer Stadt, von Göttern erbaut, hatten sie geschützt, aber nie hinauszudürfen, nie sich an den Ufern des Skamandros ergehen zu können; nie die weite Ebene fruchtbar zu sehen, sondern bedeckt von Feindesscharen, zertreten von Kämpfern – nachts ihre Feuer zu sehen, so viele Feuer, nicht zu zählen –

Alles war den Trojanern wiedergegeben. Wie sollten sie nicht feiern? Den ganzen Tag und die folgende Nacht, o die Freude, der Wein, die Hymnen zum Preis der Götter! All das, bis Trojas Bürger erschöpft auf ihre Lager taumelten, vom König bis zum letzten Lastenträger.

Theano und Anthas hatten das Fest schon früh verlassen. Sie hatte mit ihm allein sein wollen, sie hatte ihm etwas zu sagen, etwas Geheimes, etwas nur für sie beide: dass sie ein Kind haben würden. Ja, es war gewiss. Theano wusste es erst seit wenigen Tagen. Eigentlich hatte sie noch ein wenig warten wollen, bevor sie es ihm anvertraute, aber gab es einen besseren, schöneren, glücklicheren Tag als diesen?

»Ein Sohn, ein Sohn«, frohlockte Anthas und sie hatte ihn umarmt: »Ja, ein Sohn! Dein und mein Sohn, Anthas – unser Sohn!«

Sie waren eingeschlafen, mitten im zärtlichsten Geflüster, nicht ahnend, dass es in dem hölzernen Pferd lebendig geworden war, dass achäische Krieger daraus hervorkamen, die Tore öffneten und Mord und Brand hereinließen.

Vielleicht wäre es besser gewesen, weiterhin zwischen Pero und Psamma vor Nikostrates Tür zu schlafen. Da musste sie sich fest in der Gewalt behalten, sie musste es. Niemand hier durfte wissen, was sie erlitten hatte. Wenn es dort hervorgebrochen wäre, im Vorraum von Nikostrates Gemach! Wie lange wäre es ihr noch gelungen, es zu unterdrücken?

Einmal hier oben allein, und sie hatte losgelassen. Nicht mit wilden Schreien, nicht mit Flüchen, die die Götter hören mussten. Theano fluchte nicht, sie wusste, dass die Götter sie nicht hörten. Sie erlitt jene Nacht, litt bis zum nächsten Morgen und kein Gott war gnädig.

Mehrere Nächte gingen unter grausamen Qualen hin und in einer fragte sie sich, was für ein Kind es sein würde, das in einer solchen Mutter heranreifte. Eine neue Angst gesellte sich zu den alten Ängsten. Sie war hilflos, sie wusste nicht, wohin sich wenden. Es war ein Labyrinth von Angst und Not, durch das sie irrte.

Und doch gab es in Erytheia eine, die zu helfen vermochte. Im Quartier der Sklaven lebte eine alte Frau, die raten und heilen konnte. Sie hieß Dryope, sie war sehr weise. Zu dieser schickte Nikostrate sie, denn es war Dryope, die allen Kindern des Gutes ins Leben half.

Mit Bangen ging Theano zu ihr. Psamma hatte mitkommen wollen, es war nicht leicht gewesen, sie abzuschütteln. Schließlich hatte Nikostrate sie von der Lästigen befreit.

Hier saß sie nun auf der Schwelle ihrer Hütte, Dryope, sie sah der Fremden ruhig entgegen und regte sich nicht. Hinter schweren Lidern waren ihre Augen wach und sehr scharf. Zögernd trat Theano näher. Wie würde sie es fertig kriegen, diese Frau zu täuschen? Sie hatte nicht die geringste Hoffnung, dass es gelingen könnte.

»Dryope«, redete sie die reglose Gestalt an, und als ein kaum merkbares Nicken ihr antwortete, neigte sie sich ein wenig: »Sei gegrüßt. Die Herrin schickt mich zu dir, denn ich erwarte ein Kind. Es ist mein erstes, ich bin ganz unwissend.«

»Du kommst von Troja, Mekisteus' Gefangene?«

»Ja.«

»Und seit wann weißt du –?«

»Seit – seit –«

Theano verstummte.

Dryope stand auf, merkwürdig mühelos für eine so alte Frau. Sie gab den Weg frei: »Tritt ein«, sagte sie und ging dicht hinter Theano in die Hütte. In deren einzigem Raum, der fast leer war, legte sie ihre Hände fest um die Mitte der jungen Frau. »Nach dem Fall von Troja also«, murmelte sie.

»Ja, wenige Tage nachher.«

»Warum lügst du mir das vor? Es ist kein Zweimonatskind, das du trägst.«

Theano brach in haltloses Schluchzen aus. »Sag mir alles«, gebot die Alte, »und sag die Wahrheit!«

Und Theano, für die es keinen Ausweg gab, sagte ihr alles und sagte die Wahrheit. Von Anthas erzählte sie und wie glücklich sie gewesen waren. Von Anthas' Tod und dass ihr von ihrem Glück nichts geblieben war als Anthas' Kind. Sie schloss: »Ich bin nun die Sklavin des Mekisteus, aber, Dryope, ich habe geschworen – Anthas' Sohn soll kein Sklave sein.«

Ein kleiner Spott blitzte unter den schweren Lidern der anderen: »So sicher bist du, dass du einen Sohn trägst?«

Theano wollte antworten, doch Dryope beschwichtigte: »Nein, nein! Ich weiß, wie dir ist.« Sie schwieg eine Weile, dann sprach sie weiter: »Ich werde dir helfen. Nicht nur aus Mitgefühl, sondern weil ich aus Thrakien stamme. Thrakien und Troja waren immer Verbündete.«

Sie zog einen Schemel heran: »Setz dich und hör mir gut zu.« Sie selbst ließ sich auf dem Estrich nieder, spreizte die Finger ihrer linken Hand und zählte daran ab, was zu tun nötig sei. »Es geht darum, nicht nur Mekisteus, sondern auch Nikostrate zu überzeugen, dass dieses Kind ihr eigenes Fleisch und Blut ist, nur einen Monat vor seiner Zeit geboren. Hast du Mut? Mut genug, einen Unfall vorzutäuschen, wenn du spürst, dass deine Stunde da ist?«

Theano begriff, schluckte ein paar Mal und sagte: »Ja.«

»Gut. Nun das Nächste. Dein Anthas, war er besonders groß und stark?«

»Groß und stark?«, wiederholte Theano verwirrt. »Nein, nicht viel größer als ich. Flink war er und sehr gewandt, der schnellste Läufer, der beste Tänzer und an Mut stand er keinem nach. Warum, Dryope?«

»Weil wir dann hoffen dürfen, dass ein zierlicher kleiner Sohn zur Welt kommt, und kein junger Herakles.«

Sie verstand und auf einmal war er ihr wirklich, der kleine Sohn. Dankbar blickte sie die weise Frau an. Die nickte: »Vertraue mir nur. Ich habe so viele Kinder ans Licht gehoben, mit diesen Händen, ich weiß, wovon ich rede.«

»Du glaubst, dass die Täuschung gelingen kann?«

»Wenn du mir in allem folgst, wird sie gelingen. Aber opfere der Hera, flehe sie an, dass dein Kind dir gleichen möge!«

»Hera war Trojas Feindin.«

»Dann der Eileithyia.«

»Sie ist Heras Tochter.«

»Opfere immerhin! Und wenn du diesen beiden nicht traust, opfere dem Hermes. Ja, tu das – schließlich ist er der Gott der Lügner und der Betrüger.«

»Du hast Recht, Dryope, nur – Geburtshelfer ist er nicht.«

»Dafür hast du mich«, erwiderte die Alte. »Ich lasse mir nicht ins Handwerk pfuschen, auch nicht von Hermes. Aber es geht ja erst um die nächsten Schritte. In einem Monat kommst du wieder zu mir.«

»Ich käme gern schon eher.«

Dryope sah sie scharf an. »Weil ich aus Thrakien bin?«

»Weil ich mit dir reden kann, offen mit dir reden.«

»Über deinen Anthas, wie?«

»Auch über ihn. Aber nein, nicht nur deswegen. Einen Menschen zu wissen, dem man alles sagen kann, auch wenn man es vielleicht nicht tut, einen Menschen, der versteht …«

»So fest vertraust du mir und kennst mich noch nicht eine Stunde?«

»Ach, Dryope, ich bin so allein.«

»Höre, mein Kind«, sagte Dryope sehr ernst, »du bist nicht so allein, wie du denkst. Du hast Nikostrate, die nur darauf wartet, deine Stütze zu sein.«

»Die Achäerin!«, rief Theano.

Dryope wiegte den Kopf. »Noch kannst du nicht anders als hassen. Aber kann sie dafür, dass sie eine Achäerin ist?«

»Nein«, gab Theano zu.

»Denke, auch sie ist eine Frau und ganz einsam.«

»Sie hat einen Sohn.«

»Und was für einen Sohn.« Der Ton, in dem die Alte sprach, war vernichtend. »Er ist ganz der Vater.«

Theano sah sie verwundert an, aber da sie nicht weitersprach, und auch nicht bereit schien, über anderes zu sprechen, verabschiedete sie sich von der sonderbaren Frau und verließ sie.

Dryope sah ihr nach. »Die – eine Sklavin?«, murmelte sie. »Nie wird sie das sein. Mekisteus, was hat Troja dir mitgegeben?« Sie lachte kurz auf. Kretheus, dachte sie, du da unten bei den Schatten. Das hast du nicht gewusst, damals, als du mich raubtest, dass ich eines Tages Rache üben würde: an deinem Sohn, Kretheus. Mein Kind hast du aussetzen lassen und kein Gott hat ein freundliches Muttertier geschickt, es zu säugen, keinen Hirten, es zu retten. Als ich aufbegehrte, schicktest du mich zu denen, die das Korn zu mahlen hatten für deinen Tisch. Kretheus, Mekisteus – ihr wisst nicht, was sich vorbereitet! Der eine kann's nicht wissen, der andere aber wird's erfahren.

Sie erhob sich von ihrem Platz und streckte die Arme zur Erde hinab. Sie rief laut: »Ihr, denen die Rache heilig ist, lasst es mich erleben!«

Neuntes Kapitel

Mehrmals hatten sie von Mekisteus Nachricht erhalten, stets begleitet von Befehlen: Man möge ihm vom besten Öl oder Wein schicken, auch vom Honig und von den Nüssen, wenn davon noch Vorrat vorhanden sei. Einmal verlangte er zwei von den jungen Sklaven, die besten natürlich, da seine beiden, Timalkos und Phemios, nicht mehr genügten. So sehr war sein Ansehen in Pylos gestiegen.

Nun plötzlich kam er selbst, wortkarg wie immer, aber völlig verfinstert. Nikostrate trat ihm entgegen, sie war erstaunt, ihn zu sehen, denn er hatte keinerlei Botschaft vorausgeschickt. Sofort wies sie die Frauen an, das Bad zu bereiten, und Theano, ihm frische Kleidung hinzulegen. Erst als sie wieder in die Halle zurückkehrte, fragte sie, was ihn so unvermutet heimgebracht habe. Zugleich reichte sie ihm die volle Trinkschale.

Er nahm sie, stellte sie aber hin, ohne zu trinken. »Ein Gerücht«, antwortete er. Er zog die dunklen Brauen zusammen, dass an der Nasenwurzel eine tiefe, senkrechte Falte erschien. »Nein, kein Gerücht mehr, heute hörten wir, dass es wahr sei. Mutter, Agamemnon ist tot.«

»Agamemnon – tot?«

»Ja. Ermordet von Klytemnestra und Ägisthus, seinem Verwandten, am Tag seiner Rückkehr.«

Nikostrate stand wie versteinert. Dann flüsterte sie: »Von seiner Gattin und seinem Verwandten …«

»Ihr war er längst mehr als ein Verwandter«, sagte Mekisteus. »Das abscheuliche Weib – sie breitete Purpurdecken vor Agamemnons Fuß, als er vom Wagen stieg, und dann, im Bade, ermordete sie ihn. Fing ihn wie einen Vogel im Netz. Sie oder Ägisthus vollbrachte die Tat.«

Seine Mutter sank auf einen Stuhl. Die Knie zitterten ihr. »Der größte König«, trauerte sie, »und ein solches Ende!«

Er fuhr fort: »Und sie trat vor das Volk hin und rühmte sich der Tat. Sie zählte alles Unrecht auf, das er ihr angetan hatte, und behauptete, recht gehandelt zu haben.«

»Und nun?«, fragte Nikostrate.

»Nun regiert sie in Mykenae und teilt den Thron mit Ägisthus.«

Sie strich mit der Hand über ihre Stirn. Ihr schwindelte. »Die Kinder?«, fragte sie mit neuem Schrecken.

»Zwei Töchter noch und ein Sohn. Die eine wurde zur Magd erniedrigt, weil sie die Mutter Mörderin schalt, und Schlimmeres noch. Der Sohn, Orestes, konnte gerettet werden.«

»Gerettet – vor der eigenen Mutter«, schauderte sie.

»Aber ja«, rief Mekisteus ungeduldig, »du glaubst doch nicht, sie hätten ihn verschont?«

Sie wusste es ja: Der Sohn, einmal herangewachsen, musste seinen Vater rächen. Sie neigte den Kopf. »Das ist eine schlimme Nachricht«, sagte sie leise.

»Es ist noch nicht alles. Klytemnestra hat auch Kassandra, Priams Tochter, getötet, die Agamemnon als seine Konkubine mitbrachte. Und sie war die Priesterin Apollons.«

Im Nebengemach fiel etwas und zerschellte am Boden. »Wer ist da?«, rief Mekisteus und wollte aufspringen.

»Deine Trojanerin«, gab Nikostrate zurück. »Und da du hier bist, kann ich es dir selber sagen. Sie wird ein Kind bekommen.«

Nun sprang er doch auf, war mit ein paar Schritten beim Vorhang und riss ihn beiseite. Drinnen lehnte Theano an einem Pfeiler, totenbleich. Zu ihren Füßen lagen die Scherben einer Schale, zusammen mit den Früchten, die sie enthalten hatte.

»Du«, rief Mekisteus, »du, Trojanerin, ist es wahr, was deine Herrin mir sagt?«

Sie antwortete nicht darauf. Sie stöhnte nur: »Kassandra – Kassandra tot –«, und verlor das Bewusstsein.

Nikostrate war schon neben ihr, rief nach Pero, rief nach Psamma und half die Ohnmächtige auf das Bett zu legen. »Sie trägt dein Kind, Mekisteus«, zürnte sie und zum ersten Mal hatte er keine wegwerfende Antwort. Er stand da, unschlüssig, ließ sich von Psamma sagen, dass er im Weg sei, und ging zurück in die Halle. Er sah die volle Trinkschale auf dem Tisch und trank sie in einem Zug leer.

Sie trug sein Kind. Die Trojanerin trug sein Kind. Ein tiefer Atemzug hob seine Brust. »Aber wehe ihr, wenn es kein Sohn ist«, sagte er laut.

An diesem Abend betrank sich Mekisteus. Er leerte Schale auf Schale von seinem schwersten Wein, den sie den »Schwarzen« nannten. Seine Mutter und ihre Kammerfrauen hatten sich längst zurückgezogen, die Trojanerin, aus ihrer Ohnmacht erwacht, war schon vorher zur Ruhe geschickt worden. Er trank allein und es dauerte lange, bis er betrunken war. Selbst ein solcher Wein warf Mekisteus so bald nicht um.

Zuerst wurde er weichmütig und hatte großes Mitleid mit sich selbst. Sein Sohn würde von der Trojanerin zur Welt gebracht werden, das war fast ein Unglück. Er trank weiter und wurde zornig: Ihm war ein Unrecht geschehen, sein Sohn, der Sohn einer Sklavin, würde nicht vollwertig sein! Der Gedanke brachte ihn zum Sieden. Timalkos und Phemios hatten große Mühe, ihren Herrn in sein Schlafgemach zu bringen.

Am Morgen musste er beizeiten zurück nach Pylos, aber Theano war früher auf als er. Sie sorgte dafür, dass er mit allem gut versehen war, sie bediente ihn mit großer Aufmerksamkeit.

Er sah sie mit ganz anderen Augen an, sah, dass sie wohl blass, aber nicht hinfällig war, und dass ihre Stirn klar, ihr Mund fest war und schön geschnitten. Die ruhige Würde, mit der sie sich bewegte, beeindruckte ihn aufs Neue; einen Augenblick dachte er daran, sie mit nach Pylos zu nehmen. Er verwarf den Einfall sofort. Es gab Frauen genug am Hof des Fürsten, willige, lächelnde, einladende Frauen. Mochte sie hier bleiben, die Trojanerin.

Nikostrate konnte nicht anders, sie musste mit jemandem über das Furchtbare, das sich in der Burg von Mykenae begeben hatte, reden. Und wen hatte sie außer Theano? Es ergab sich von selbst, als sie sich nach ihrem Befinden erkundigte, etwas besorgt wegen ihrer schweren Ohnmacht.

Theano konnte sie beruhigen: Es sei nur der jähe Schrecken gewesen – Kassandras Tod, und ein so grausamer Tod. Das sei nun die letzte von Hekabes Töchtern, setzte sie hinzu, die letzte von den jüngeren. Dass Polyxene am Grab Achilles' geopfert worden war, hatte sie schon in Gerästos gehört; nun sprach sie in bitterem Leid von Merope, die ihr eine gütige Herrin gewesen war, und von den anderen Fürstinnen, die in marmornen Gemächern in Priams Palast gewohnt hatten. Was mochte aus ihnen geworden sein? Andromache, Hektors Gattin, wo war sie jetzt?

»Hast du ihnen nahe gestanden?«, fragte Nikostrate.

»Den königlichen Frauen? Nein, nicht nahe. Ich war zu jung. Nur Merope, doch, sie hielt uns wie Töchter. Andromache – wir Mädchen verehrten sie und nicht nur wir Mädchen. Sie war von allen Frauen Trojas die edelste. Aber Kassandra –«, Theano schwieg, sie schien etwas enträtseln zu wollen.

»Was war mit Kassandra?«

»Sie war die Priesterin in Apollons Tempel und sie konnte in die Zukunft sehen. Und sie prophezeite es, sie schrie es, als die Männer das hölzerne Pferd in die Stadt schleppten – dass sie den Untergang brächten! Aber niemand glaubte ihr. Es hieß, Apollon hätte ihr zweierlei gegeben, die Kraft der Weissagung und dass sie immer auf Unglauben stoßen würde, wenn sie sie ausübte. Weil sie sich ihm versprochen hatte und dann ihr Versprechen zurücknahm.«

Nikostrate meinte, ja, davon hätte sie auch gehört.

Theano, in trauriges Grübeln versunken, blieb lange stumm. Schließlich kam sie daraus hervor und rief leidenschaftlich: »Einem Gott hat sie sich versagt und dann musste sie sich einem Agamemnon ergeben!«

»Und musste mit ihm sterben«, murmelte Nikostrate.

»Besser für sie. Besser für uns alle«, rief Theano.

Nikostrate wollte es nicht wahrhaben. Auch sie verfiel in tiefes Sinnen, aber nicht auf lange. »Sag mir, Theano, glaubst du daran – an Apollon und Kassandra und all das?«

»Ob ich es glaube? Ich glaube gar nichts mehr. Aber eins weiß ich: Sie war besessen. Von ihrem Gott, von seiner Gnade und von seinem Fluch.«

»Du bist sehr jung. Zu jung für solches Wissen.«

»Es ist nicht mein eigenes Wissen. Merope sagte es einmal zu Hekabe, ihrer Mutter, gerade als ich in das Zimmer kam.«

Nikostrate überlief ein kalter Schauer. Diese erlauchten Namen und alle verweht wie Rauch. Sie fasste sich, aber die Erregung war zu groß. »Du, Kind«, rief sie, »du musst leben!«

Und Theano versprach: »Ich werde leben.« Sie dachte nicht mehr, dass es eine Achäerin war, die mit ihr sprach, sondern nur: eine Frau und ein Band von ihr zu mir. Die Hoffnung verbindet uns. Und sie dachte daran, dass diese Frau vier kleine Töchter begraben hatte. Sie wusste es von Psamma, die immer wieder davon erzählte, ob man es hören wollte oder nicht.

Es war spät geworden, sie schickte Theano zu Bett. Nur Psamma blieb bei Nikostrate, sie hockte zu Füßen der Herrin, auf nichts bedacht als darauf, das Lämpchen zu betreuen, das ihr Licht spendete.

»Geh auch du schlafen, Psamma«, sagte Nikostrate gütig.

»Nicht, bevor du gehst«, beharrte die Alte.

»Gleich. Gleich komme ich.«

Psamma kannte das. Sie füllte die Lampe noch einmal und verfiel wieder in den leichten Schlaf des Alters.

Nikostrate dachte: Welcher Jammer. Dass es eine Trojanerin sein muss, die sein Kind zur Welt bringen wird! Dieser unselige Krieg. Wie schön, wie gut hätte es sein können, wenn ... Sie ist ihm ebenbürtig, sie ist es wert, Mutter seiner Kinder zu sein, ebenso wie Androklea – nein, mehr als Androklea. Mekisteus aber sieht nur die Sklavin in ihr.

Wenige Tage nachdem Mekisteus fortgeritten war, sahen sie ihn zurückkehren. Er kam nur, um seiner Mutter mitzuteilen, dass er eine Reise unternehmen würde. Nestor schickte ihn nach Elis, als Begleiter seines Sohnes Peisistratos.

»Was wollt ihr in Elis?«, fragte Nikostrate und erhielt die Antwort, der Anlass zu dieser Reise sei ein Traum des Fürsten.

»Ein Wahrtraum«, betonte Mekisteus. »Die Göttin Athene erschien ihm und sprach zu ihm: ›Mich ehrst du, Nestor, aber ehrst du den Vater?‹ Und als sie das gesagt hatte, verschwand sie. Nestor war tief betroffen, denn am Morgen vorher hatte er ihr ein besonderes Opfer dargebracht. Dass sie nun kam und ihn rügte –! Aber er musste der Göttin Recht geben. Er ist ja stets darauf bedacht, den Göttern das ihrige zu geben, sie zu ehren, sie zu preisen. Und nun hielt sie, die er am höchsten ehrt, ihm vor, er hätte ihren Vater vernachlässigt!«

»Das hat Nestor gewiss nicht getan«, warf Nikostrate ein.

»Nein«, gab Mekisteus zu, »aber nach unserer Rückkehr von Troja hat er ein großes Opfer im Namen Heras gefeiert, und das könnte Zeus missfallen haben.« Er lachte trocken auf. »Hera hat ihr Äußerstes getan, Troja zu stürzen, wer eifriger als sie? Nun, die Folge war: Nestor verbrachte den Rest der Nacht in tiefem Nachdenken und er entschied sich für eine besondere Sendung zum Heiligtum des Olympiers in Elis. Sein Sohn führt sie aus und ich begleite ihn.«

»Morgen also«, sagte Nikostrate. »Möget ihr glücklich reisen!« Sie bedachte sich einen Augenblick. »Das Heiligtum in Elis, ist es nicht Heras so gut wie des Zeus?«

»Daran habe ich Nestor nicht erinnert«, antwortete Mekisteus, »das müssen die Unsterblichen unter sich ausmachen.«

Inzwischen war Theano mit Wein und frischem Brot hereingekommen. Sie schenkte ihm ein und verließ den Raum. Mekisteus sah ihr nach. »Ihretwegen bin ich hier, Mutter«, bemerkte er. »Wie steht es mit ihr? Ist sie auch jetzt noch so finster und abstoßend wie am Anfang?«

»Bei mir war sie es nie. In sich verschlossen, ja. Aber bedenke, was sie erlitten hat.«

Er zuckte die Schultern. »Das ist Schicksal, das muss sie vergessen. Es geht ihr gut bei dir, das hat sie zu erkennen und dankbar zu sein. – Ich lasse dir Timalkos hier. Er soll sie bewachen.«

»Was soll er?«, sagte seine Mutter befremdet. »Sie bewachen? Sie ist in meiner Hut. Was sollte ihr geschehen?«

»Was könnte nicht geschehen? Sie trägt mein Kind. Frauen, sagt man, haben seltsame Launen während dieser Zeit; was könnte ihr nicht einfallen?«

»Frauen können auch milder, sanfter werden, wenn sie ein Kind erwarten, besonders, wenn es das Erste ist«, gab sie zurück.

»Mag sein, Mutter. Aber Timalkos bleibt hier.«

»Wie du befiehlst. Und nochmals, reise glücklich!«

Er dankte ihr, umarmte sie kurz und bestieg sein Pferd. Nestors Sohn wartete auf ihn und mit ihm der ganze Tross.

Zehntes Kapitel

Timalkos war gleich nach seiner Ankunft in den hinteren Hof gegangen und wartete darauf, gerufen zu werden. Sein Herr hatte ihm klargemacht, wozu er nach Erytheia gekommen sei, dass er aber mit den hiesigen Sklaven nicht darüber reden dürfe, und wie immer befolgte Timalkos seine Befehle bis ins Kleinste. Neugierigen Fragern gegenüber zeigte er sich mürrisch und mundfaul, ging an der Mauer auf und ab und war sichtlich unzufrieden. Mekisteus ritt davon und ein wenig später ließ Nikostrate ihn rufen.

Sie eröffnete ihm, was er schon wusste, nämlich, dass er ihr Türhüter sein sollte; sie habe ihn sich von ihrem Sohn erbeten.

Mekisteus sei derselben Meinung gewesen, einen Türhüter brauche sie hier und es sei würdiger, wenn Timalkos die Gäste ankündige statt, wie bisher, die alte Psamma. Sie fühlte selbst, dass sie zu viele Worte machte, es war nicht nötig, dem Sklaven etwas zu erklären. Man befahl und er gehorchte. Aber die Erklärung war für Theano gemeint, die hereingekommen war. Ihre Überraschung, ihre Freude, ihn zu sehen, waren unverkennbar. Noch größer war Timalkos' Überraschung. Er erinnerte sich an einen blassen Schemen mit lichtlosen Augen und bitterem Mund – hier aber war eine junge Frau, die sich mit ihrem Geschick abgefunden hatte, deren Gesicht von Leid gezeichnet war, aber elend war es nicht.

Auch dass sie in so kurzer Zeit die Achtung ihrer Herrin gewonnen hatte, war nicht zu verkennen. Timalkos gab einem kleinen, heimlichen Stolz Raum, so, als sähe er einen Zögling vor sich, der ihm jetzt Ehre machte. Damit hatte er nicht ganz Unrecht, aber sehr bald gab er ehrlich zu, dass sein Anteil an dieser neuen Theano nur gering sei.

Sie dagegen wie auch das übrige Hausgesinde wunderte sich über sein neues Amt. Mekisteus' treuester Sklave, der ihm in zehn Jahren nicht von der Seite gegangen war, oder doch nur während der Kämpfe – was hatte seinen Herrn bewogen, ihn hier zu lassen? Noch dazu als Türhüter. Das war ein Posten, den man älteren Männern gab, die zu schwerer Arbeit nicht mehr taugten. Timalkos war aber kaum älter als Mekisteus selbst und im vollen Besitz seiner Kräfte und Fähigkeiten. War sein Herr nicht mehr zufrieden mit ihm?

Timalkos ließ durchblicken, dass es so sei. Nicht lange, und es lief eine andere Mutmaßung unter den Sklaven um und sie ging von Psamma aus.

»Der, ein Türhüter?«, schnaubte sie verächtlich. »Überall ist er zu sehen, nur nicht da, wo er sein soll – bei der Tür. Ich weiß, was ich weiß –«, und sie deutete an, dass Mekisteus ihnen einen Aufpasser hierher gesetzt hätte. Wollte man mehr wissen, dann zog sie sich vorsichtig zurück. Sie durfte nicht verraten, was sie erlauscht hatte, damals, als Mekisteus seiner Mutter harte Worte ins Gesicht warf: Klar, dass hier der Herr gefehlt hat! Er fehlte auch jetzt noch, aber er hatte dafür gesorgt, dass einer hier war, der Augen und Ohren offen hielt.

Auch Theano hielt es für wahrscheinlich. Dennoch fiel es ihr nicht im Entferntesten ein, dass sie es sei, die er zu bewachen hatte. Er kümmerte sich wirklich zu viel um Dinge, die ihn nichts angingen, wie zum Beispiel um ihre Schlafstätte im alten Gang. Mehrmals hatte er ihr schon zugeredet, doch in eine der Gastkammern zu ziehen, da die Herrin es wünsche. Und es kam ihr doch zu als –

»– als der Bettgenossin deines Herrn«, ergänzte sie herb. »Sprich nicht mehr davon, Timalkos. Wenn meine Zeit kommt, werde ich in die Kammer ziehen, die Nikostrate mir bestimmt; bis dahin bleibe ich hier.«

Er verstand, dass er ihr zu nahe getreten war, dass er sie in Ruhe lassen musste, da ihr so sehr an dem ärmlichen Winkel lag. Er bat um Verzeihung. Sie wehrte ab: »Ich weiß, du meinst es gut, Timalkos, aber du verstehst nicht, niemand hier versteht, was mein Stückchen Gang mir bedeutet.«

»Auch die Herrin nicht?«

»Auch sie nicht, aber sie lässt mich gewähren.«

Es musste ihm genügen, wenn es ihm auch unnatürlich vorkam, dass eine von Nikostrates Frauen, dazu noch die bevorzugte, von den anderen getrennt schlief. Männliche Sklaven waren nachts nicht im Haus und sonst wusste er keine weiteren Einwände vorzubringen. Er sagte sich, dass es mit dieser

Sklavin anders sei als mit den Übrigen, und er tat wie Nikostrate: Er ließ sie gewähren.

Theano, ungestört in ihrer kleinen Festung, rang weiter mit dem Vergangenen, das sich nicht begraben lassen wollte. Immer noch durchzuckte Flammenschein ihren Halbschlaf; ihre Augen, wenn der Schlaf ganz ausblieb, suchten das Dunkel zu durchdringen. Und sie sah – Schatten, dunkler als das Dunkel ihrer Kammer, Hände, die sich nach ihr ausstreckten: Hilf uns doch, hol uns herauf ins Licht! So sehnlich sie aber ihre eigenen Hände hinreichte, sie berührten jene anderen nicht. Wehklagend wichen die Gestalten zurück. Niemand konnte ihnen Trost bringen, niemand sie erlösen. Denn die Toten Trojas lagen unbestattet unter Asche und Trümmern, ihnen war keine letzte Gabe dargebracht, keine Haarsträhne geweiht worden; wie konnten sie Ruhe finden?

Oder, wenn wirklicher Schlaf die Erschöpfte befiel, ein Traum, der wieder und wieder kam. In diesem Traum irrte sie durch die finsteren Haine Persefonias, ihre Lieben unter den ungezählten Schatten suchend. Sie suchte und suchte und fand sie nicht. Sie versuchte ihre Namen zu rufen, aber es war vergebens. Kein Laut einer lebenden Stimme konnte hier gehört werden.

»Du glaubst also doch noch an die Götter«, sagte Dryope trocken, als Theano ihr davon erzählte. »Wer hat dir von Persefonias Gärten erzählt?«

»Wir hatten Sänger. Sie sangen von Orpheus …«

»Märchen; vergiss sie. Deine Lieben sind tot, sie leiden nicht mehr, sie klagen nicht mehr. Die Trauer um sie musst du tragen, aber nach ihnen rufen sollst du nicht.«

So zu denken war fast noch schlimmer als der Traum. Manche Nacht wanderte Theano in dem alten Gang auf und ab.

Oben in der Mauer, dicht unter der Decke, hatte man Luftlücken ausgespart; dumpf war es dort nie. Ganz dunkel war es auch nicht, denn sie hatte ihre kleine Öllampe: Ein flacher Stein ragte aus der Innenwand hervor, auf dem stand sie. Ein schwaches Licht nur, aber doch ein Licht. Der Gang war ihre sicherste Zuflucht in dieser Zeit, sie hätte ihn nicht gegen das beste Gemach des Hauses eingetauscht.

Dryope hatte ihr etwas gegeben, das ihr Schlaf bringen würde, zugleich mit der Warnung, nie mehr als einige wenige Tropfen davon zu nehmen, und das so selten wie möglich. Einmal hatte Theano das Mittel versucht, war aber nach schwerem Schlaf so dumpf und zerschlagen erwacht, dass sie lieber auf solche Hilfe verzichtete. Im Gang zu wandern war besser, dann kam doch manchmal mit der Morgendämmerung ein kurzer Schlaf.

Timalkos aber schlief ruhig in seiner Nische neben der großen Tür. Wenn er von Dryopes Tropfen gewusst hätte, wäre sein Schlaf nicht so friedlich gewesen. Er war entrüstet, weil Mekisteus seiner Trojanerin so wenig vertraute, und um ihr eine Freude zu bereiten, ging er daran, den zerbrochenen Webstuhl im alten Gang wiederherzustellen. Einmal hatte sie von ihm ein Webschiffchen erbeten und dazu gehörte ein Webstuhl.

Nikostrate hörte es und sagte, er sei närrisch. »Das alte, verstaubte Ding? Sie kann meinen Webstuhl haben, wenn sie mag. Ich arbeite doch nicht mehr daran.« Und doch wusste sie, so, wie Theano den Schlafplatz im alten Gang gewählt hatte, so würde sie auch das uralte Gerät vorziehen. Die Trojanerin schien darauf zu bestehen, nur das Geringe, Verachtete für ihren eigenen Gebrauch zu haben. Gab man ihr Besseres, dann legte sie es in eine der leeren Truhen da oben, und man sah es nicht mehr. »Seltsames Wesen«, murmelte Nikostrate und als

Theano eine Gabe, ein kleines Amulett, nicht annehmen wollte, fragte sie: »Machten eure Herrinnen euch keine Geschenke?«

»Doch«, antwortete Theano verlegen.

»Und ihr nahmt sie an?«

»Ja. Aber wir waren keine Sklavinnen.«

Diese Antwort gab Nikostrate zu denken. Unter Freien also war eine Gabe annehmbar, sogar willkommen; war es so zu verstehen? Sie meinte die Lösung gefunden zu haben und fragte nicht weiter.

Hätte sie auch gefragt – Theano hätte ihr nicht erklären mögen, dass sie niemandem zu Dank verpflichtet sein wollte. Es war eine eigene kleine Freiheit, die sie sich erbaute, und an ihr hielt sie sich aufrecht.

Es hatte sich herumgesprochen, dass die Trojanerin schwanger war, Dryope selbst hatte dafür gesorgt und zugleich angedeutet, wann das Ereignis zu erwarten sei. Neugierige Blicke folgten Theano, wo immer sie sich zeigte. Oder auch neidische Blicke – es war vorteilhaft, dem Herrn ein Kind zu schenken. Theano kümmerte sich weder um die Neugier noch um den Neid.

Die weise Frau begann, sie über das, was vor ihr lag, zu belehren. Einmal fragte sie Theano, ob sie sich fürchte. »Nein«, war die erstaunte Antwort.

»Und wie ist es mit dem Schlafen?«

»Besser«, sagte Theano mit tiefem Aufatmen, »viel besser.« Seit das neue kleine Geschöpf, das in ihr heranwuchs, sich kräftig und immer kräftiger bemerkbar machte, war ihr Sinn nicht mehr so sehr auf das Vergangene gerichtet wie auf das Kommende.

Noch drei Monate, noch zwei – und dann waren es nicht einmal mehr zwei. Theano, die auf Nikostrates Befehl in einen angemessenen Raum übergesiedelt war, stolperte schon am anderen Tag über eine ihr ungewohnte Schwelle und stürzte schwer. So sagte Psamma, die sie fand und versuchte ihr aufzuhelfen. Aber Theano stöhnte: »Lass mich! Schick nach Dryope. Oh, der Schmerz –« und sank zurück.

Eine junge Magd rannte schon und in wenigen Augenblicken war Dryope zur Stelle. Sie brachte Ordnung in die lärmende Verwirrung und Beruhigung für Nikostrate, die vor Schrecken einer Ohnmacht nahe war. Dryope, nach einem Blick auf Theano, bewog die Herrin, in ihrem Gemach zu bleiben, sich hinzulegen; Pero würde ihr eine Stärkung bringen. Nikostrate fühlte selbst, dass es ein guter Rat sei, und sie trank willig den Becher leer, den die Alte ihr schickte. Bald lag sie halb betäubt auf den Polstern, Psamma kniete neben ihr und rieb ihre kalten Hände, horchte aber begierig auf jeden Laut, der sich zu ihnen verirren mochte.

Es wurde der jungen Frau nicht leicht gemacht, aber sie war tapfer und tat das ihre; Dryope konnte mit ihr zufrieden sein. Erst nach Mitternacht ertönte der Laut, auf den sie alle warteten, ein kräftiger Schrei, und Dryope hielt ein Körperchen in ihren Händen und sagte feierlich: »Es ist ein Sohn.«

Schon drängte es sich an der Tür, Nikostrate, die Kammerfrauen, Antibia – mit Freudenrufen, mit Glückwünschen, und das war nur gut. Denn Theano, ihr Werk vollbracht, war zurückgesunken, laut weinend: »Anthas, o Anthas, Anthas! –« Sie war sich dessen nicht bewusst, es brach aus ihr heraus, was ihr größter Schmerz war: dass sie Anthas nicht den Sohn in die Arme legen konnte.

Dryope konnte aufatmen. In all der frohen Aufregung hatte niemand den Ruf Theanos beachtet. Nikostrate hielt das Kind, das nicht mehr so laut schrie, Psamma und Pero stritten sich schon, wer es als Nächste wiegen würde, Antibia lief herbei mit einem stärkenden Trank für die junge Mutter – und nun durfte sie ihren Sohn in die Arme nehmen, den Kuss der Herrin empfangen, die Lobpreisungen der Dienerinnen und den Gruß des Timalkos, der draußen wie ein Triton in ein Muschelhorn blies, vor lauter Freude.

Noch in der gleichen Stunde trabte ein Bote nach Pylos, um Mekisteus die Geburt eines gesunden Kindes zu melden. Mekisteus belohnte ihn mit Silber, und da der Morgen nun nahe war, ritt er hinaus nach Erytheia und schonte sein Pferd nicht. Eine tiefe Genugtuung erfüllte ihn. Ein Sohn, er hatte endlich einen Sohn.

Nikostrate trat ihm vor der Tür entgegen und diesmal grüßte er seine Mutter mit echter Wärme. Seine erste Frage war: »Das Kind ist gesund, Mutter?«

»Das ist es, obwohl etwas zu früh zur Welt gekommen. Ein schönes, gesundes Kind, du kannst stolz darauf sein. Komm, sieh es selbst!«

Sie wollte ihm vorauf in die Kammer treten, aber Mekisteus bestand darauf, allein hineinzugehen. Er wusste selbst nicht warum und er verdarb seiner Mutter eine große Freude damit, aber diesen Schritt musste er allein tun.

Dryope und Psamma waren um das Bett beschäftigt, er scheuchte sie hinaus. Theano richtete sich ein wenig auf, das Kind in ihrem Arm. Sie blickte ihn an: »Dein Sohn, Mekisteus«, sagte sie, weiter nichts. Sie wollte ihm das Kind reichen, aber er wich zurück. »Er ist so klein«, wehrte er ab.

»Klein sind sie alle, zuerst«, sagte Theano.

Er schwieg eine Weile und sagte dann: »Zeig ihn mir.«

Sie zog die Hülle beiseite und er sah ein rotes Köpfchen mit schwarzem Flaum, zwei rote Fäustchen. »Dein Sohn«, sagte Theano noch einmal, »gib ihm seinen Namen.«

»Antilochus«, gab er die Antwort, ohne sich zu bedenken.

»Das ist kein Name für einen Sklaven.«

Er brauste auf. »Mein Sohn ist kein Sklave!«

»Er ist der Sohn einer Sklavin.«

Mekisteus war sehr zornig, aber er bezwang sich. »Und wie muss der Name eines Sklaven sein?«

»Kurz, damit man ihn leicht rufen kann: Tu dies – tu das –«

Jetzt würde er mich am liebsten umbringen, dachte sie. Aber er tat nichts dergleichen, er ging mit zwei großen Schritten zur Tür. Dort hielt er an, drehte sich um und fragte: »Wie würdest du ihn nennen, da du so viel davon verstehst?«

»Aktis«, sagte sie und strich zärtlich über das dunkle Köpfchen an ihrer Brust.

»Aktis?«, wiederholte er überrascht. »Ich kenne keinen, der so heißt.«

»Ich auch nicht. Aber es klingt gut.«

»Das ist wahr. Aktis; du kannst ihn so nennen.« Er verließ den Raum, ohne seinen Sohn auch nur berührt zu haben.

Erleichtert lehnte Theano sich zurück. Er hatte das Kind als das seine anerkannt, er hatte ihm seinen Namen gegeben. Mekisteus' Sohn Aktis würde nie ein Sklave sein.

Elftes Kapitel

Mekisteus, Kriegsmann und rechte Hand seines Fürsten, lag in seinem Bett und fand keinen Schlaf. Gewöhnlich schlief er, sobald er sich ausgestreckt hatte, heute aber war es nicht so. Der Schlaf kam nicht.

Statt seiner stellten sich Gedanken ein, Gefühle, die ihm fremd waren, und sie ließen sich nicht zurückweisen. Er müsste doch nun glücklich sein, denn er hatte, was er wünschte – einen Sohn. Was fehlte denn noch zu seinem Glück?

Plötzlich meinte er die Antwort zu haben. Der Sohn, der schon so lange in seiner Vorstellung gelebt hatte, war ein Zehnjähriger, groß genug, dass man ihm Waffen, wenn auch nur stumpfe, in die Hand geben konnte, der sich bei den Spielen mit Gleichaltrigen hervortat, im Wettlauf, beim Ringen, beim Springen und Klettern. Schon ein junger Kamerad, nicht ein winziges, hilfloses Bündel wie das, was droben im Arm der Trojanerin ruhte. Damit konnte ein Mann wie er nichts anfangen, noch sehr lange nicht.

Er warf sich herum. Wie konnte er hier schlafen? Dies Bett war zu weich, er war an das harte Bett des Zeltlagers gewöhnt, an Schiffsplanken, an sein Feldbett in seinem nüchternen Raum nicht weit von Nestors Palast. Außerdem, ein Bett wie dieses – dazu gehörte eine Gattin oder mindestens eine Konkubine. Er aber hatte weder die eine noch die andere. Keine Ehefrau, und die Trojanerin –

Das war auch so ein Gedanke: dass die Trojanerin Mutter seines Sohnes war. Ein höchst unwillkommener Gedanke, der nicht aufhörte ihn zu plagen. Er fühlte, dass ihm Unrecht geschehen sei. Nun hatte er einen Sohn, der zugleich der Sohn einer Erbeuteten war, der Tochter eines fremden Stammes. Die ihn hasste, er wusste es. Aber durch dieses Kind gewann sie an Bedeutung.

Nein, so sollte es nicht sein. Mochte sie das Kind aufziehen, mochte sie seiner Mutter eine tüchtige Stütze sein – die Mutter rühmte sie ja! –, zur Gefährtin wollte er sie nicht. Er wusste, was er zu tun hatte! Und nun würde er bald schlafen können.

Sein letzter Gedanke war: Nur gut, dass die Trojanerin den Namen Antilochus nicht gewollt hatte. Dieser Name blieb dem Sohn vorbehalten, den eine Achäerin ihm geben würde.

Das stand fest und Mekisteus schlief.

Am nächsten Morgen ritt er nach Pylos zurück und meldete sich bei seinem Herrn. »Was war denn so eilig?«, fragte der greise Fürst lächelnd. Mekisteus berichtete knapp, dass seine trojanische Sklavin einen Sohn geboren hatte. Seinen Sohn.

Nestor sah ihn nachdenklich an. Er sah es gern, wenn seine Gefolgschaft Kinder hatte, je mehr, desto lieber. Knaben natürlich, aber auch Mädchen waren nicht zu verachten. Man konnte sie verheiraten; manches vorteilhafte Bündnis kam durch eine Heirat zu Stande. Aber dazu gehörten Kinder von guter Abkunft. Nestor rieb sein Kinn, er war mit seinen Betrachtungen zu Ende. »Ist das Kind gesund und kräftig?«, fragte er. Mekisteus gab zurück, die Frauen hätten ihm versichert, das sei es.

»Gut«, sagte der Fürst, »das freut uns beide. Aber Mekisteus, ich habe längst gedacht, dass du wieder eine Frau nehmen solltest, eine Ebenbürtige. Was meinst du? Ich weiß von einer, die sich eignen würde.«

Mekisteus, mit unbewegtem Gesicht, erwiderte, er gehorche gern dem Wunsch seines Fürsten.

Und bald darauf erhielt Nikostrate die Nachricht, dass ihr Sohn sich aufs Neue zu vermählen gedächte; mit Eriopis, der Tochter des reichen Eumolpus und seine Erbin.

Sie vernahm es ohne Überraschung. Theano aber hörte es mit großer Erleichterung. Eine junge Frau für Mekisteus! Hoffentlich war sie schön, hoffentlich verstand sie es, sein Herz zu gewinnen. Mekisteus würde für nichts und niemanden mehr Augen haben als für seine junge Frau. Sie, Theano, brauchte er dann nicht mehr.

Dryope aber, der sie diese Hoffnung anvertraute, war anderer Meinung.

»In der ersten Zeit nicht«, gab sie zu, »aber es ist nichts Seltenes, dass ein Mann zu seiner Konkubine zurückkommt, wenn die ehelichen Freuden ihm nichts Neues mehr bieten. Du bist sehr jung, Theano, du glaubst noch an Treue.«

Theano blickte auf. »Ja, ich glaube an Treue.« Sie zögerte einen Augenblick, dann fasste sie Dryopes Arm: »Wenn es so kommen sollte, wie du sagst – ich will kein Kind von ihm. Kannst du mir helfen, Dryope, wirst du mir helfen, wenn –?«

»Sei getrost«, sagte die Alte mit einem kurzen, grimmigen Lachen. Sie beugte sich über das Kind, das warm und rosig im Schoß der Mutter schlief. »Er macht dir Ehre«, lobte sie, »und wegen der Ähnlichkeit brauchst du dir keine Sorgen mehr zu machen. Alle meinen, dass er dein Ebenbild ist.«

»Eine nicht – Nikostrate. Sie findet, er sei ihrem Vater doch sehr ähnlich.«

»Noch besser«, bekräftigte Dryope. Sie wechselte zu etwas anderem über und fragte, wann denn das Hochzeitsfest gefeiert werden sollte.

Nur drei Wochen später fand es statt und es war nicht Nikostrate, die es zu richten hatte. Nestor selbst tat es und es wurde in Pylos gehalten. Er hatte seinem Günstling ein Haus geschenkt, in dem er mit seiner jungen Frau leben sollte; einige Tage vor dem Fest verbrachte Nikostrate dort, um alles für die Neuvermählten vorzubereiten. Erst dann lernte sie Eriopis kennen, ein zutrauliches kleines Ding, wie sie nachher berichtete, aber zuerst ein wenig eingeschüchtert. Eine Waise; sie war in der Obhut einer alten Verwandten aufgewachsen, bis Nestor darauf verfiel, sie und ihre beträchtlichen Güter dem Mekisteus zuzuspielen.

Sie war erst fünfzehn Jahre alt, nicht besonders hübsch, aber, so urteilte Nikostrate, sie konnte es noch werden.

»Wir müssen ihr helfen, Theano, sie ist noch so ein Kind. Sie weiß nichts – nicht, wie sie sich bewegen muss, nicht, dass ihr Haar schön und glänzend sein könnte, und wie sie das erreicht –«

»Wir?«, fragte Theano langsam. »Wir müssen ihr helfen?«

»Ja, wer sonst? Bedenke, dass sie viel an Nestors Hof sein wird; eine neue Welt für sie. Sie muss lernen, was man braucht, um nicht zu sehr von den anderen abzustechen. Sie kommt auf eine Weile zu uns.«

»Und das soll sie hier bei uns lernen, auf dem Lande?«

»Warum nicht? Du weißt, Theano, wie es an Fürstenhöfen zugeht. Von dir soll sie lernen.«

»Wenn sie erfährt, wer meines Kindes Vater ist – meinst du, Herrin, sie wird von mir lernen wollen?«

»Das wird sie schnell genug erfahren, aber was hat es mit ihr zu tun?« Nikostrate zuckte die Schultern. »Wo ist er denn, meines Sohnes Sohn?« Sie hob ihn aus der bunt bemalten Truhe, die ihm tagsüber als Bettchen diente, mit zärtlichen Worten und trug ihn in das Frauengemach hinüber.

Aber es kam ganz anders, als Theano gedacht hatte. Die junge Frau traf ein, Mekisteus brachte sie und, wie es seine Gewohnheit war, verließ Erytheia sehr bald. Eine Reise war geplant. Nestor schickte ihn aus, um über seine früheren Kriegsgefährten und ihren Verbleib Kunde zu erhalten. Es liefen vielerlei Gerüchte im Lande um und er wollte Gewissheit haben. Bis nach Argos und Korinth, selbst bis nach Ithaka sollte es gehen, denn an Odysseus, seinen liebsten Freund, dachte der Fürst oft und wünschte von ihm zu hören. Mekisteus würde lange fortbleiben; seine junge Frau ließ er in der Hut seiner Mutter.

Es war schon fast Frühling, als er von seinen Fahrten heimkehrte. Nach Pylos zuerst, und viel Gutes hatte er nicht zu berichten. In der Tat, kaum einer der siegreichen Achäer hatte in der Heimat das Willkommen gefunden, das er erwartet hatte. Selbst Diomedes – »Eins nach dem anderen«, gebot Nestor, »was fandest du in Sparta?«

»Dass Menelaos und Helena noch immer nicht eingetroffen sind, niemand weiß, wo sie sich befinden. Nur ein Gerücht hörte ich, dass schlimme Stürme sie nach Kreta verschlagen hätten, mit nur wenigen Schiffen, die sich retten konnten. Selbst Tyndareus weiß nicht mehr als das.«

»Tyndareus wird dich gut aufgenommen haben. Hatte er Kunde von anderen Königen und Heerführern?«

»Er wusste nur von Agamemnons Ermordung und dass Klytemnestra mit Ägisthus in Mykenae das Zepter führt.«

»Das wussten wir auch. Erzähle weiter, du kamst nach Argos?«

Mekisteus erzählte. In Argos hatte er Diomedes nicht gefunden, auch er kam heim zu einer Gattin, die einen anderen Mann genommen hatte und den Thron mit diesem teilte. Diomedes hatte sein Land verlassen, zuerst, um nach Korinth zu gehen. Dort erfuhr er, dass sein Großvater Oneus gegen Rebellen zu kämpfen hatte und Hilfe brauchte; er segelte sogleich nach Ätolia. Später, nachdem er Oneus wieder zu seinem Thron verholfen hatte, war er weitergereist. Manche sagten, nach Italia.

»Nach Italia!«, rief Nestor erstaunt. »Was wollte er denn da?«

»Ein neues Reich gründen, denke ich«, erklärte Mekisteus. »Er ist nicht der Einzige, der in fremden Ländern sein Glück sucht. Mehrere Helden haben das Gleiche getan, Demophon zum Beispiel, Menesteus –«

»Was hörtest du über Neoptolemus?«, unterbrach ihn Nestor mit steigender Beunruhigung.

»Der ist geradewegs zu den Molossiern gereist und soll sich dort niedergelassen haben. Lange wird er dort nicht still sitzen; es war von Jolkos die Rede.«

»Das könnte sein, er hat ein Recht auf den Thron seines Großvaters Peleus«, nickte Nestor. »Hat er Andromache behalten?«

»Ja, und sie hat zwei Söhne. Aber Neoptolemus behauptet immer noch, dass Menelaos' Tochter Hermione ihm versprochen sei.«

»Dann wird er nicht Ruhe geben, bis er sie erhält. Das ist ein unbändiger Geist; wir werden noch manches von ihm hören«, meinte Nestor.

»Manches, und nicht viel Gutes«, stimmte Mekisteus ihm bei.

»Nun aber – du warst auf Ithaka? Was für Kunde von meinem Freund Odysseus?«

»Keine, Herr.« Und Mekisteus berichtete, dass Odysseus nie heimgekehrt und kein Wort über seinen Verbleib vernommen worden sei. Penelope, seine Gattin, warte jedoch geduldig auf ihn, sein Sohn, Telemachos, wachse heran, beide überzeugt, dass er noch lebe. »Aber viele Männer auf Ithaka und von den Nachbarinseln strecken ihre Hände nach seinem Besitz aus, das hörte ich in der Stadt und von Penelope selbst. Sie gibt die Hoffnung nicht auf und sie meint, dass sie fähig sei, diese Männer von sich und von dem Erbe ihres Sohnes fern zu halten. Nur würden die Freier immer unverschämter.«

»Das ist eine betrübliche Nachricht«, seufzte Nestor. »Was mag ihm zugestoßen sein? Und die anderen alle, denen eine glückliche Heimfahrt gewährt wurde – sie sind nur zu Kämpfen und Feindseligkeiten heimgekehrt.«

Eine Weile sann er nach, die Hand über die Augen gelegt. Dann erhob er sich: »Ich danke dir, Mekisteus. Morgen fährst du heim und begrüßt deine Mutter und deine junge Frau, aber komm bald wieder und bring Eriopis mit!« Er reichte ihm die Hand. »Wir sind die Einzigen, die von den Göttern glücklich zurückgeführt wurden, zu unserer und der Heimat Freude.«

»Weil du sie stets geehrt hast, Herr«, fügte Mekisteus mit Ehrfurcht hinzu.

Dasselbe sagte er am nächsten Tag zu seiner Mutter, nachdem er ihr von seinen Reisen erzählt hatte. So große Neuigkeiten fanden ihren Weg nicht oft nach Erytheia, aber sie machten niemanden froh. Nachdem er sich mit Eriopis zurückgezogen hatte, saßen Nikostrate und Theano noch lange schweigend beieinander.

Nicht oft unterbrach Theano eine solche Stille, aber an diesem Abend geschah es. Sie stieß einen tiefen Seufzer aus und Nikostrate sah sie fragend an. »Ich hätte gern etwas mehr über Andromache gehört«, gestand sie. Nikostrate wartete und bald sprach Theano weiter: »Hektors Gattin, nach Hekabe die vornehmste der Frauen Trojas – und dann dem Neoptolemus anzugehören! Ihm Söhne zu gebären, ihm folgen zu müssen, wohin es ihn auch treibt –«

»Vielleicht ist es kein so schreckliches Geschick«, suchte Nikostrate zu beschwichtigen.

»Sie liebte Hektor, sie liebte sein Kind«, flüsterte Theano. »Und es war Neoptolemus, der Hektors Vater umbrachte, und am Mord ihres Kindes war er mitschuldig –«

Nikostrate wagte es, ihre Hand auf die der Trojanerin zu legen: »Auch du bist einem der Sieger zugeteilt worden, es ist das Los –«

»Ja. Das Los der Besiegten.«

Nikostrate sah sie an, tiefes Mitleid in ihren alten Augen: »Und doch, für dich kein ganz unseliges Los, Theano?«

»Ich war keine Fürstin. Für Andromache war es viel schwerer. Diesem Sohn des Achilles folgen zu müssen, des Achilles, der Hektor erschlug und seine Leiche hinter dem Streitwagen durch den Staub schleifte! Gerade diesem Neoptolemus versklavt zu sein! Ein grausameres Los gibt es nicht.«

»Ich muss dir Recht geben«, sagte Nikostrate. »Aber glaubst du nicht, dass sie vielleicht in den Kindern Trost findet?«

»Nein«, sagte Theano. »Ich glaube es nicht. Trost in den Söhnen des Neoptolemus? Niemals.«

»Aber du –« Nikostrate sah den seltsamen Blick nicht, den Theano ihr zuwarf. »Es ist spät geworden. Hilf mir auf, mein Kind«, bat sie.

Theano stützte sie und rief nach Pero, die sofort erschien und ihre Herrin in ihr Schlafgemach führte.

Zwölftes Kapitel

Im Gynäkeion zu Erytheia stand neben dem Sitz der Hausherrin eine bemalte Truhe, in der anfangs das Kind ruhte, im tiefen, gesättigten Schlaf seiner ersten Lebenswochen. Wenig später blickte es mit wachen Augen in das Licht. Es entdeckte eines Tages seine Finger, die sich bewegten, und konnte sie nicht genug anstaunen.

Wieder eine Weile und ein lachendes Gesichtchen hob sich über den Truhenrand; bald hielt die Truhe den Kleinen nicht mehr. Auf einmal war da ein vierbeiniges, rundliches Wesen, das mit Entschlossenheit auf dem blanken Estrich vorwärts strebte. Aber es ging rückwärts, immer wieder rückwärts, und wieder war sein Staunen groß. Und sein Streben noch größer.

Endlich kam ein Tag, da es an den Fuß des Sessels geriet und begann sich daran hochzuziehen. Das war große Mühe, aber plötzlich gelang es doch, und er stand aufrecht, wenn auch noch etwas unsicher: Aktis, der Sohn der Theano.

Der Mann, der gelegentlich in das Frauengemach kam, um seine Mutter zu begrüßen, sah ihn so, aber es trat kein Vaterstolz in seine Augen. Eher hatte sein Blick etwas Prüfendes, Berechnendes: War dies ein Sohn, wie er sich ihn wünschte?

Die Zeit kam, da er achtlos über den Kleinen hinwegsah, denn Eriopis erwartete ein Kind. Lange genug hatte es gedauert, aber bald würde es so weit sein, und sicher war es ein Sohn. Immerhin befriedigte ihn der Gedanke, ein kräftiges, gesundes Kind zu besitzen, wenn auch eine Sklavin seine Mutter war.

Nikostrate ahnte nichts von seinen Gedanken, denn für sie war Aktis alles, was ein Enkel nur sein konnte. Sie wäre empört gewesen, hätte sie hinter Mekisteus' Stirn lesen können. Aber Theano wusste, was in ihm vorging, und sie achtete darauf, dass der Kleine stets gleich nach seinem Eintritt verschwand. Sie hatte sich die junge Dirke als Kindsmagd erbeten, die sorgte dafür. In den Webkammern hatte Dirke nie viel getaugt, jetzt aber war sie Gold wert. Sie lebte nur für ihren Pflegling, sie war Theano unbedingt ergeben, und das Beste – sie war die wirksame Schranke zwischen ihm und Psamma. Die alte Kinderfrau kannte nur eins: zu verwöhnen, in Grund und Boden zu verziehen, was jung und hilflos war. Aber Dirke war ihr gewachsen; Theano stellte es mit Freude fest.

Sie selbst war mit Pflichten überladen, da Nikostrate mehr und mehr ihren jüngeren Augen und Händen überließ. Das Gut beschäftigte eine beträchtliche Anzahl von Sklavinnen im Hause, in den Werkstätten, bei der Ernte und der Verwertung alles dessen, was ein großer Haushalt brauchte. Für das Vieh, für die Äcker, die Olivenhaine und Weingärten waren die Männer da, es war die Aufgabe des Verwalters, sich darum zu kümmern. Nikostrates getreuer Gordius war zu alt geworden, darum setzte Mekisteus einen neuen ein; Aletes hieß er.

Und dann war da immer noch Timalkos. Längst war sein vorgegebenes Türhüteramt durchschaut und aufgehoben worden, er war jetzt der Hausverwalter, dem besonders die Wein- und Vorratskeller anvertraut waren. Antibia befehligte weiterhin die Mägde im Haus, das, was sie nicht als ihr Gebiet ansah, überließ sie Timalkos.

Er war gern bei Nikostrate geblieben, denn hier fühlte er sich zu Hause. Er wusste längst nicht mehr, dass auch er einst Angehörige gehabt hatte. Während der langen Kriegsjahre hatte er nur für seinen Herrn gelebt, später, an Nestors Hof, war es kaum anders gewesen. Jetzt und hier war er ein anderer Mensch geworden. Ein neuer Mensch, sagte Timalkos selber, wenn er es bedachte. Er hatte nie gewusst, wie gut es war, in einem engen Kreis von Menschen zu leben, die seine Menschen waren. Da war die junge Frau im Gynäkeion – er meinte nicht Eriopis damit – und nun lief ihr Kind lachend auf ihn zu, wenn er eintrat, und die alte Herrin lächelte, wenn sie es sah. Und Dirke kam zu ihm um Spielzeug für den Kleinen und Psamma schalt ihn aus, weil sie eifersüchtig war – vielleicht hatte er sich so etwas immer ersehnt. Hier war es und er hatte es zu hüten, zu bewachen. Es war wie Sonnenlicht auf einem stillen Teich.

In diesen Teich sollte ein Stein fallen, der weite Ringe zog. Eriopis hatte darauf bestanden, ihr Kind in Erytheia zu Welt zu bringen, in Theanos Hut und mit Dryopes Beistand. Mekisteus, der das Ereignis mit Ungeduld erwartete, alles aber, was damit zusammenhing, als lästig abtat, hatte gern zugestimmt, und hier war nun die junge Herrin, halb tot nach der Fahrt im holpernden Karren. Ein paar Sklavinnen, törichte, unnütze Geschöpfe, begleiteten sie. Sie waren zu nichts zu gebrauchen als zum Kräuseln des Haares und zum Richten des Bades.

Dryope schüttelte den Kopf, nachdem sie Eriopis untersucht hatte. »Bei der göttlichen Geburtshelferin«, murrte sie, »ob es mir diesmal glücken wird, weiß ich nicht. Solch ein verzärteltes, unreifes kleines Ding! Wenn Mekisteus Söhne braucht, warum nimmt er nicht eine Frau, die ihm Söhne geben kann? Ich wünsche nur, dass sie ein Mädchen trägt, denn wenn es ein Sohn ist, geht es nicht gut aus.«

Es war Theano, mit der sie sprach, nachdem sie Eriopis sanft, aber fest bewogen hatte, sich niederzulegen. Auch Theano machte sich Sorgen um die junge Frau. »Lass es dir nicht anmerken«, warnte Dryope, »sie ist ohnehin verängstigt genug. Mir ist, als wäre sie unter unsere Flügel gekrochen wie ein gejagter Vogel.«

»Sei nicht zornig, Dryope. Oder sei zornig auf Nestor. Der hat diese Frau für Mekisteus gewählt.«

»Männer!«, schnob Dryope. Sie besänftigte sich wieder und wurde nachdenklich. »Sonderbar«, sann sie vor sich hin, »wie sie Androklea gleicht. In der steckte auch nichts, weder Mut noch Wille noch Kraft.«

Theano versuchte einzulenken. »Sag mir, was ich tun muss, um Eriopis diese letzten Wochen leichter zu machen.«

Dryope sagte es ihr und sie merkte es sich genau. Danach ging Theano zu Nikostrate, die schon auf sie wartete. »Es steht nicht gut um sie?«, fragte sie bedrückt.

»Wir haben Dryope. Sie wird alles tun, was sie kann.«

»Wie lange noch, meint sie?«

»Drei Wochen, vielleicht weniger.«

»Mögen die Götter ihr einen Sohn gewähren!«

Fast im gleichen Atemzug flehte Theano die Götter an, es nicht zu tun. Nicht laut, aber umso dringlicher. Es war das erste Mal seit langer Zeit, dass sie die Götter anrief, aber das arme Ding, das drinnen auf seinem Bett ruhte, brauchte allen Beistand, den es nur gab. Selbst einen so ungewissen wie den der Götter.

Die Götter waren gnädig. Eriopis gebar dem Mekisteus eine Tochter und lebte.

Aktis war drei Jahre alt, als Eriopis einer zweiten Tochter das Leben gab. Mekisteus zeigte sein Missfallen unverhüllt und befahlt, das neugeborene Kind auszusetzen; er selbst kehrte sich ganz von Eriopis ab und wandte sich ausschließlich seinen Freunden am Hof Nestors zu.

Es gelang Nikostrate, das Kind zu retten, aber es lebte nicht lange. Eriopis versank in tiefen Trübsinn, bald brütete sie stumm vor sich hin, bald weinte sie leise in sich hinein, oft stundenlang. Aber sie weinte nicht um das arme kleine Wesen, das sie so schnell wieder verloren hatte, sie weinte um den Sohn, der ihr nicht vergönnt war.

Dryope und Theano hatten ihre Not mit der Kranken, besonders Dryope. Von ihr verlangte Eriopis Zaubertränke, die ihr zur Erfüllung ihres Wunsches verhelfen sollten, oder doch wenigstens Verheißungen. Keine von beiden konnte die Thrakerin ihr geben, sie brachte es jedoch fertig, die Kranke zu beruhigen, sogar sie zu kräftigen. Theano half, indem sie ihr Mut zusprach, wieder und wieder, und so war Eriopis schließlich bereit, nach Pylos und in ihr Haus zurückzukehren. Sie war sehr verändert, aber fest entschlossen, sich neben Mekisteus als seine Gattin zu behaupten.

»Wie sie sich das denkt«, sagte Dryope, »so, wie sie jetzt aussieht!« Sie hatte Recht, die junge Frau war nur noch ein Schatten ihrer selbst.

Theano wusste, welche Waffen Eriopis zu gebrauchen dachte. Sie würde sie zu finden wissen, geheime, fragwürdige Mittel. Unter den Sklaven gab es immer solche, die sich mit dunklen Dingen befassten.

Eriopis war nicht klug genug, zu bedenken, dass sie sich damit in Gefahr begab, oder so besessen von ihrem Wunsch, dass sie eine Gefahr nicht achtete. Sehr behutsam versuchte Theano ihr zu raten, sie zu warnen. Es nützte nichts. Sie erreichte aber, dass Eriopis ihre erste Tochter bei Nikostrate zurückließ.

Durch Timalkos erfuhr sie, was sich in Pylos begab. Er musste öfter hin, um von den Erzeugnissen des Gutes abzuliefern, was Mekisteus' Haushalt brauchte. So hörten sie bald, dass Eriopis für jeden gefälligen Schwätzer offene Ohren und eine offene Hand hatte. Von einer neuen Schwangerschaft verlautete nichts, wohl aber davon, dass die junge Herrin eine Reise plane. Noch hatte Mekisteus seine Erlaubnis nicht gegeben.

»Eine Reise?«, fragte Nikostrate erstaunt. »Wohin denn?«

Er wusste es nicht, verriet aber, dass Eriopis mehrmals rings im Land verstreute Heiligtümer besucht hatte, um ihren Göttern zu opfern und ihren Tempelschatz zu bereichern. Timalkos vermutete, dass sie von einem weiteren Tempel oder von einer besonders gerühmten Priesterin gehört hätte. Nach Delphi ginge es jedenfalls nicht, meinte er.

Bevor sie Genaueres darüber erfuhren, geschah etwas, das Theano aufs Tiefste erschreckte. Sie saß am Webstuhl, ihrem alten Webstuhl im alten Gang, als plötzlich Mekisteus neben ihr stand. Sie hatte nicht gewusst, dass er von Pylos herübergekommen war. Unvermittelt fragte er: »Was ist zwischen dir und Aletes?«

»Nichts«, gab Theano zurück und fuhr fort, das Schiffchen durch die Fäden zu werfen.

»Lass das«, befahl er. »Sieh mich an.«

Sie wandte ihm das Gesicht zu und wiederholte: »Nichts.«

Er sagte: »Aletes sucht eine Frau. Er will dich.«

Sie wurde weiß bis in die Lippen. »Mich?«, fragte sie. »Und das Kind, will er das auch?«

Mekisteus ging nicht darauf ein. »Höre, Trojanerin«, sagte er drohend, »du bist meine Sklavin. Ich kann dich geben, wem ich will.«

»Das kannst du nicht, mein Sohn.« Nikostrate war, von beiden unbemerkt, zu ihnen getreten. »Hast du vergessen, dass du sie mir gabst, am Tag deiner Rückkehr von Troja? Und könnte ich vergessen, was ich ihr versprochen habe – an jenem Tag, als ich erfuhr, sie trüge dein Kind –«

»Was hast du ihr versprochen?«, unterbrach er sie hastig.

»Dass ich sie halten wollte wie meine Tochter. Nicht wie eine Sklavin.« Nikostrate drehte sich um und ging ins Gynäkeion zurück.

Die zwei standen einander gegenüber und maßen sich mit den Blicken, zwei Feinde und einer dem anderen gewachsen. Mekisteus begann aufs Neue, nicht ganz so barsch: »Höre gut zu, Trojanerin. Solange mein Sohn dich braucht, wirst du für ihn da sein. Nur für ihn! Bis ich ihn zu mir nehme.«

»Nach Pylos?«

»Nach Pylos, gewiss. Er wird an Nestors Hof aufwachsen und alles lernen, was ein Krieger können muss.«

Sie atmete auf. »Wann wird das sein?«

»Wenn er sechs Jahre alt ist oder sieben. Bis dahin sollst du an keinen Mann denken. Merke es dir.«

»Ich merke es mir.«

Er verließ sie, wie immer, ohne Gruß. Theano ging zu ihrem alten Lager, das noch immer hinter dem Vorhang am anderen Ende des Ganges stand. Ihre Knie zitterten. Sie ließ sich nieder, sie schlug ihre Hände vors Gesicht. Auf einmal wusste sie, dass er ein Spiel mit ihr getrieben hatte; es war nicht seine Absicht gewesen, sie dem Aletes zu geben. Er hatte nur feststellen wollen, ob sie mit Aletes im Einvernehmen sei, vielleicht sogar eine Liebschaft mit ihm hätte. Mit Aletes! Wie konnte er es auch nur denken?

Und dieser Aletes, wie kam er dazu, sie zur Frau zu verlangen? Gewiss, er war ein Freigelassener, er konnte heiraten, wenn er wollte. Aber sie, Theano, war ein Eigentum seines Herrn, das er nicht begehren durfte. Und doch hatte er es gewagt. War es, weil Mekisteus sie offensichtlich zur Seite geschoben hatte, seit er mit Eriopis vermählt war? Meinte dieser Aletes, jeder könne nun nach ihr die Hand ausstrecken, warum nicht er?

Sie errötete vor Scham, sie nahm die Hände vom Gesicht und ballte sie zu Fäusten. Eines Tages, gelobte sie – ja, sie schwor es bei den Göttern der Unterwelt –, würde sie es ihm heimzahlen. Nicht dem Aletes, der war nicht mehr als das Sandkorn unter ihrem Fuß, nein, diesem Mekisteus, der sie weniger achtete als seinen Hund.

Dass er ihr Aktis nehmen würde, sobald er alt genug zum Lernen war, warf sie ihm nicht vor. Das musste sein. Ihr Sohn würde mit Ebenbürtigen aufwachsen: So wollte sie ihn. Sie würde stolz auf ihn sein. Und bis sie ihn hergeben musste, in drei Jahren, in vier, gehörte er ihr, ihr allein.

Nein: ihr und Nikostrate, die sich heute für sie eingesetzt

hatte. An diesem Abend saßen sie lange beieinander, Theano zu Füßen der Herrin. Endlich erfüllte sich, was Nikostrate sich so lange gewünscht hatte, Theano zeigte ihr offen, dass sie ihr zugetan war. Sie gestand ihr, wie sehr sie sich schämte, einer Liebschaft mit Aletes verdächtigt worden zu sein, sie bat um Rat: »Wie stelle ich mich nun zu Aletes? Jeden Tag begegne ich ihm!«

»Sei ohne Sorge. In der nächsten Zeit wirst du ihn nicht sehen, denn bevor er ging, sagte mir mein Sohn, dass Eriopis eine Bittfahrt zu einem entfernten Schrein machen will und dich als Begleiterin wünscht. Ich habe zugesagt, denn ich selbst bin zu alt für ein solches Unternehmen. Und Eriopis allein reisen zu lassen, das wäre nicht ratsam.«

»Ja, Herrin, das wäre die beste Lösung. Nur – Aktis!«

»Du nimmst ihn mit. Er ist kräftig für sein Alter und die Jahreszeit ist günstig. Es wird ihm nicht schaden.«

Theano ergriff Nikostrates Hand und presste sie an ihre Wange. Nikostrate hatte aber noch etwas zu sagen: »Wenn du zurückkommst, wird Aletes eine Frau in seinem Haus haben. Ich weiß ein Mädchen, das gut zu ihm passt.«

»Und sie ist willig?«

»Mehr als willig. Ich werde sie freilassen und er wird sie heiraten.«

»Mich hätte er nicht geheiratet.«

»Nein. Für ihn warst du die Sklavin deines Herrn.«

»Die ich bin.«

»Die du nicht bist. Du bist die Mutter meines Enkels, somit meine Tochter. Und fürchte nicht, Theano, dass Mekisteus dich je wieder in sein Bett zwingen wird. Nicht, solange ich lebe!«

»Herrin, wie viel du weißt – wie viel du verstehst –«

»Geh schlafen, mein Kind, und mögen die Götter dich segnen.«

Dreizehntes Kapitel

Kurz darauf traf Eriopis ein, sehr erregt und mit fieberhaft glänzenden Augen. »Dass er es erlaubt hat«, rief sie statt der Begrüßung, »und dass du mit mir reisen wirst, Theano!«

»Nicht nur ich – Aktis auch«, bemerkte Theano und löste sich sacht aus den umklammernden Händen.

Eriopis hielt dies für ein gutes Omen. Sie hatte immer Freude an dem Kleinen gehabt, der ihrem eigenen Sohn (wenn er erst da war!) nie im Weg sein würde. Schon jetzt sah sie in ihm den älteren Bruder dieses Sohnes.

Für ihre kleine Tochter, die eben von der Magd Arne hereingebracht wurde, hatte sie nur einen flüchtigen Blick und es war ihr gleichgültig, dass ihr Kind die Arme nach Theano ausstreckte, nicht nach ihr. Theano winkte Arne, es zu Nikostrate zu bringen; sie würden bald folgen. Sie war erschrocken über die Änderung, die sie in Eriopis sah, überreizt und unfähig, still zu sein oder von etwas anderem zu reden als von ihrer Reise. Heimlich beschloss sie, ihr ein paar von Dryopes Tropfen in den Abendtrunk zu mischen, damit ihr ein ruhiger Schlaf sicher sei.

Am übernächsten Morgen brachen sie auf, die beiden jungen Frauen und Aktis in einem Gefährt, das von zwei kleinen, kräftigen Pferden gezogen wurde. Sie waren von einem fernen Gebirge nach Pylos gebracht worden, zusammen mit ihrem Lenker, zottig wie Ziegen und von unglaublicher Ausdauer, und sie gehorchten niemandem außer diesem Lenker. Aktis war kaum zu halten, so sehr gefielen ihm die Bergpferdchen.

Ein ganzer Tross zog ihnen vorauf und ein zweiter folgte ihnen. Timalkos führte an und war für das Ganze verantwortlich; er ritt auf einem Esel. Die Dienstleute gingen zu Fuß und trieben die Packtiere; die Dienerinnen, es waren nur zwei, hockten zwischen Bündeln und Ballen auf einem zweirädrigen Karren. Viel lachendes Geschrei verriet, dass sie tüchtig durchgeschüttelt wurden. Der ganze Zug war in heiterster Laune.

Nur ein Mann war schweigsam und niedergedrückt. Er war der Sohn jener Weissagerin, die Eriopis von einem Heiligtum in Triphylia und seiner mit übernatürlichen Kräften begabten Priesterin erzählt hatte. »Wenn eine dir helfen kann, so ist sie es, junge Herrin«, hatte sie versichert und, da Eriopis sie reich beschenkt hatte, ihr den Sohn mitgegeben, der sie hinführen sollte. Der aber zweifelte daran, dass er es könnte, denn er war seit Jahren nicht in seiner Heimat gewesen. Aber das wusste niemand und da Timalkos dem Gott der Wege und der Wanderer reichlich geopfert hatte, gab es nichts, was ihnen die Reisefreude hätte verderben können.

Es war das erste Mal, dass Theano Erytheia verließ, und sie blickte mit lebhafter Neugier in die neue Umgebung. Dies also war Nestors Reich – sie kannte ja nur ein kleines Stück davon – und ein schönes, fruchtbares Reich schien es zu sein. Einmal ließ sie den Wagen anhalten, denn von einer Anhöhe war das ferne Meer zu sehen, blau und göttlich-heiter. Es war Frühling und sie brachte Eriopis, die nicht absteigen wollte, eine Hand voll Blumen, blau und violett und purpurrot. Eriopis, der das Meer und die Feldblumen nichts Neues waren, dankte ihr trotzdem freundlich. Sie roch an dem kleinen Strauß, sagte: »Sie riechen nicht«, hielt ihn eine Weile länger und ließ ihn dann fallen.

Aktis hatte auch Blumen gepflückt, viel mehr als seine Mutter, die schenkte er dem Lenker. Der, sehr überrascht, verstand jedoch, wie es gemeint war, obwohl er keines Wortes der hiesigen Sprache mächtig war. Er ließ Aktis' kleine Hand einen

Augenblick lang die Zügel halten. Dessen Glück war vollkommen. Dieser Mensch, ebenso staubig und struppig wie seine Pferde, war zugleich mit ihnen ein Geschenk Nestors an Mekisteus und als solches wertgehalten; auch für ihn war es das erste Mal, dass er von seinem Hof fort war. Mehrmals gewahrte Theano, dass er den Kopf hob und witterte wie ein Tier. Was es zu bedeuten hatte, wusste sie nicht, aber es blieb ihr im Gedächtnis.

Nicht alle ihre Reisetage wurden so leichtherzig verbracht wie diese ersten. Sobald sie die Ebene verließen, wurden die Wege rauer, steiler; oft verließ Theano mit Aktis den Wagen, um es den Pferden leichter zu machen. Die Dienerinnen taten es ihnen sofort nach, sie zogen singend dahin, gerade als kämen sie von einem Frühlingsfest. Dirke, die gut mit Eseln umzugehen verstand, setzte sich auf so ein Langohr, Aktis vor sich, und nie hatte Aktis etwas Lustigeres erlebt. Er schrie und strampelte vor Freude, er klopfte die Flanken des Tieres mit seinen Fersen, ganz wie Dirke es tat, damit es schneller lief. Das Mädchen wandte sein lachendes Gesicht Theano zu: »Siehst du, wie schnell er es gelernt hat? Wie ein Großer!«

Sie rasteten im Schatten großer Oliven und später, weiter oben, unter hohen Kiefern. Sie schliefen in Schafhürden, wenn sie solche antrafen, oder in der Nähe von Gehöften. Sie waren nun in Triphylia und der schweigsame Mann, der sie führte, erhellte sich zusehends. Er entdeckte, dass der Ruf der weisen Priesterin bis hierher gedrungen war. Die Leute hier waren nur zu gern bereit, den Fremden die Wege zu zeigen: Das Heiligtum sei nicht mehr fern.

Sie fanden es am Ende einer langen, schmalen Talzunge, etwas darüber stehend, vor einem steilen Hang. Es war ein wilder und doch lieblicher Ort, grün umbuscht, mit einer klaren Quelle dicht neben dem Tempelhof.

Wie ein Tempel sah es nicht aus, dieses schlichte Gebäude mit seinem flachen Dach. Eher war es ein Schrein, der erweitert worden war, als der Zulauf sich mehrte. Aber das war vor ungezählten Jahren geschehen, später, viel später verblasste sein Ruhm. Das Volk, das hier opferte, wurde verjagt oder es war ausgestorben; niemand wusste es zu sagen. Demeters Altar stand kalt und vergessen.

Bis die fremde Priesterin kam, den Schrein wieder zum Leben zu erwecken. Vor etwas mehr als einem Jahr war sie erschienen, ihr Ruf als Seherin und Weissagerin war schnell durch das Land geflogen. Und noch weiter: Von fern her kamen Rat Suchende, Antwort Erheischende und sie erhielten Rat, sie erhielten Antwort.

Dies war das Ziel, dem Eriopis mit ihrem Gefolge sich näherte, geführt von einem Mann des letzten Dorfes. »Dies ist es?«, fragte die junge Frau ungläubig. »Dies ist der Tempel, den ich suche?«

Eifrig bejahte es der Mann. »Dort drüben könnt ihr lagern, Herrin, es ist reichlich Platz da. Von dort führt ein kleiner Pfad zur Quelle und zum Tempel selbst. Aber eure Tiere tränkt ihr weiter unten, wo die Tröge sind.«

»Ihr habt viel Wasser in eurem Land«, bemerkte Theano, während sie vom Wagen stieg.

»Ja«, bestätigte er freudig, »die Götter sind gut zu uns.« Er erhielt seinen Lohn von Timalkos und machte sich auf den Heimweg.

Eriopis blickte noch immer zweifelnd auf das unscheinbare Gebäude. »Ich hatte es mir größer vorgestellt«, gestand sie. »Bedeutender.«

»Auf die Größe kommt es nicht an«, sagte Theano, die Aktis vom Wagen schwang. »Komm, junge Herrin! Von hier an geht es zu Fuß.« Sie reichte einen festen Arm hinauf, damit Eriopis sich darauf stütze, während ihr Fuß den Boden suchte. Theano hatte längst bemerkt, dass sie nie sprang, so jung sie war; dass sie selbst vor geringen Hindernissen unsicher wurde. Danach sollte sie die Seherin fragen – ob sie jemals stark und mutig werden könnte, dachte sie halb mitleidig, halb unmutig.

Langsam wanderten sie auf den Lagerplatz zu, auf dem es sehr geschäftig herging. Dirke kam ihnen entgegen und führte sie zu einem Zelt, in dem warmes Wasser und frische Kleidung auf sie warteten. Es war noch lange bis zum Sonnenuntergang, sicher wollten sie gleich zum Tempel gehen?

Eriopis schien es nicht eilig zu haben. Nein, sie sei nicht gerade müde, nur …

»Hast du Angst?«, fragte Theano lächelnd.

Sie wehrte sich, wenn auch etwas beschämt. »Gib es zu, Theano – dies ist nicht dasselbe, wie auf dem Feld Blumen zu pflücken.«

Theano gab es gern zu. Sie half der Herrin in ihr bestes Kleid und ordnete das lange, gewellte Haar. »Nun noch die Ohrgehänge! So, jetzt bist du bereit. Selbst vor einer Prophetin kannst du bestehen.«

»Theano, lass mich nicht allein!«

»Es wird nicht gefährlich sein; gehen wir jetzt«, ermutigte Theano die Zaghafte. »Aktis bleibt hier bei Dirke. Sieh, dort ist unser Pfad.«

Sie nahm ein Gefäß mit kostbarem Nardenöl auf, das Eriopis dem Tempel darbringen wollte; es war schwer zu sagen, was kostbarer war, das Gefäß oder sein Inhalt.

»Geh du vorauf«, bat Eriopis.

Bei der Tempelquelle stießen sie auf eine junge Dienerin, die ihren Wasserkrug auf dem Rand des Beckens stehen ließ und sie zum Vorhof des Heiligtums führte. Ein Altar stand in seiner Mitte, darüber hinweg sahen sie die Tür des Schreines. Sie war weit offen, doch war niemand zu erblicken. Die Dienerin bat sie hier draußen zu warten. »Nicht lange«, versicherte sie und wies auf einen Sitz, über den eine mächtige Platane ihre langen Äste streckte. »Ich gehe, euch anzukündigen. Es ist sonst niemand hier.«

Tauben flogen hierhin und dahin, sie waren nicht scheu. Bis dicht an ihre Füße trippelten sie und äugten erwartungsvoll. »Ich muss Aktis hierher bringen, mit einer Hand voll Gerste«, sagte Theano, »das wird ihm Spaß machen.«

Aber Eriopis hörte nicht zu, sie starrte auf die offene Tür, die auf sie wartete. Die Dienerin kam wieder zurück. »Sucht ihr beide Rat oder nur eine von euch?«, fragte sie. »Wenn nur eine, welche von euch beiden?«

»Ich bin es, die Rat sucht«, antwortete Eriopis, plötzlich ermutigt. Sie fügte hinzu: »Aber meine Begleiterin soll bei mir bleiben.«

»Nein, Herrin, den Tempel betrittst du allein. Komm nun, die Priesterin Demeters erwartet dich.«

Eriopis gehorchte. Auf der Schwelle hielt sie einen Augenblick an und sandte einen Blick zu Theano zurück. Theano hob grüßend die Hand und in diesem Moment flog eine von den Tauben herab und setzte sich auf ihren erhobenen Arm. »Ich habe nichts für dich«, sagte Theano bedauernd. Die Taube gurrte, flatterte wieder und setzte sich auf ihre Schulter.

»Ich sehe, hier wohnt jemand, der Tauben liebt«, lächelte sie und hielt still. Das kleine Zwischenspiel verhinderte, dass sie die Frau bemerkte, die hinter der zurückkehrenden Eriopis auf die Schwelle getreten war. Sie zog sich sogleich wieder zurück und die Dienerin kam zum Vorschein. Eriopis gesellte sich zu Theano. »Sie will auch mit dir sprechen«, sagte sie. »Ich selbst soll sofort mit den vorgeschriebenen Läuterungen beginnen, denn sie will morgen das Orakel befragen.«

»Ich dachte, sie sei das Orakel und du würdest sie befragen«, meinte Theano verwundert, »aber wie sie befiehlt.« Sie erhob sich; die Taube war fortgeflogen, als Eriopis sich genähert hatte.

Nach dem starken Licht draußen war das Tempelinnere beinahe nachtdunkel. Theano konnte kaum die Frauengestalt unterscheiden, die sie erwartete. Die mit ausgestreckten Händen auf sie zukam. »Theano!«, rief eine halb erstickte Stimme. Sie wurde umarmt, sie fühlte eine kühle Wange an der ihren. Wann hatte jemand sie so umarmt, so die Wange an ihr Gesicht gepresst?

Ein Erinnern regte sich. Aber es konnte ja nicht sein, es konnte nicht sein … »Themiste?«, flüsterte sie.

Es war Themiste.

Die Priesterin fasste sich zuerst. Sie hob den Zipfel ihres Schleiers und trocknete Theanos Augen. »Ich habe dich gleich erkannt«, sagte sie sanft, »dort unter unserer Platane. Nun höre, Theano! Eriopis wird die Nacht hier im Tempel verbringen. Ich habe ihr gesagt, dass die Antwort, die sie begehrt, ihr im Traum gegeben wird. Gleich wird sie hier sein, sie ist zu allem bereit. Aber sie sollte dich so nicht sehen, mit einem verweinten Gesicht, das dich verrät. Geh zu eurem Lager und sage den Leuten, dass die Herrin im Tempel bleibt und du in ihrer Nähe sein willst. Dann kommst du zu mir zurück. Mein Haus steht da drüben, ich erwarte dich; niemand wird uns stören.«

»Eriopis braucht mich nicht?«

»Nein. Anippe besorgt alles. Sie weiß, was nötig ist.«

Theano ging. Sie nahm nicht den Pfad, der an der Quelle vorüberführte, sondern den unteren, obwohl er ein Umweg war. Eben deswegen, je länger, desto besser. Sie musste ruhiger werden, bevor sie sich im Lager zeigte. Ein Glück, dass sie in den Jahren ihrer Knechtschaft gelernt hatte, der Welt ein unbewegtes Gesicht zu zeigen, selbst wenn sie bis auf den Grund ihres Wesens erschüttert war.

Und da war noch etwas, das ihr half. Nicht etwas – einer: Aktis! Niemand sonst hätte sie so schnell wieder zu sich bringen können wie er. Er lief ihr entgegen, als sie zum Lager kam, sie fing ihn auf, hob ihn an ihre Brust: »Aktis, willst du mit mir gehen? Jemand wartet auf dich, dort beim Tempel, und es gibt Tauben dort, ganz zahm –«

Er machte sich schon los: »Dirke, Dirke! Wir gehen zu den Tauben, sag Timalkos, er soll dir Korn geben!« Denn auch Dirke war herbeigekommen.

Theano erklärte ihr, dass sie die Nacht in Eriopis' Nähe verbringen wolle: »Sie hat Angst, verstehst du, Dirke?«

Die Sklavin verstand es nur zu gut. Sie gestand, dass sie sich zu Tode fürchten würde, in der Nacht allein in einem Tempel.

»Deshalb will ich ja bei ihr sein oder doch nicht weit weg. Morgen sollt ihr Mädchen hingehen und der Göttin Ehre erweisen; sicher bringt es euch Glück.«

Timalkos erschien und erhielt die Anweisung, noch an diesem Abend Eriopis' Geschenke zum Tempel bringen zu lassen: Wein, Öl und Honig.

»Und das Leinen«, erinnerte er sie.

»Oh, hat die Herrin auch Leinen mitgebracht?«, rief Theano erfreut. »Ja, bring das auch. Ist es schön verpackt?«

»In ein gestreiftes Zeug, das du selbst gewebt hast.«

»Das ist gut, Timalkos.«

Wie leicht plötzlich ihr Herz war! Es waren schöne Streifen und das Muster war auch schön, eins, das sie in Troja gelernt hatte. Themiste würde es erkennen, es würde ihr vieles sagen. »Die Streifen sind das Beste, Timalkos.«

»Deine bunten Streifen besser als Pylos' bestes Leinen?«, rief er ungehalten. Aber da kam Aktis, frisch gewaschen, mit glattem Haar und mit einem kleinen Krug in den Händen. »Für die Tauben«, sagte er wichtig.

Schnell ordnete Theano an, dass Timalkos und die Leute an diesem Abend so gut und so viel essen und trinken sollten, wie sie mochten, nur lärmen dürften sie nicht. »Du haftest mir dafür, Timalkos, dass es ordentlich zugeht.«

»Und du? Und der Kleine?«

»Wir bleiben über Nacht dort. Die Priesterin hat Raum für Gäste.«

Damit war Timalkos zufrieden. Theano nahm Aktis bei der Hand – den kleinen Krug überließ er ihr nur widerstrebend – und ging zurück zum Heiligtum, diesmal auf dem kurzen Weg. Bei der Quelle war niemand mehr, aber im Tempelhof wartete Themiste auf sie. »Lauf, Aktis! Lauf zu ihr hin«, sagte Theano leise.

Ihr Sohn war nicht scheu, er ging sofort auf die Priesterin zu. »Ich habe Korn für die Tauben«, sagte er zutraulich.

Sie kniete nieder, sie öffnete ihre Arme und er lief hinein. Er war ein Kind, das nur Liebe kannte, und hier umfing ihn Liebe.

»Oh, Theano«, flüsterte Themiste, »Anthas' Sohn! Du hast es vollbracht! Wie oft habe ich daran gedacht, wie oft mich gefragt, ob es dir gelingen würde …«

Nun war sie es, deren Augen überströmten. Aber Theano sagte leise, es sei viel Glück dabei gewesen.

»Kommt ins Haus. Alles musst du mir berichten.« Sie hob Aktis auf, es war, als könnte sie ihn nicht von sich lassen, nicht einen Augenblick.

»Eriopis«, erinnerte Theano sie.

»Sie schläft im Heiligtum, Anippe ist bei ihr. Wir haben die ganze Nacht für uns.«

Vierzehntes Kapitel

Sie hatten gegessen, wenig nur, sie spürten keinen Hunger. Das Kind war versorgt und ins Bett gebracht worden, es schlief ein, sobald die Lampe über seinem Bett gelöscht war. Im anderen Teil des Raumes, in zwei Wandnischen, brannten noch Lampen, nicht zu hell. Sie warfen ihr sanftes Licht über die beiden Frauen, so recht ein Licht für Erinnerungen und Geständnisse.

»Du zuerst«, bestimmte Themiste. »Das Beste weiß ich nun schon«, und sie blickte zu dem schlafenden Kind hinüber, »erzähl mir von den Menschen, zu denen du gekommen bist.«

Theano wusste nicht recht, womit beginnen. Wie eine Blinde tastete sie sich zum Anfang zurück: »Da war zuerst die Fahrt nach Tenedos und weiter nach Lesbos. Ich war krank, ein Sklave kümmerte sich um mich, Timalkos, ein guter Mensch. Er ist mit uns hierher gekommen.«

»Und dein Herr war –?«

»Mekisteus, ein Gefolgsmann des Nestor. Ach, du meinst, war er gut? Weder gut noch böse, gefühllos. Eben ein Krieger. Er hielt nichts von mir. Ich war bleich und verfallen, ein elendes Geschöpf, was sollte er von mir halten? Überdies, er missachtet Frauen.«

»Auch Eriopis?«

»Auch sie, solange sie ihm Töchter gebiert.«

»Darüber sprechen wir später. Dieser Mekisteus nahm dich bald in Besitz, obwohl du krank und elend warst?«

Theano wandte ihr Gesicht zur Seite. »Schon in Lesbos. Du hattest gesagt, da es unausweichlich sei, je eher, desto besser. Ertragen musste ich es und ich ertrug es.«

»Du hasst ihn.«

»Ja, und er weiß es. Jedes Mal war es, als besiege er Troja von neuem, wenn er mich nahm. Noch jetzt nennt er mich nie bei meinem Namen; wenn überhaupt, nennt er mich Trojanerin.«

»Argwöhnt er, dass Aktis nicht sein Sohn ist?«

»Nein. Niemand argwöhnt es. Dryope, die weise Frau dort, eine Thrakerin, hat sich damals auf meine Seite gestellt, ganz und gar. Sie ist klug wie eine Schlange, sie hat mich beraten, mich belehrt. Als meine Stunde da war, habe ich einen Unfall vorgetäuscht, keiner dachte anders, als dass mein Kind zu früh zur Welt gekommen sei. Alle freuten sich, dass es noch gut abgelaufen war. Es war lange kein Kind im Haus gewesen.«

»Aktis«, murmelte Themiste, »Lichtstrahl: Den Namen hast du gewählt.«

»Ja, aber Mekisteus hat ihn bestätigt.«

»Liebt er das Kind?«

»Mekisteus liebt nicht. Er besitzt nur.«

Damit waren sie bei Eriopis angekommen. Themiste ließ sich genau sagen, wie die junge Frau zuerst gewesen sei und was eine solche Änderung bewirkt habe. Sie machte kein Hehl daraus, dass Eriopis gefährdet sei. Und dass ihr die Kraft fehle, sich über Wasser zu halten.

»Sie hat mich«, versetzte Theano. »Aber Themiste, ich weiß, dass du ihr nicht versprechen kannst, was sie ersehnt; wer könnte es? Ich weiß wenig von dir, nur, dass du mit Kassandra im Tempel dientest. Kassandra war die Prophetin. Du aber –?«

Themiste schwieg. Nach einer Weile begann sie: »Ich hatte die Gabe nie. Aber den schlichten Leuten hier kam es so vor, als könnte ich in die Zukunft sehen. Es mag sein, dass einst in diesem Schrein Orakel gegeben wurden; ich weiß es nicht. Ich gebe keine. Doch ich kenne die Menschen, ich durchschaue die Wünsche, die Anliegen, die sie mir bringen: Darum kann ich manchem den richtigen Weg weisen. Geht es dann nach seinem Wunsch aus, dann heißt es: Seht, sie hat es gewusst. Und so bildete sich das Gerücht.«

»Was wirst du Eriopis sagen?«

»Es kommt darauf an, was sie in dieser Nacht träumt. Ich werde den Traum deuten, ich denke, es wird keine ungute Deutung sein. Aber auch keine Lüge. – Sie hat einen Schlaftrunk bekommen, dem ich einen gewissen Sud beigemischt habe, er sollte ihr gute Träume geben.« Sie überlegte kurz. Dann sagte sie schnell und entschieden: »Theano, sieh du zu, dass sie noch ein paar Tage hier bleibt! Denn für das, was ich wirklich für sie tun kann und will, brauche ich etwas mehr Zeit.«

»Du meinst, du kannst sie von dieser Besessenheit frei machen?«

»Und ihren Sinn auf andere Wege bringen – ja. Vor allem will ich ihr zeigen, dass sich von den Göttern nichts erzwingen lässt.«

»Wird es gelingen? Solange sie hier ist, deine Stimme hört, deinem Blick begegnet, sicher. Aber wenn sie wieder daheim ist?«

»Du hast gesagt, sie hat dich. Ich baue auf dich.«

»Ich werde tun, was ich kann«, gelobte Theano. Es klang demütig. Sie würde mir alles versprechen, dachte die Priesterin, und versuchen es zu erfüllen. Ich kann mit ihr reden wie mit mir selber.

Theano unterbrach ihre Gedanken, indem sie mahnte: »Du wolltest mir erzählen, wie es dir ergangen ist, seit wir getrennt wurden.«

Themiste warnte sie, es sei kein guter Weg gewesen, den sie gegangen sei. Sie dürfe sich nicht unglücklich machen lassen von dem, was sie hören würde.

»So schlimm war es?«

»So schlimm und noch schlimmer. Jener Achäer, dem ich zufiel –«

»Themiste, ich war es, die ihm zufiel.«

»Ja, und das durfte nicht sein. Dich hätte er zerstört, armes junges Kind, das du warst. Aber dass du damals begriffen hast, was geschah!«

»Ich habe noch mehr begriffen. Das meiste, was du mir gesagt hast, als wir mit den anderen Mädchen zur Küste getrieben wurden. Ich weiß die Worte noch, mit denen du Abschied nahmst, ich habe sie treu bewahrt. Sie waren, bis Aktis kam, das Einzige, was ich hatte.«

»Sprich sie aus, Theano.«

»Du sagtest: Solange wir leben –«

Themiste erhob sich und verließ den Raum; sie kam mit einem Weinkrug zurück. Sie mischte den Wein mit kühlem Wasser aus dem Tonkrug in der Fensternische: »Er ist schwer, unser Wein, aber so wird er uns erfrischen.« Sie füllte zwei Trinkschalen und reichte die eine der jungen Freundin. »Bring das Opfer«, gebot sie, »und sprich mir nach: Solange wir leben!«

Beide vergossen die ersten Tropfen, den Göttern zu Ehren. Theano, erschauernd, sprach den seltsamen Trinkspruch nach. Sie tranken und tranken noch einmal. Erst dann begann Themiste ihren Bericht.

Der Mann, dem Themiste zugefallen war, einer der Krieger des Diomedes, war mit seinem Schiff vorausgeschickt worden, der Argolis die Rückkehr ihres Königs anzukündigen. »Oh«, rief Theano mit großen Augen, »beinahe hätten wir uns auf Euböa wiedergesehen!«

Themiste bestätigte es. Sie hatte später erfahren, dass Nestors und Diomedes' Schiffe in Gerästos Halt gemacht hätten. In Diomedes' Reich erwartete den König nichts Gutes und jener Bote hielt sich dort nicht lange auf. Das Schiff gehörte ihm, es war beladen mit wertvoller Beute – seiner eigenen oder der des Diomedes, ihm kam es nicht darauf an – und er beschloss weiterzusegeln; kurz, er wurde ein Seeräuber. »Aber er war es längst«, bemerkte Themiste; »was sonst taten sie während all der Jahre vor Troja?«

»Und du, was geschah mit dir?«

»Ich blieb in einem Haus, das sie verschonten, er und seine Mordbrenner, als sie einen Hafen überfielen und ausraubten. Dieses Haus behielt er als seinen Horst. Dort kehrte er nach seinen Raubzügen ein, dort lagerte er seine Beute, dort hielt er seine Trinkgelage.«

»Und du?«

»Ich sang und tanzte für seine Gäste. Ich, die einmal an Apollons Altar den Hymnus anstimmte.«

»Themiste!«

»Ich brauchte es nicht lange zu tun. Nach einem solchen Gelage stürzte er vom Dach jenes Hauses. Er war sofort tot.«

Theano erschauerte vor dem hassgetränkten Ton ihrer

Stimme. Themiste fuhr fort: »Mich verkauften sie, seine Spießgesellen. Sie nahmen alles, was er hinterließ.«

Es war mehrmals vorgekommen, dass sie den Besitzer wechselte, bis sie endlich an einen kam, der dumm oder betört genug war, sie freizulassen. Sie nahm von seinem Gold, so viel sie brauchte, und entfloh. So kam sie nach Korinth: »Dort hat man nie genug an solchen Frauen, wie ich eine geworden war, und in Korinth können solche Frauen reich werden. Ich wurde reich.«

»All dies – in drei Jahren?«

»Vier waren es. Graut dir sehr vor mir?«

»Mir graut, aber nicht vor dir.«

Themiste lächelte, stand auf und füllte nochmals die Schalen: »Trink! Diesmal ist der Wein stärker. Trink, aber nicht, um zu vergessen! Es gibt einen Grund dafür, dass ich dir all das erzähle. Den sollst du jetzt erfahren.« Sie atmete tief auf und setzte ihren Bericht fort: »Als ich reich genug war, um auszuführen, was ich vorhatte, da legte ich mein buntes Zeug ab; alles, was ich besaß, verkaufte ich. Einige Getreue meines Haushalts nahm ich mit, den Übrigen schenkte ich die Freiheit. Schon lange hatte ich herumgehorcht nach einem Ort, an dem ich bleiben und wirken könnte, unerkannt, um auf mein Ziel hinzuarbeiten –«

»Und dieses Ziel ist –?«

»Troja wieder aufzubauen.«

Es verschlug Theano die Sprache.

Die Priesterin nahm ihre Hand. »Ist es so vermessen? Hör, du Kind! Nicht alle unsere Männer sind umgekommen in jener Nacht. Eine Anzahl von den Jüngeren war außerhalb der Mauern, andere waren zurzeit in Thrakien, in Lyzien oder sonst wo. Die sammelten sich nach und nach in den Hügeln jenseits des

Skamandros; ich erfuhr davon durch einen Sänger, den ich in Korinth bewirtete. Da wusste ich, was ich zu tun hatte. Komm mit mir.« Sie nahm eine von den Lampen und ging vorauf.

Theano sah nach dem Kind, es schlief fest. Und sie folgte ihr.

Draußen war es mondhell. Ein kleiner Hof hinter dem Haus, ein steinerner Tisch, ein paar steinerne Bänke und der Klang einer Lyra. Zwei junge Männer saßen hier nebeneinander, der eine lehrend, der andere lernend. »Antenor und Lykaon«, sagte Themiste. »Grüße sie wie Brüder, Theano! Auch sie sind Kinder Trojas.«

Die beiden waren aufgesprungen, als sie ihre Namen hörten, und kamen Themiste und ihrem Gast entgegen. Jetzt erst sah Theano, wie jung sie waren, eigentlich noch Knaben. Sie reichte ihnen beide Hände hin, wortlos vor Bewegung – Trojaner, die Ersten, die sie hier im Land der Achäer sah!

Einer der Jungen lief um Felle, sie über die Steinsitze zu breiten, denn so hell der Mond auch leuchtete, den Stein erwärmte er nicht.

»Ja«, sagte Themiste, »wir bleiben gern ein wenig bei euch. Theano muss euch kennen lernen und ihr sie. Sie war die Gattin des Anthas, der in Trojas letzter Nacht ermordet wurde, und sie ist die Mutter eines neuen Trojaners: Dort schläft er unter meinem Dach.«

»Themiste!«, rief Theano erschrocken.

»Siehst du, wie viel Vertrauen ich zu diesen beiden habe?«

»Und mit Recht«, fiel ihr der ältere der Jungen in die Rede. »Verdanken wir ihr nicht alles, Lykaon?«

»Alles«, bekräftigte sein Gefährte. Mit unbegrenzter Verehrung blickten sie Themiste an.

Sie wehrte ab: »Nun, nicht alles!«, und sich zu Theano hinwendend, erklärte sie, diese zwei seien unter den Kindern gewesen, die von den Besiegern Trojas nach Lesbos gebracht und den Sklavenhändlern verkauft worden seien. »Ich fand sie in Korinth und konnte sie erwerben«, schloss sie.

»Um uns die Freiheit wiederzugeben«, ergänzte Antenor.

»Nicht nur deswegen, sondern weil ich euch brauche, weil ich ein Ziel für euch habe. Noch sind sie nicht bereit für ihre Aufgabe, aber bald werden sie es sein, Theano, und dann wirst du sie wiedersehen.«

»Sag mir von dieser Aufgabe.«

»Sie werden durch das Land ziehen, als Sänger oder Sendboten, und auf solche Weise nach anderen Trojanern forschen. Es muss noch viele von den unseren geben, hierhin und dorthin verweht. Wir müssen befreien, so viele wir finden, denn Troja braucht jeden, jeden Einzelnen von ihnen.«

Theano schwieg, überwältigt von der Größe der Idee. Endlich sagte sie traurig: »Ich bin unfrei, ich kann euch nicht nützen.«

»Und doch wirst du uns nützen«, widersprach Themiste. »Nützen, indem du deinen Sohn für Troja großziehst! Das ist deine Aufgabe, Theano.«

Sie erhob sich. »Komm nun, es ist Zeit, dass wir uns schlafen legen. Ihr auch, meine Söhne. Der Tau fällt; nicht lange mehr und es wird Tag.«

Die Jungen gehorchten, Antenor nahm die Lyra auf, beide grüßten ehrerbietig und verschwanden. Theano sah ihnen nach. »Auch sie sind entkommen«, sagte sie, immer noch staunend.

»Und noch mehr von diesen Unglücklichen werden wir erlösen«, fügte Themiste hinzu. »Weißt du von Kindern Trojas an Nestors Hof oder in Pylos' Feldern?«

»Ich weiß fast nichts von Nestors Hof und gar nichts von seinen Sklaven. Erytheia, Mekisteus' Gut, liegt ziemlich entfernt von Pylos. Timalkos könnte etwas wissen.«

»Frag ihn nicht!«, warnte Themiste. Sie schwieg eine Weile, dann fragte sie: »Bist du sehr schläfrig? Ich möchte noch etwas mit dir besprechen.«

Theano erklärte, sie sei viel zu aufgeregt, um an Schlaf auch nur zu denken. Themiste fuhr fort: »Es betrifft Aktis. Was hat Mekisteus mit ihm vor?«

»Er bleibt in Nikostrates Hut – und in der meinen –, bis er alt genug ist, mit Waffen umgehen zu lernen. Dann wird Mekisteus ihn mitnehmen und er wird an Nestors Hof üben, was er können muss.«

»Um was zu sein?«

»Vielleicht ein Wagenlenker, vielleicht sein Schildträger.«

»Oder, wenn Mekisteus einen Sohn erhält, dieses Sohnes rechte Hand?«

»Auch das wäre möglich. Aber sieht er so weit voraus?«

»Du kennst ihn besser als ich. Und du – du siehst jetzt nur drei oder vier Jahre vor dir, bis du dein Kind aufgeben musst.«

Theano nickte stumm.

Wieder nahm Themiste ihre Hände. »Theano«, sagte sie beschwörend, »in diesen drei oder vier Jahren kannst du aus ihm machen, was du willst. Was wir beide wollen: einen Trojaner.«

»Er ist Trojaner.«

»Das ist er. Aber er wächst unter Achäern auf, er wird sich für ihresgleichen halten. Du also, seine Mutter, musst sein Vorbild sein, das Höchste, das er kennt.«

»Und du meinst, das würde genügen?«

»O ja. Was er in den nächsten Jahren in sich aufnimmt, das verliert er nicht.«

Theanos Augen begannen zu leuchten. »Ich weiß, was du

denkst. Ich soll für ihn Troja sein. Wenn er sich Troja erträumt, soll er mich sehen, seine Mutter.«

»Ganz so sehe ich es.«

»Nur eins noch«, gab Theano ihr zu bedenken. »Aktis ist noch klein, ein argloses, kleines Kind. Er ist Anthas' Kind und Anthas war offen wie der helle Tag. Wenn er sich verriete?«

»Anfangs wird er nichts zu verraten haben; später, wenn er zu rechtem Verständnis gelangt ist, wird es euer Geheimnis sein.«

Theano sprang auf und ging im Hof auf und ab. Sie kam zurück und nun war sie es, die der anderen Hände fasste: »Ein Ziel, Themiste, oh, ein Ziel!«

»Unser Ziel, Theano!«

Fünfzehntes Kapitel

Eriopis erwachte früh aus tiefem Schlaf. Sie wusste zuerst nicht, wo sie war – dieser fast leere Raum, den ein Vorhang aus Ochsenhäuten abschloss, rot-weiße Häute mit den Haaren nach außen. Die untere Kante war dunkelrot. Kleine Figuren, ungeschickt aus Ton geformt, wie das Landvolk sie zu einem Schrein bringt, standen an dieser roten Kante. Jetzt wusste sie es, sie war im Tempel, sie hatte die Nacht darin zugebracht. Ihr gegenüber stand der Sitz der Priesterin, an den rauen Wänden hingen Kränze aus Ähren, fahl und verwittert, das war alles. Sie staunte: Hier hatte sie geschlafen?

Themiste trat in den Tempel und betrachtete sie schweigend. Sie ließ sich auf ihrem Sitz nieder und fragte gütig, aber ernst: »Dein Traum?«

Eriopis gab nur zögernd Antwort: »Ich hatte eigentlich keinen Traum, Ehrwürdige, oder wenn ich einen hatte, war er schon entschwunden, als ich die Augen öffnete. Ich weiß nur, dass ich irgendwo weilte, wo alles licht und schön war, sonst nichts.«

»Das ist deine Antwort«, sagte Themiste sehr bestimmt. »Es war doch ein Traum, er zeigte deine Zukunft. Du sahst sie hell und schön: Die Götter sind dir gnädig, Eriopis.«

Sie stand auf: »Nun mach dich bereit, ihnen Dank und Preis zu geben – ich erwarte dich draußen, am Altar.« Sie verließ den Schrein und gleich darauf kam Anippe, Eriopis beim Ankleiden behilflich zu sein. Eriopis, wie betäubt von den wenigen, doch Glück verheißenden Worten, ließ alles mit sich geschehen, dann ging auch sie hinaus.

Unter der Platane sah sie Theano und Aktis, der die Tauben fütterte; eben kam ein junger Diener mit einer neuen Schale voll Korn. Es war viel Gurren und Geflatter um die beiden, aber sobald Theano sie gewahrte, kam sie zu Eriopis. »Nun?«, fragte sie, heimlich besorgt.

»Ich glaube, es wird alles gut«, flüsterte die junge Frau. »Frag jetzt nicht! Zuerst das Dankopfer. Sieh, da ist schon die Priesterin.«

Ehrerbietig näherten sie sich dem Altar und blieben seitlich von ihm stehen. Themiste winkte Anippe, die von der anderen Seite herankam, mit Korn, Öl und Wein, mit frischen Blumen und duftenden Kräutern. Eins nach dem anderen legte sie die Opfergaben auf die Hölzer, die schon geschichtet auf der Altarplatte lagen, in bestimmter Ordnung. Der junge Diener stand bereit mit einem Becken glimmernder Kohlen; die Priesterin entzündete das Feuer und erhob ihre Arme zur Anrufung. Flammen züngelten, schon stieg ein Rauchfaden hoch und zugleich erklang der Hymnus, von einer Lyra begleitet.

Anippe trat zu den beiden Frauen und übergab Eriopis das Gefäß mit der kostbaren Narde. »Bring dies zum Alter, Herrin«, sagte sie leise. Eriopis gehorchte und brachte es Themiste, die es hoch erhob, mit erneutem Anruf. Zuletzt sprengte sie Tropfen auf Tropfen über das zusammensinkende Opferfeuer; es flammte noch einmal auf. Dann lag da nur noch die duftende Asche und die Priesterin verließ den Altar.

»Komm nun«, sagte Theano zu Eriopis, die wie in ihren Traum versunken dastand. »Sie erwartet uns in ihrem Haus.«

»Was soll ich noch?«, fragte Eriopis, »ist noch nicht alles vollbracht?«

»Du wirst es gleich erfahren.« Theano führte sie durch ein Gehölz von jungen Mandelbäumen, in dem Themistes Haus stand, Lykaon folgend, der mit Aktis voraufging. »Sie hat dir noch einiges zu sagen.«

Zuerst aber war da der gastliche Tisch, auf dem das einfachste Mahl sie erwartete, Brot und Honig und frischer, weicher Schafkäse. Für Aktis gab es einen Becher voll noch schäumender Milch. Themiste, nun nicht mehr im strengen priesterlichen Gewand, lud sie ein zuzulangen, besonders Eriopis: »Du bist lange nüchtern geblieben, du brauchst Stärkung. Nimm und iss!«

Und Eriopis wunderte sich nicht einmal, dass die Priesterin mit ihnen aß, mit ihr und Anippe, der Dienerin, ja selbst mit der Sklavin Theano an einem Tisch. Dieser Ort war völlig verschieden von allem, was sie kannte; hier schien es nur natürlich. Sie verspürte großen Hunger, sie aß und es schmeckte ihr wie seit langem nicht.

Das Frühmahl war vorüber, Theano nahm Aktis bei der Hand und ging mit ihm zum Lager; Eriopis blieb zurück. Themiste war nun ganz Priesterin, ein wenig streng sogar. »Zuerst dies, Frau des Mekisteus – du kannst nicht darauf rechnen, dass du nun bald einen Sohn bekommen wirst. Die Götter gewähren, aber wann sie es tun, liegt bei ihnen. Lerne zu warten, plage die Mächtigen nicht mit Bitten und Drängen! Du bist noch sehr jung, eilt es denn so?«

»Mekisteus verlangt Söhne von mir.«

»Kann Mekisteus verlangen, was in den Händen der Götter liegt? Kein Mensch kann es.«

Eriopis schwieg und senkte den Kopf. »Sprich nur«, ermutigte Themiste sie gütig.

»Er hat sich von mir abgewandt, seit auch mein zweites Kind ein Mädchen war.«

»Lass ihn fernbleiben, es ist nur gut. Sieh zu, dass du wieder zu Kräften kommst, das ist wichtig. Und nun mein letzter Rat: Suche nichts zu erzwingen! Wenn die Frucht reif ist, fällt sie dir von selbst in die Hand.«

Eriopis versprach alles. Nicht mit Worten, aber ihre Augen waren so voll von Ergebenheit, von Vertrauen, dass Themiste Hoffnung schöpfte. Sie riet der jungen Frau, noch einige Tage hier zu bleiben: »Wenn es dir bei uns gefällt – du bist willkommen. Nur wenn ich im Tempel meine Pflicht erfüllen muss, wirst du mir fernbleiben, aber mein Haus steht dir offen.«

Staunend hörte Eriopis sie an. Nie war ihr Ähnliches wie dieser Schrein und seine Priesterin begegnet. »Ich bleibe gern ein wenig länger«, sagte sie dankbar, »hier ist es wie – wie in meinem Traum.«

»Hier hast du Frieden«, bestätigte die Priesterin. »Geh nun, freue dich und sei getrost.«

Nur noch einmal ergab es sich, dass Theano mit Themiste allein sein und ungestört mit ihr reden konnte. So vieles hätte sie ihr zu sagen gehabt, so viel mehr von der Älteren, Weiseren hören und erfragen mögen. Wie bald, und sie musste wieder die andere Theano sein, die gehorchende, schweigende, fügsame Sklavin. Und immer die Fremde.

Aber die Priesterin hatte ihren Dienst zu versehen, und wenn dieser sie freiließ, war Eriopis bei ihr. So ging Theano zwischen dem Lager, in dem Timalkos schon für die Heimreise zu rüsten begann, und dem Heiligtum hin und her, oft auf der Suche nach Aktis, der Antenor und Lykaon nachlief wie ein kleiner Hund. Oder sie plauderte mit Anippe und lernte sie besser kennen.

Alles, was sie hier so schnell lieb gewonnen hatte, prägte sie sich fest ein: den kleinen Hof hinter Themistes Haus mit der Steinbank und der niederen Mauer, die ihn so freundlich umschloss, innen ganz Sonnenschein und draußen das flüsternde Grün der Mandelbäume. Nur das erste Mal Mondlicht innen und draußen die bergenden Schatten…

Die Platane und ihr Quell, an dem sie während dieser glücklichen Tage so oft den Krug gefüllt hatte; den Schrein selbst, bescheiden, schmucklos und doch so ganz diesem Ort und seiner Bestimmung gemäß und darum vollkommen; Themiste, wie sie daraus hervortrat…

Diese Bilder wollte sie mitnehmen, klar und scharf, denn der Ort war ihr Heimat geworden. Die Trostlosigkeit der Verwaisten, gewaltsam Entführten hatte ihr Sohn geheilt – nicht völlig geheilt, denn die Wunden schmerzten noch, aber sie brannten doch nicht mehr so sengend –, das Heimverlangen aber hatte er nicht stillen können. Und nun hatte sie ein winziges Stück Troja gefunden, hier im fremden Lande. Die Gewissheit würde mit ihr gehen, zurück in jenes andere Dasein.

Themiste war es, die ein letztes Zusammentreffen herbeiführte. Sie begegnete Theano auf dem Pfad, der bei der Quelle endete, legte den Arm um ihre Schultern und hielt sie fest. »Wir wollen hier Abschied voneinander nehmen«, sagte sie, »hier am Hang. Wir haben uns noch manches zu sagen, was andere Ohren nicht hören sollten; auch würde unser Abschied gewiss wärmer ausfallen, als es zwischen Priesterin und Tempelbesuchern üblich ist. Komm, hier links geht es hinauf.«

Sie erreichten eine Anhöhe, die ziemlich eben war; zwei mächtige Ölbäume erhoben sich hier, große flache Steine lagen im Schatten ihrer silbergrauen Kronen. Sie setzten sich und Themiste nahm Theanos Hände in die ihren. »Du bist mir wie eine Schwester und du sollst stets daran denken, dass ich hier bin und bleibe, immer bereit, dir zu helfen, solltest du Hilfe brauchen. Nur Raum trennt uns und den können wir überwinden. Antenor wird bald weite Wege gehen, auch zu dir hin. Eriopis' Leute sagen schon, dass er die reine Neugier selbst sei – nun, sie haben sich nicht ungern ausfragen lassen! Er weiß sehr gut, wo du zu finden bist. Bald wird auch Lykaon so weit sein, dass ich ihn ausschicken kann. Beide haben die Gabe des Gesanges, überall werden sie willkommen sein, warum nicht an Nestors Hof und in Nikostrates Haus?«

Theano konnte ein Lächeln nicht unterdrücken. »Nikostrate hält keine Gelage«, sagte sie.

»Wenn nicht sie, dann Mekisteus. Und wenn auch nicht – ein Sänger darf an jede Tür klopfen und wird eingelassen, bringt er doch Neuigkeiten aus aller Welt. So werde ich dir Grüße schicken können und du mir.«

»Darüber bin ich froh«, sagte Theano warm.

»Vor allem über Aktis will ich alles hören, wie er heranwächst, wie er sich entwickelt.«

»Ja, Themiste.«

»Und wenn eine Änderung in dein Leben treten sollte, musst

du es mich wissen lassen, so schnell du kannst. Jene Dryope, der du vertraust, sie wird Mittel und Wege finden: Überlass es ihr. Wenn du in Erytheia angekommen bist, geh gleich zu ihr und sage ihr, was du hier gefunden hast.«

Auch das versprach Theano. Themiste schwieg eine Weile. Dann fuhr sie fort: »Meine Schwester habe ich dich genannt; ich hätte besser gesagt, mein Kind. Du bist mir überaus teuer, ich bin glücklich, weil ich dich wiederhabe. Und dass du Aktis hast. Um seinetwillen wirst du bestehen.«

»Und du hast es bewirkt, dass es ihn gibt. Wir gehören dir, denn ohne dich wären wir beide aus dem Leben gegangen.«

»Ich weiß es. Wir verlieren einander nicht mehr.«

Das war ihr Abschied. Vielleicht ein Abschied auf lange Zeit.

Als die Sonne des neuen Tages aufging, stand Themiste auf dem verödeten Lagerplatz und sah dem bunten Zug nach, der sich langsam entfernte. Lange blieb er nicht in Sicht, er wand sich um eine niedrige Hügelkuppe und war verschwunden.

Mochten sie glücklich reisen! Es war zu erwarten, da Friede im Land herrschte und auch die Nachbarn friedlich waren.

Antenor und Lykaon, die bis zum Fuß des Hügels die Reisenden begleitet hatten, Aktis zuliebe, kehrten zurück und brachten letzte Grüße. Zu dritt gingen sie dem Heiligtum zu und sahen, dass Anippe gerade drei neue Pilger empfing. Sie mussten sehr früh aufgebrochen sein und sicher waren sie müde. Anippe würde ihnen raten, sich auszuruhen, nachdem sie sich erfrischt hatten; sie selbst würde ein wenig Zeit haben, sich allein der Göttin zu widmen.

Die beiden Jungen waren dabei, den Tempelhof und das Innere des Schreins rein zu fegen; sie schickte sie fort, Kräuter zu sammeln, Thymian und duftende Minze, den Boden damit zu bestreuen. »Ist es ein Feiertag?«, fragten sie heiter und liefen hinaus. Themiste hob den schweren Vorhang und trat in die kleine Höhle, die er verbarg. Sie stand vor dem Heiligsten, das der Schrein bewahrte – vor dem ururalten Steinbild, von dem es hieß, es stelle die Göttin dar. Nur sie, die Priesterin, durfte es erblicken.

Es stand auf einem Felsblock und sonst war nichts da, kein Gold oder Elfenbein, kein Weihgeschenk, nicht einmal eine Lampe. Hier herrschte ewiges Dämmerlicht, aber zu Füßen der sitzenden Gestalt wusste Themiste eine kleine Höhlung in dem rauen Felsen. Sie hatte Eriopis' köstliche Narde mitgebracht und goss davon hinein. »Potnia«, flüsterte sie, »Mächtige, nimm die Gabe an und sei gnädig! Wir wissen, wie schwach wir sind. Du aber wache über uns und wir werden dich preisen.«

Sie neigte sich so tief, dass ihre Stirn den Felsen berührte, richtete sich auf und verließ den geheimen Ort.

Dieser vergessene Schrein, der ihre Zuflucht geworden war – sie hatte nicht geahnt, was er hütete. Sie würde nie das Grauen vergessen, das sie überfiel, als sie das Bild der Ganz-Alten erblickte. Noch heute empfand sie es und sie würde es immer empfinden. Dieses Grauen sagte ihr, wie heilig die fast unkenntliche Form war, und dass sie ihr dienen musste.

Sechzehntes Kapitel

Sie erreichten Erytheia um die Stunde des Sonnenuntergangs, der alles in sein klares, rötliches Licht taucht. So auch an diesem Tag, nur schien es Theano schöner, leuchtender denn je. »Siehst du, dass es den rechten Namen hat?«, rief sie aus.

Eriopis sah sie fragend an. Was meinte Theano?

»Du weißt nicht, wie es zu seinem Namen gekommen ist, das Haus und alles, was zu ihm gehört?«

»Nein, wie sollte ich es wissen? Sag es mir«, verlangte Eriopis.

Und Theano erzählte von Nikostrates Ahnherrn, der mit Nestors Vater Neleus von Jolkos her in diese Gegend gezogen kam und ihm half Pylos für sich zu gewinnen. Er hatte seinen Anteil selbst wählen dürfen, hier hatte er sein Haus gebaut, seinen Wohlstand gegründet. Eines Abends, als er heimkehrte, so hieß es, hatte er sein neues Eigentum so von hellem, leuchtendem Rot überflutet gesehen und er hatte laut gerufen: »Das soll sein Name sein – Erytheia, das rote Land.«

Eriopis war ihr nicht gefolgt, ihre Gedanken waren gleich beim Anfang der kleinen Geschichte stehen geblieben. »Nikostrates Ahnherr«, sagte sie langsam. »Sie also ist die Herrin und nicht als Gattin des Kretheus, sondern in ihrem eigenen Recht.«

»So ist es«, bestätigte Theano. »Sie sind seit langem hier ansässig, die Diokliden.«

»Du scheinst viel über ihr Haus zu wissen«, bemerkte Eriopis.

»Nikostrate kann abends oft erst spät einschlafen, dann erzählt sie mir gern aus alten Zeiten.«

Weiter wurde nicht darüber gesprochen, denn sie waren angelangt, der ganze Wirbel eines Wiedersehens drehte sich um die Heimgekehrten. Nikostrate kam ihnen entgegen, mit ausgestreckten Händen, Aktis lief auf sie zu und ihr in die Arme, Psamma erschien mit Eriopis' kleiner Tochter, Pero und Antibia stürzten herbei – es war, als wären sie viele Wochen fort gewesen statt der einen. Aber sie waren zwei Tage später gekommen als erwartet und man hatte sich um sie gesorgt.

Timalkos kam und grüßte seine Herrin, Dirke lief herbei, um ihren Pflegling einzufangen. Die Sklaven trugen Körbe und Bündel in das Haus – nur der Lenker der kleinen Pferde nahm keinen Anteil an dem fröhlichen Trubel. Er schnalzte mit der Zunge und seine vierbeinigen Gesellen trabten ihrem Hof zu. Nach und nach legte sich auch der Lärm in der Halle.

Nur Eriopis' Aufregung wollte sich nicht legen. Sie stand zu sehr im Bann des Erlebten, es sprudelte hemmungslos aus ihr heraus. Nikostrate sah Theano an, hilflos und verwirrt, die aber schüttelte fast unmerklich den Kopf. »Später«, sollte das bedeuten. Erst als Eriopis schlafen gegangen war, kam es zu einem ruhigen Gespräch über die Reise und über den Ort, den sie besucht hatten. Nikostrate war voller Zweifel. »Glaubst du das alles, was Eriopis erzählte?«, fragte sie. »Das Orakel, das sie befragt hat, glaubst du, es war echt?«

»Echt war, was die Priesterin ihr sagte, aber es war kein Orakelspruch. Eriopis hat es so aufgefasst: Ein Sohn ist ihr verheißen. Daran glaubt sie wie an die Sonne, wie an den Tag.«

Die alte Frau war noch nicht beruhigt. »Diese Priesterin dort, ist sie wirklich eine Weissagerin?«

»Sie hat sich nie für eine solche ausgegeben. Sie ist sehr weise und sie gibt denen, die zu ihr kommen, guten Rat. Mit mir hat sie lange über Eriopis gesprochen; sie sagte, sie sei besessen von ihrem Wunsch, Söhne zu gebären. Darum riet sie mir, etwas länger zu bleiben, damit sie Eriopis zur Einsicht bringen könnte. Während wir dort waren, wurde Eriopis auch ruhiger. Jeden freien Augenblick, den die Priesterin hatte, verbrachte Eriopis bei ihr.«

»Und nun?«

»Nun hat sie sich auf der Rückreise Gedanken über das alles gemacht und die sind nichts als krauses Zeug. Quäle dich nicht, Herrin! Wir müssen Geduld mit ihr haben.«

Nikostrate seufzte. Sie rief nach Pero, die schon auf den Ruf gewartet hatte: »Hilf mir zu Bett und, Theano, geh du auch schlafen. Morgen wollen wir dem Hüter der Wege ein Opfer bringen, denn er hat euch gnädig heimgeführt.«

Der Morgen kam, aber das Opfer konnte nicht stattfinden, denn Nikostrate fühlte sich nach einer schlaflosen Nacht zu schwach. Besorgt sah Theano das wachsbleiche Gesicht, die kraftlosen Hände. »Lass mich Dryope holen«, bat sie und Nikostrate flüsterte: »Ja, sie soll kommen.«

Theano schickte keine Sklavin, sie lief selbst hin, Dryope zu rufen. Sie war in ihrer Hütte. »Herein, herein«, rief sie, »erzähle!«

Aber dafür gab es an diesem Morgen keine Zeit. »Die Herrin braucht dich, du musst sofort zu ihr gehen, Dryope.«

Im Augenblick war die Alte auf den Füßen. »Ist es die Schwäche?«, fragte sie, und da Theano es bejahte, knüpfte sie dies und das in ein Tuch und sagte: »Gehen wir.«

Sie gingen. Theano, trotz ihrer Eile, gab der Thrakerin zu verstehen, dass während ihrer Reise etwas Wichtiges und Unerwartetes vorgefallen sei, das sie ihr aber nur in größter Heimlichkeit anvertrauen könne.

»Ich werde den Tag und auch die Nacht bei Nikostrate bleiben; wenn ich kann, komme ich um Mitternacht zu dir.«

»Aber Pero und Psamma?«

»Keine Angst, sie werden schlafen wie Vögel im Nest.« Mehr zu sagen war nicht nötig, es blieb ihnen auch nicht die Zeit dazu. Eriopis kam ihnen im Megaron entgegen, etwas ungeduldig, weil sie auf Theano hatte warten müssen. »Was ist denn so eilig?«, fragte Theano, während Dryope zum Frauengemach hinaufging.

»Der Bote ist wieder zurück –«

»Welcher Bote?«

»Timalkos hat einen nach Pylos geschickt, gestern, um Mekisteus Nachricht von unserer Heimkunft zu bringen. Und Mekisteus lässt uns sagen, dass er uns morgen in Pylos erwartet. Dich auch, Theano.«

»Das wird nicht angehen, junge Herrin«, gab Theano zurück, »Nikostrate ist erkrankt. Ich darf sie nicht allein lassen.«

»Aber wenn Mekisteus es will?«

»Ich kann es nicht ändern. Hier werde ich gebraucht.« Sie ging Dryope nach. Eriopis folgte ihr und hielt sie am Arm fest. »Was soll ich denn tun?«, fragte sie kläglich.

»Heimgehen zu Mekisteus, er erwartet dich. Vor allem aber solltest du fragen, was Nikostrate fehlt! Lass mich jetzt gehen. Sobald ich mit Dryope gesprochen habe, komme ich wieder zu dir; bis dahin kannst du deinen Mädchen Bescheid sagen.«

»Theano, komm mit nach Pylos!«

»Nein, junge Herrin.«

Zu spät fiel Eriopis ein, dass eine Sklavin nicht einfach bestimmen konnte, was sie tun würde und was nicht. Theano war schon hinter dem Türbehang verschwunden. Unschlüssig blieb die junge Frau im Gynäkeion stehen. »Sie ist eben keine gewöhnliche Sklavin«, murmelte sie, »und außerdem verwöhnt Nikostrate sie.« Ein Weilchen überlegte sie, an ihrer Unterlippe nagend. Sie hätte es gern gesehen, wenn Theano sie begleitet hätte, sogar, dass sie länger bleiben würde. Aber das bedeutete, dass Aktis mit ihr kommen würde, und daran lag ihr jetzt nicht. Später, wenn sie ihren eigenen Sohn hatte, wollte sie ihn in ihren Haushalt aufnehmen, mit seiner Mutter, aber nicht eher.

Sonderbar, sie hatte immer viel Freude an Aktis gehabt, auch jetzt war er ihr noch lieb. Aber er war Mekisteus' einziger Sohn; einmal in Pylos und er würde immer in seines Vaters Nähe sein und das wollte sie nicht. Ihr Sohn sollte nicht mit dem Sklavenkind teilen müssen...

Da Dryope bei Nikostrate saß, war Theano zu Bett gegangen, ganz in der Nähe, im alten Gang. Auch Aktis war dort, längst tief im Schlaf. Im Schein der kleinen Öllampe betrachtete sie ihn. Ihr schöner Sohn – wie sehr er Anthas glich! Ihr Herz, das sie sonst streng in der Gewalt hatte, wurde weich, sie wünschte, dass sie Themiste gebeten hätte, Aktis ihrer Göttin anzubefehlen. Aber Themiste würde es tun, auch ohne dass sie darum bat.

Sie stellte die Lampe hin, tief in Sinnen legte sie ihr Gewand ab, streckte sich auf dem schmalen Lager aus und starrte ins Dunkel. Themiste, die glaubte – ganz gewiss an die Göttin, der sie diente. Sie mochte Demeter heißen und nahe mit den Olympiern verwandt sein, aber noch näher war sie der Erde verwandt. Themiste ahnte es, sie wusste vielleicht noch mehr. Denn diese Gabe hatte Themiste, die Gabe des Ahnens, und irgendwie teilte sie sie anderen mit. Wie ihr, Theano, ohne Worte, ohne Erklärungen. Schon halb im Schlaf flüsterte Theano: »Göttin Themistes...«

Um Mitternacht berührte eine Hand ihre Schulter, ganz leicht. Sofort war sie wach. »Dryope?«

»Sie schlafen alle, auch Nikostrate. Nun sprich«, befahl die Thrakerin. So kurz es irgend ging, berichtete Theano von Triphylia und von der, die sie dort wieder gefunden hatte.

Dryope wusste von Themiste und was Theano ihr verdankte. Nun erfuhr sie, was die Priesterin zu dem entlegenen Schrein geführt hatte und was für Pläne sie dort verfolgte. Sie empfing Themistes Botschaft: Dass die Fäden zwischen Demeters Schrein und Erytheia nicht reißen dürften und dass sie Dryope anflehe, sie fest in ihren Händen zu halten.

Die Alte setzte sich auf. »Was für Fäden sind das?«

Theano hauchte es nur, dicht an ihrem Ohr: »Fäden, die nach Troja führen.«

»Die werde ich halten«, versprach Dryope in einem Ton härtester Entschiedenheit. Schweigend hörte sie weiter an, was Theano von Antenor und Lykaon erzählte, und dass sie von Zeit zu Zeit erscheinen würden, damit Themiste von Theanos und Aktis' Ergehen erführe. »Genug für jetzt«, sagte sie schließlich, »über alles andere können wir bei Tage reden.«

Sie stand auf und wollte gehen, aber Theano litt es nicht. »Nein, leg du dich jetzt hin. Ich bin ausgeruht, ich werde bei Nikostrate wachen. Ist sonst noch etwas für sie zu tun?«

»Gib ihr zu trinken, wenn sie aufwachen sollte.« Sie legte sich zurück. »Oh, mein Rücken! Theano, ich bin alt geworden.«

»Du musst noch viel älter werden, ehe du das sagen darfst.« Theano deckte sie zu, nahm die Lampe und verschwand.

In dieser Nacht, bei Nikostrates Bett, kam ihr ein Gedanke, der sie entsetzte. Die Herrin lag so schmal und bleich auf ihren Kissen, sie atmete so schwach – wie, wenn sie stürbe! Was würde dann aus ihr und Aktis? Mekisteus war der einzige Erbe, sie würde dann völlig in seiner Macht sein. Er konnte sie verkaufen, Aktis aber behalten, und wie würde es ihrem Kind dann ergehen? Plötzlich wusste sie es bestimmt, er würde sie und das Kind trennen.

Das durfte nicht sein. Nikostrate musste leben. Was sonst auch immer geschah, Nikostrate musste leben, bis ihr, Theanos, Werk an ihm vollendet war.

Siebzehntes Kapitel

Eriopis reiste ab, zusammen mit ihrer kleinen Tochter und deren Wärterin Arne. Es tat Theano Leid, ein Mädchen zu verlieren, das ihr ergeben war, aber um Inos willen musste es sein. Das Kind kannte seine Mutter kaum; seit jene zweite Tochter geboren und so bald wieder gestorben war, hatte Arne es in ihrer Pflege gehabt. Arne war verlässlich und das Beste war, sie hatte die kleine Ino wirklich lieb.

So kehrte wieder Ruhe in Nikostrates Haus ein und sie erholte sich zusehends.

Von Orakeln wurde nicht mehr gesprochen, umso mehr aber über Aktis. Seit der Reise nach Triphylia legte er ein unbändiges Freiheitsverlangen an den Tag. Er entwischte Dirke, so oft er konnte, und war meistens bei den kleinen Pferden und ihrem Lenker zu finden. Dirke ließ es sich nicht anfechten, sie machte alles mit, was ihm einfiel und wohin es auch führte.

Abends aber kam er zu seiner Mutter und war ihr liebes Kind, so klein noch und ganz ihr Eigen. Dann sang sie ihm Lieder und er wusste nicht, dass es trojanische Lieder waren; sie erzählte ihm von einer herrlichen Stadt und er wusste nicht, dass diese Stadt einmal wirklich gewesen war. Nicht lange, und sie war ihm wirklich, es gab sie, er kannte sie so gut.

Von Pylos kamen nur spärliche Nachrichten; meist war es Arne, die sie dem Boten mitgab. Mehr als dass Ino gesund und sehr gewachsen wäre, erfuhren sie nicht, doch eines Tages hieß es, die junge Herrin samt Ino, Arne und etlichen Dienerinnen würde den Sommer in Erytheia verbringen. Dryope sagte »Ah!«, als sie es vernahm. Theano, mit den Gedanken bei Gastbetten und dergleichen Notwendigkeiten, sah sie fragend an. »Warum ›Ah!‹?«, erkundigte sie sich.

»Das kannst du dir denken. Sie erwartet wieder ein Kind oder sie bildet sich das ein.«

Theano erschrak. »Wenn es so wäre, würde Nikostrate all die Unruhe ertragen?«

Die Thrakerin schien Nikostrates wegen keine Sorge zu haben, es war etwas anderes, das sie beunruhigte. Sie sah sich um, ob auch niemand in der Nähe wäre, aber sie waren allein. »Achte gut auf deinen Sohn, Trojanerin«, raunte sie.

»Was willst du damit sagen?«, fragte Theano erstaunt.

»Du weißt es. Es wäre nicht das erste Mal, dass eine eifersüchtige Frau etwas aus dem Weg räumt.«

»Nicht Eriopis!«

»Du hast einen Sohn, sie nicht. Oder es könnte sein, dass sie einen Hass auf dich wirft.«

»Nein, Dryope, das will ich nicht glauben«, rief Theano entrüstet.

»Gut, glaube es nicht. Aber ich werde meine Augen offen halten.«

Ob Theano es glauben wollte oder nicht, die Saat war gesät. Die Saat ging auf, sie trug Frucht. Kurz vor Eriopis' Ankunft suchte Theano ihre Ratgeberin auf und begann ohne Umschweife: »Dryope, ich habe nicht vergessen, was du mir gesagt hast.«

»Und was war es?«

»Eine Warnung. Ich werde auf meinen Sohn achten. Aber denkst du wirklich, jemand würde ihm etwas antun?«

Dryope zuckte die Schultern.

Theano fuhr fort: »Niemand wird es wagen, Mekisteus' Sohn zu beseitigen. Mich schon eher. Und darum bin ich gekommen, Dryope: Sollte mir etwas zustoßen, dann nimmst du Aktis und schickst ihn zu Themiste. Dort vermutet ihn keiner und sie wird ihn schützen.«

»Sehr klug«, lobte Dryope spöttisch, »und wie werde ich ihn schicken? Oder soll ich selbst ihn hinbringen – ich, so langsam wie eine Schildkröte?«

»Nicht du, nein. Der Lenker der kleinen Pferde.«

»Sehr klug«, sagte Dryope noch einmal und diesmal war kein Spott dabei. »Der Lenker der kleinen Pferde! Dass ich an den nicht gedacht habe. Aber du kennst ihn besser als ich.«

»Und Aktis kennt ihn am besten. – Sagen wir Dirke etwas?«

»Nein! Sie würde ihr Leben für ihn hingeben, aber ihr Mundwerk –«

Theano musste ihr zustimmen. Dryope pflückte ein paar Nadeln von dem Rosmarinstrauch neben ihrer Tür, zerrieb sie zwischen den Fingern und atmete den herben Duft ein. Wie nebenbei fragte sie: »Deine beiden Sänger, sollten die nicht bald kommen?«

»Einer von ihnen, der Ältere, bestimmt. Und er wird sich nur dir zu erkennen geben.«

»Etwas hast du gelernt«, nickte die Alte beifällig.

Ihre Schülerin lächelte, aber später, auf dem Heimweg, war sie tief in Gedanken. Ihre beiden Sänger; auch sie wartete darauf, dass wenigstens einer von ihnen sie aufsuchen und ihr Grüße von Themiste bringen möchte. Themiste – wann würde sie sie wiedersehen? Noch lange, lange nicht, wenn überhaupt. Und sie fehlte ihr so sehr. Die drei, Themiste, Antenor und Lykaon, waren ihre einzigen Angehörigen. Niemand sonst war ihr geblieben. Dass sie nicht frei hingehen konnte, um sie zu sehen, sie nicht offen hier begrüßen durfte, schmerzte sie tief.

An diesem Abend wurde es ihr schwer, gelassen zu bleiben, und noch an manchem späteren Abend, wenn wieder ein Tag vergangen war und nichts, das sie ersehnte, gebracht hatte.

Bis plötzlich der Lenker der kleinen Pferde vor ihr stand. Es war heißer Nachmittag, nichts rührte sich, nur die Zikaden schrillten. Sie war hinausgegangen, um nach den frisch gefärbten Tüchern zu sehen, die zum Trocknen über niedrige Büsche gebreitet waren. Hier stand er, eher einem Tier als einem Menschen ähnlich; er musste auf sie gewartet haben. So nahe beim Haus sah man ihn sonst nicht. Aber wenn auf diesen Büschen rote oder gelbe Tücher lagen, kam sie öfter, danach zu sehen. Das wusste er.

Noch immer konnte er nichts als seine ungefügen Laute hervorbringen, mit Zeichen jedoch konnte er sich verständlich machen. Ihr war bald klar, dass sie ihm folgen sollte, und eine frohe Hoffnung sprang in ihr auf. Sie trog nicht, es war Antenor, der sie etwas weiter weg erwartete, Antenor, größer und breiter geworden und auf seinen vielen Wegen von der Sonne dunkel gebrannt. Er grüßte sie freudig und sie ihn: »Endlich«, rief sie und dann, ratlos, »aber wo können wir miteinander reden?«

»Komm mit«, sagte er, »ich weiß hier schon recht gut Bescheid, dank dem da! Er weiß nicht nur Pferde zu lenken.« Der Waldmensch grinste und verschwand. »Er wird Wache halten, sei unbesorgt«, fügte Antenor hinzu.

Zwischen Büschen und Bäumen, meist wilden Oliven, schlängelten sich schmale Spuren, denen folgten sie, bis selbst sie sich verloren. Dann hieß es, sich durch Mastixgebüsch und Stecheichen winden, bis sie mitten im Dickicht eine Hütte sahen, notdürftig aus Ästen und Zweigen zusammengebastelt. »Hier sind wir sicher«, sagte Antenor, »ich bin schon seit zwei Tagen hier und sah noch keinen Menschen.«

Er wies auf eine Art Polster und brachte Krug und Becher zum Vorschein: »Nahebei ist eine Quelle. Trink und erfrische dich.«

Theano war atemlos, solche Wege war sie nicht gewöhnt. Dankbar nahm sie den Becher und trank. »So etwas habe ich noch nie getan, in einem Hüttchen aus Zweigen sitzen und –«

»So werden die unseren wohnen, die auf der anderen Seite des Skamander, aber nicht mehr lange«, bemerkte er. »Nur, bis es genug von ihnen gibt, und Bauholz genug und eine freie Fläche geschaffen, um mit dem Aufbau anzufangen.«

»Dem Aufbau Trojas.«

»Ja. Trinken wir darauf – dieses Quellwasser ist unser Wein!«

»Und es verwirrt uns nicht den Sinn. Aber sag mir: Zwei Tage bist du schon hier und ich sehe dich erst heute! Warum nicht früher?«

»Ah, ich war zuerst bei Dryope«, erklärte er. »Sie musste erst mal eueren Wilden abfangen, auch nicht gerade einfach. Der brachte mich in dieses Versteck. Ich darf mich nicht zeigen – wenn ich Aktis in den Weg liefe!«

»Wo unser Waldmensch ist, ist meistens auch Aktis. Aber meinst du, er würde dich erkennen?«

»Vielleicht, vielleicht auch nicht. Am besten ist es, er kriegt mich nicht zu sehen. Wie steht es mit ihm? Das wird das Erste sein, das Themiste von mir wissen will.«

»Sag ihr, dass er kein kleines Kind mehr ist und von Pferden nicht fern zu halten«, sagte sie heiter. »Eben ein echter Trojaner.«

»Weiß er von Troja?«

»Viel, aber noch ist es für ihn ein goldenes Märchen. Nur dieses eine will er hören, kein anderes; er hat nie genug davon.«

»Wie schön wäre es, wenn ich es für ihn singen könnte! Eines Tages ... Ist schon die Rede davon, dass er bald nach Pylos soll?«

»Noch nicht, ein Jahr oder zwei bleibt er mir noch. Schade, dass du ihn nicht sehen wirst – dass er dich nicht sehen darf!«

»Oh, ich werde ihn sehen, lass nur den Lenker gewähren. Nun aber, Theano, wie geht es dir?«

Sie erzählte ihm kurz von der Erkrankung ihrer Herrin und von ihrer Sorge um sie. Auch von Eriopis sprach sie, von Dryopes Warnung. Antenor runzelte die Stirn, er schien sie ernst zu nehmen. »Nun erzähl du mir von Themiste«, bat sie ihn, »und von Lykaon.«

Er gehorchte und alles, was er berichtete, war ihr wie frisches Wasser dem Durstigen. Auch dass sie ihn nun bald übers Meer schicken würde, zu jenen Überlebenden Trojas, erfuhr sie. »Um Kunde einzuholen?«, fragte sie eifrig.

»Ja, vor allem, um ihnen Kunde zu bringen – von uns, von anderen kleinen Gruppen, die sich hier zusammenfinden. Die dem gleichen Ziel zustreben, die helfen möchten.«

»Gehst du allein, Antenor?«

»Nein, es sind mehrere von uns, wir reisen zusammen.«

Von draußen kam ein heiseres Krächzen und Antenor stand auf. »Du musst fort«, sagte er, »es ist das Zeichen. Leb wohl, Theano.«

Sie legte die Hände auf seine Schultern. »Mein Bruder«, sagte sie, »mein lieber Bruder, kehre gesund zurück!«

»Ganz gewiss«, versprach er zuversichtlich. »Und ich grüße Themiste von dir –«

»Und Lykaon und Anippe –«

»Und alle Tauben!«

Nun lächelte sie unter Tränen und schlüpfte aus dem Versteck. Sie kämpfte noch mit dem ersten Stecheichenbusch, der sie festhalten wollte, da stand der Lenker bei ihr. Er brachte sie auf einem kürzeren Weg zurück ins Freie und ließ sie von hier an allein weitergehen.

Das war gut, denn bis sie ins Haus kam, musste sie sich sammeln. Sie brauchte Zeit. Wenn man sie vermisst hatte, was würde sie sagen? Und sicher sah sie aus wie ein zerrupftes Huhn.

Sie war noch dabei, Haar und Kleid glatt zu streichen, als Dryope ihr entgegenkam. »Das wird viel nützen«, sagte sie. »Tu es lieber bei mir. Der Weg ist frei. Und eine Ausrede habe ich auch für dich bereit.«

Theano kam gerade rechtzeitig zum Haus zurück, um Eriopis willkommen zu heißen. Es sah aus, als wollte sie lange bleiben, so viele Dienerinnen hatte sie mitgebracht, so viele Ballen und Bündel wurden abgeladen. Sie grüßte Theano, aber nicht wie eine Vertraute, sondern sie war ganz die junge Herrin.

Arne stand hinter ihr mit der kleinen Ino, die gewachsen war und sehr hübsch zu werden versprach. Aber sie war scheu und verbarg das Gesicht im Kleid der Wärterin. Eben erschien Nikostrate, sorglich gestützt von Pero; Aktis war nicht zu sehen und Theano war froh darüber. Sie wusste nicht recht, warum.

Mehrere Tage vergingen, bis die Gäste sich eingelebt hatten. Nach und nach legte Eriopis ihre anfängliche Zurückhaltung ab; sie ließ Dryope rufen und sprach lange mit ihr, allein in ihrem Gemach. Einmal erhob sich ihre Stimme wie im Zorn.

Gleich darauf kam Dryope zum Vorschein, ihre schwarzen Augen funkelten, ihre Lippen waren fest zusammengepresst. Theano lief ihr nach: »Was ist denn, Dryope?«

»Mir drohen!«, brach es aus der Alten hervor. »Mir droht man nicht. Lass mich jetzt, sie wird dir wohl alles erzählen. Sieh dich vor! Sie hat sich verändert, und nicht zum Besseren.«

Theano blieb zurück, schickte ihr aber durch Timalkos einen Krug Wein, den »Schwarzen«, den Dryope gern trank. Sie hoffte, er würde sie sanfter stimmen. Sie stieg zum Frauengemach empor, langsam, tief in Gedanken. Eines von Eriopis' Mädchen kam ihr entgegen und richtete aus, die Herrin wolle sie sehen.

Sofort ging sie zu ihr. Sie fand Eriopis in tiefer Erregung, im Raum auf und ab laufend, sie weinte vor Zorn. Als Theano eintrat, fuhr sie herum, mit geballten Fäusten. »Sie will mir nicht sagen, dass es ein Sohn wird«, rief sie, »die alte Kröte!«

»Herrin, es ist wahr – du hast wieder Hoffnung?« Theano nahm sie sanft beim Arm, um sie zu einem weichen Sitz zu führen. »Komm, versuch doch ruhiger zu werden. Du musst etwas trinken, etwas Kühles, Frisches, das wird dir gut tun.«

Arne war im Frauengemach, die schickte sie, ein Getränk zu mischen. Sie wies sie an, dunkle Trauben zu pressen und den Saft mit kühlem Quellwasser und etwas Honig zu mischen. Arne ging. Nikostrate, die mit ihrer kleinen Enkelin spielte, warf Theano einen sprechenden Blick zu, schwieg aber still.

Theano ging wieder zu Eriopis. »Arne besorgt es«, erklärte sie. »Bis sie kommt, erzähl mir doch, Herrin, was dich so erzürnt hat.«

»Dryope will nicht sagen, dass es ein Sohn wird, diesmal«, schluchzte die junge Frau.

»Sie kann es nicht sagen, liebe Herrin«, versuchte Theano ihr zuzureden, aber: »Sie kann es, sie kann es«, stürmte die junge Frau aufs Neue los. Zum Glück kam Arne bald mit dem Mischgefäß und einer Trinkschale herein. Sie rückte einen kleinen Tisch heran und schenkte der Herrin ein. Sie wartete auf einen weiteren Befehl, der aber nicht kam, und verließ den Raum.

»Weißt du noch, Herrin – das köstliche kalte Wasser bei Demeters Schrein?«, bemerkte Theano, während sie ihr die Schale reichte. »Und was jene Priesterin dir riet, weißt du es noch?«

»Ich weiß«, rief Eriopis, »ich habe alles befolgt. Darum muss es ein Sohn werden, dieses Kind, das ich trage. Aber Dryope will es nicht zugeben!«

Mit Vernunft kam man hier nicht weiter, Theano sah es ein. Sie versuchte es mit Strenge. »Du hast es nicht vergessen und doch versuchst du gerade das, was du nicht tun solltest – es zu erzwingen.«

Es wirkte. Schuldbewusst senkte Eriopis den Blick. »Ich kann nicht anders«, jammerte sie.

»Trink dies«, ermunterte Theano sie. »So ist es recht. Noch einen Schluck! Die Schale muss leer werden. – Wie schön deine kleine Ino geworden ist! Denke doch, wie schön dein Sohn sein wird. Nicht mehr lange, und du hast ihn in deinen Armen …«

Erleichtert sah sie, dass sie den rechten Weg gefunden hatte, und fuhr fort: »Nun bist du hier, nun quäle dich nicht mehr. Du hast weiter nichts zu tun, als dich auf dein Kind zu freuen, und wir alle hier im Haus, wir freuen uns mit dir.«

»Dryope nicht.«

»Die versöhne ich schon«, versprach Theano. Heimlich dachte sie, dass es nicht leicht sein würde. »Vor allem sei du ruhig. Doch, du musst es sein! Du darfst dir doch nicht schaden.«

Eriopis versprach es und Theano atmete auf.

Wirklich wurde es von da an etwas besser bei ihr, aber man konnte nie wissen, wie lange die Besserung vorhalten würde. »Wie ein Blatt im Wind«, sagte Nikostrate, »er braucht sich nur zu drehen und sie dreht sich mit.«

Der Wind und Eriopis drehten sich oft in diesem Sommer.

Achtzehntes Kapitel

Noch zwei Jahre gingen vorüber, ehe Eriopis einem Sohn das Leben gab. Dryope hatte Recht behalten: Jenes andere Mal hatte sie sich nur eingebildet, dass sie ein Kind trüge.

Diese zwei Jahre nützte Theano nach Kräften, und noch ein drittes. Erst dann erhielt sie Mekisteus' Befehl, Aktis zu ihm zu schicken.

Sie war bereit. Sie hatte dafür gesorgt, dass Troja – ihr Bild von Troja, wie sie als Kind es gesehen, als Mädchen und junge Frau es geliebt hatte – sein Eigen geworden war. Sie war sich dessen vollkommen sicher und sie wusste, dass er verstanden hatte, was sie ihm anvertraute. Schon als Fünfjähriger verstand er es und jetzt war er sieben.

Es waren schöne, erfüllte Jahre gewesen, besonders dieses

letzte, das ihr wie ein unverhofftes Geschenk zugefallen war. Wie und warum wusste sie nicht, dachte aber, dass Eriopis' Sohn ihr Glück gebracht habe. Im Stadthaus des Mekisteus würde sich nun alles um ihn drehen und selbst Mekisteus musste nun endlich zufrieden sein. Den Sohn der Sklavin brauchte er wohl gar nicht mehr. Oder ihm lag nichts mehr an ihm.

Nikostrate dachte anders. Sie sah den Enkel an, als müsse sie ihn für immer hergeben, und damit hatte sie nicht Unrecht. »So, wie er jetzt ist, Theano«, bemerkte sie einmal, »werden wir ihn nicht wiedersehen, nie wieder. In Pylos – ein so ganz anderes Leben! – kann er nicht unser Aktis bleiben; zu viel wird auf ihn einstürmen.«

Theano gab es zu. Aber so war es nun einmal, wenn aus Aktis etwas werden sollte, musste er in feste Zucht. Wen hatte er hier, der ihn erziehen könnte? Sie unterdrückte ein Lächeln, aber so war es doch: nur den Lenker der kleinen Pferde! Seit sie von Demeters Schrein zurückgekommen war, war Aktis ihm nachgelaufen wie ein treuer Hund. Er war noch nicht vier Jahre alt, als der seltsame Bergmensch ihn auf eines seiner Tiere hob und ihm zeigte, wie er sich mit Fingern und Zehen anzuklammern hätte; so ritt man, wo er zu Hause war, und so sollte Aktis reiten.

Dabei blieb es nicht. Die Stute warf ein Füllen, wollig wie Moos, und nun war es fast nicht mehr möglich, Aktis ins Haus zu bekommen. Es behagte ihm im Stroh bei den Tieren viel besser als daheim im Frauengemach; sogar Dirke klagte, er sei nicht zu bändigen. Eines Abends, als sie mit Theano im alten Gang allein war, erklärte sie, Aktis brauche keine Kinderfrau mehr. »Gib mir etwas anderes zu tun«, bat sie, »oder –« Sie zögerte und verstummte.

»Oder was, Dirke?«

Die fröhliche Dirke sah nun gar nicht mehr fröhlich aus; eher ängstlich. Sie nahm all ihren Mut zusammen und gestand, dass ein Arbeiter in den Weingärten, Kepheus, sie lieb gewonnen habe und sie sich zur Frau wünsche. »Ich wäre aber immer noch für dich da, Theano«, beteuerte sie.

»Also du magst ihn auch«, lachte Theano. »Gut, ich werde mit der Herrin sprechen. Das wolltest du doch?«

Dirke wollte das nur zu gern, fiel ihr um den Hals und stammelte Unverständliches. Dann lief sie davon, sicher, um ihrem Kepheus die freudige Nachricht zu bringen.

So kam es, dass Theano selbst zu den Pferdeweiden hinausging, um ihren Sohn zu finden. Sie sah ihn aber nicht, nur eine Anzahl von Männern, die alle gespannt in dieselbe Richtung blickten. Ein Ruf wurde laut: »Da kommen sie!«

Sie erstarrte, als sie sah, wer da kam. Der Lenker zuerst, wie aus einem Guss mit seinem Reittier, und nicht weit hinter ihm ihr Sohn, fast auf dem Hals der Stute liegend. Sie sah nur Aktis, nicht, wie der seltsame kleine Mann zu Boden glitt – sein Pferd stand noch nicht –, nur, wie ihr Sohn sich aufsetzte, atemlos, mit blitzenden Augen und zerzausten Haaren, lachend, triumphierend: »Mutter, beinah hätte ich gewonnen!«

Theano schluckte ein paar Mal, traute sich aber nicht, etwas zu sagen, denn plötzlich spürte sie den Blick des Lenkers. Wie ein Blitz schoss dieser Blick unter den buschigen Brauen hervor und traf sie. Sie brachte ein Lächeln fertig und sagte laut: »Wirklich, Aktis – viel fehlte nicht!«

Er sprang ab, die kleine Stute trabte ihrem Lenker und dem Hengst nach, als ob das alles sie nichts anginge; die Männer aber drängten sich um Theano und den Jungen mit Gelächter und Glückwünschen. Ein wenig zitterte sie nun doch. »Es hätte auch anders ausgehen können«, sagte sie leise.

Die Männer lachten. »Nicht, wenn er mit dem reitet! Wenn es überhaupt Zentauren gibt, dann ist der einer.«

Danach überließ sie Aktis seinem struppigen Lehrmeister mit vollem Vertrauen. Besser als bei ihm konnte er nicht aufgehoben sein. Außerdem, alles, was er von ihm lernte, würde er brauchen können, eines Tages. Eines fernen Tages…

Sollte sie lachen oder weinen? Sie hatte eine Kinderfrau hergegeben und statt ihrer einen Zentauren als Hüter ihres Kindes gewonnen, sicher ein ungewöhnlicher Tausch. Aber Aktis hatte nichts daran auszusetzen.

Nikostrate sah verwundert aus, als Theano ihr dies sagte. »Dieser Halbwilde – du meinst, von dem kann Aktis etwas lernen?«

»Viel«, behauptete Theano.

»Nichts, das ihm an Nestors Hof nützen könnte«, beharrte die erfahrene alte Frau.

»Nein? Wenn Mekisteus einen Wagenlenker aus ihm machen will? Es war die Rede davon.«

»Ich glaube, davon ist jetzt nicht mehr die Rede«, verriet Nikostrate. Wie schon so oft in letzter Zeit murmelte sie: »Wie wird er uns fehlen.«

Auch Theano seufzte, sprach aber schnell von etwas anderem: von dem Halbwilden, wie Nikostrate ihn nannte, und nicht nur sie. Noch immer wusste niemand seinen Namen, darum hatten solche, die mit ihm umgingen, viele Namen für ihn, Wald- oder Berg- oder sogar Halbmensch; Raubein oder auch »der Haarige« oder einfach »der Wilde«. Da er keines von diesen Worten verstand, mochten sie ihn rufen, wie sie wollten, er achtete scharf auf einen Blick, auf einen Wink, auf ein Schnalzen – oder auch nicht.

Wozu er da war, wusste so recht eigentlich niemand. Er und

seine so genannten Pferde, wozu waren sie zu gebrauchen? Es hieß, ein früherer Waffenbruder des Fürsten, halb Gebieter über ein Gebirgsvolk, halb Räuber, hätte sie ihm als Geschenk übersandt, als er von Nestors glücklicher Heimkehr von Troja erfuhr. Einen anderen Wert hatte das sonderbare Kleeblatt nicht. Nestor wusste nichts damit anzufangen, er übergab sie Mekisteus, als dieser in Erytheia mit der Pferdezucht begann. Hier waren sie geblieben.

»Und nun sind es vier«, schloss Nikostrate, sehr erheitert.

»Fünf«, berichtete Theano. »Aktis ist der fünfte. Er betrachtet das Füllen als seinen Bruder.«

Nikostrate nahm das ernst und meinte, es sei hohe Zeit, dass Aktis nach Pylos käme, und sie seufzte nicht mehr.

Dann ging Aktis in sein siebentes Jahr und lernte, auf größeren Pferden zu reiten als auf kleinen Zotteltieren. In diesem Jahr starb Psamma, von niemandem betrauert als von Nikostrate, und auch von dieser nicht lange. Die fröhliche Dirke und ihr Kepheus waren Eltern geworden; kaum stand ihr Erstgeborener auf den Füßen, da kündigte sich schon ein zweites Kind an.

Dryope meinte, an Beschäftigung fehle es ihr nie, aber langsam würde es ihr zu viel. Die Antwort darauf war jedes Mal: »Nicht, bis du hundert wirst!« Aber Theano fügte hinzu: »Was täten wir ohne dich, Dryope?« Dennoch fing sie an sich nach einer geeigneten Helferin für sie umzusehen, aber Dryope war schwer zufrieden zu stellen und half weiterhin kleinen Menschen ins Dasein, murrte und grollte und tat es doch.

Mehrmals waren Themistes Boten in Erytheia erschienen, letzthin Lykaon mit der Nachricht, dass Antenor und seine Gefährten glücklich am Skamander angelangt seien. Sie hatten dort einige Siedlungen versprengter Trojaner gefunden; diese zu vereinigen sei nicht schwer gewesen und man sei schon daran, die Ruinen der Stadt abzutragen. Es gehörten wahrhaft Gottbegeisterte dazu, eine solche Aufgabe auch nur anzugreifen. »Nächstes Mal bin ich es, der auszieht«, fügte der Junge mit leuchtenden Augen hinzu, »mit fünfzehn anderen!«

»Wo findet ihr sie nur alle?«, staunte Theano.

»Oh, wir wissen viele Wege«, gab er fröhlich zurück. Lykaon war leichtherziger als Antenor und längst kein so guter Sänger wie er, aber niemand war so behände, so findig wie Lykaon. »Als Bote werde ich bei den Sklaven beköstigt und bei denen erfährt man viel.«

»Was für Botschaften bringst du, und wem?«, forschte sie.

»Das überlass Themiste und mir«, wehrte er ab und sie gab sich zufrieden. Sie erzählte ihm, dass Aktis nun wohl bald nach Pylos müsste, und er versicherte ihr, dass Antenor dort nach ihm sehen würde. »Er wird bald wieder im Lande sein«, sagte er. »Denke nicht, dass Themiste dein Kind aus den Augen lässt! Ein Sänger ist in Fürstenhallen immer willkommen.«

»Aber kommt auch zu mir«, bat Theano, »lasst mich hier nicht allein!«

»Nie«, versprach er. »Theano, Themiste lässt fragen, ob du nicht einmal wieder zu ihr kommen würdest? Es sind fast vier Jahre –«

»Ich kann nicht fort. Meine Herrin ist alt und gebrechlich, sie braucht mich hier. Und ich bin ja nicht frei zu gehen und zu kommen, wie ich will.«

»Wäre die junge Herrin nicht dazu zu bewegen? Damals kamst du mit ihr.«

»Sie hat jetzt, was sie sich wünschte, sie geht nicht mehr auf Pilgerfahrten.«

Lykaon zog die Brauen hoch. »Auch nicht, um der Göttin

Dank zu sagen für ihre große Gnade? Man sollte es der jungen Herrin nahe legen, meint Themiste.«

»Wenn man ihr nahe genug wäre!« Damit behielt Theano das letzte Wort, aber sie sprach es mit erzwungener Leichtigkeit. Wie sollte sie nach Pylos und zu Eriopis kommen, ihr diesen Rat zu geben?

Vorerst nun ragte eine düsterte Klippe vor ihr, der sie näher und näher kam, ob sie wollte oder nicht: die Trennung von ihrem Sohn. Denn so gelassen sie sich auch gab, sie fühlte es mehr und mehr, tief innen hatte sie sich nicht damit abgefunden.

Sieben Jahre lang war er ganz ihr Eigen gewesen, ihre Freude, ihr Glück. Ihr einziges Glück. Auch in diesem letzten Jahr, da Aktis öfter auf den Höfen und in den Pferdekoppeln als in ihrer Nähe zu finden war – immer kehrte er zu ihr zurück. Alles, was er erlebte, brachte er ihr. Einmal in Pylos, umgeben von so vielem, das neu und wunderbar war, mit wem würde er es teilen?

Wer immer es sein mochte – schon jetzt spürte sie Eifersucht. Das erste Mal in ihrem Leben Eifersucht!

Mekisteus würde es nicht sein, das war gewiss. Er war kein Mensch, dem Kinder sich näherten. Auf Eriopis war kein Verlass. Überdies, würde Aktis in ihrem Haus wohnen?

Sie fragte Nikostrate, die es als selbstverständlich ansah. Sie fragte Timalkos, der wusste Genaueres und sagte: »Nein.«

»Bei den Sklavenkindern also?«, fragte sie weiter.

»Das würde Mekisteus nicht wünschen. Es gibt Söhne von freien Bürgern oder Landleuten an Nestors Hof, tüchtige Jungen, die sich fürs Waffenhandwerk eignen: der Nachwuchs, weißt du. Den braucht jeder Herrscher. Aktis wird einer von denen sein.«

»Woher weißt du das alles, Timalkos?«

»Dergleichen wissen wir alle.«

»Und du hast mir nie etwas davon gesagt!«

»Du hast mich nie gefragt, Theano.«

Er hatte Recht. Sie hatte sich immer davor gescheut. Jetzt fragte sie ihn, mit Tränen in den Augen, wann ihr Sohn fortmüsste, wer ihn holen würde.

Timalkos gab nicht gern Antwort: »Wenn der Mond voll ist. Und er wird nicht abgeholt: Ich bringe ihn hin.«

Sie griff nach seiner Hand. »Wie bin ich froh, Timalkos, dass du es tust. Mit dir, da geht es uns leichter, ihm und mir.«

»Meinst du, dass es mir leicht wird? Und der alten Herrin erst! Aber hör zu, Theano. Bevor er fortgeht, lehre ihn Verschwiegenheit.«

Sie verstand nicht. »Verschwiegenheit? Was hat er zu verschweigen? Wessen Sohn er ist, wissen alle hier, und sicher auch alle in Eriopis' Haushalt.«

Das meinte Timalkos nicht, sondern die Fähigkeit, manches verschlossen zu halten, gewisse Dinge nicht preiszugeben. »Du hast diese Fähigkeit, Theano, aber Aktis? Offen wie der Tag. Dort am Hof wird er mit allerlei Sorten von Menschen zu tun haben. Willst du, dass ich ihm etwas beibringe, unterwegs? Damit er nicht zu vertrauensvoll ist?«

»Das wäre gut«, sagte sie erleichtert und dankte ihm.

»Vollmond ist in einer Woche«, erinnerte er sie. »Ich habe mehrere Ladungen abzuliefern, Wein und Öl zuerst. Und ich muss Rechnung ablegen über das, was in unseren Kellern lagert, ich muss mehrmals hin. Also kann ich dir berichten, wie unser Kind sich einlebt.«

Sie fragte noch, was sie Aktis mitzugeben hätte, aber die Antwort war: »Gar nichts. Nur, was er anhat, für alles andere ist gesorgt.«

Theano ging fort, sehr still. Nicht einmal das blieb ihr noch – nicht einmal die Sorge für seine Kleidung, für dies und das, was er vielleicht brauchen würde …

Und doch hatte sie ihm etwas mitzugeben. Nichts Greifbares, aber wertvoll: ihre Tapferkeit, ihr Lächeln beim Abschied mit Lippen, die nicht bebten; Zuversicht, den hellen Blick in das Morgen. Das sollte er mitnehmen.

Er war ja noch so jung. Er konnte nicht ahnen, was ihn erwartete. Noch nicht, aber es konnte ein Tag kommen, da ihre Gaben ihn stärken würden.

Neunzehntes Kapitel

Dann war es nicht sie, die Aktis, sondern Aktis, der ihr Zuversicht gab. Am Abend vor seiner Abreise kam er zu ihr und bat: »Mutter, komm mit zum alten Gang.« Er hielt etwas in der Falte seiner Chlamys und sie musste sich auf das Lager setzen, damit er es ihr auf den Schoß legen konnte. Es waren solche Schätze, wie ein Kind sie sammelt und geheim hält; ein paar schöne Kiesel, ein Ammonshorn, ein Pferdchen aus Ton, das der Töpfer ihm geknetet hatte, eine glänzende Rabenfeder. Zuletzt gab es noch ein sonderbares Geflecht aus feinen Strähnen, mit schwierigen Knoten hier und da. Dieses legte Aktis nur zögernd zu dem andern.

»Was ist es?«, fragte seine Mutter.

»Der Lenker hat es für mich gemacht. Er hat immerzu dabei gemurmelt. Ich glaube, ich soll es bei mir behalten.«

»Ah, ein Amulett«, stellte sie fest.

»Was ist das?«

»Ein Ding, das dich schützen soll. Das dir Glück bringt.«

»Dann nehme ich es mit. – Mutter, wenn ich weg bin, kümmerst du dich um ihn und um das junge Fohlen? Das ist meins, hat er gesagt.«

»Kind, wie kann er es gesagt haben? Er spricht unsere Sprache nicht.«

»Wir haben unsere eigene Sprache, wir verstehen uns«, sagte Aktis. »Er und ich und die kleinen Pferde, wir verstehen uns gut.«

»Schön, ich verspreche es – aber wie kümmern?«

»Wenn du ihn siehst, ihn grüßen; wenn du Äpfel hast, ihm ein paar bringen. Er mag Äpfel ebenso gern wie die Pferde. Oder eine Honigwabe, aber die mag nur er.«

»Ich werde es tun.«

Er nickte. Aber da war noch etwas. »Nun?«, ermunterte sie ihn.

»Das ... mit Troja ... Mutter, das ist doch nur für uns zwei, für sonst niemand?«

»Nur für uns zwei.«

Er atmete auf. Er legte die Arme um ihren Hals und sagte dicht an ihrem Ohr: »Das ist unser Geheimnis, nicht?«

»Ja, ein großes Geheimnis, und das muss es bleiben.«

»Immer!«

»Bis du groß bist, Aktis.«

»Schlafen wir noch einmal hier draußen, wie früher?«

»Hier draußen«, sagte er, auch für ihn war es »hier draußen«! Es machte sie so glücklich, dass es nicht zu sagen war. Sie schickte ihn zu Pero um ein paar Decken und sie richtete ihm das Lager dicht neben dem ihren, das sie inzwischen auf den Boden gebreitet hatte. Erst als das getan war, legte sie seine kleinen Schätze in die Truhe. »Hier wirst du sie finden, sooft du heimkommst. Aber dies, des Lenkers Gabe, was wirst du damit tun?«

»Timalkos wird es wissen«, meinte er sorglos. Sie stimmte zu: Timalkos würde auch das wissen.

Am Morgen, als er Abschied nahm, war kein Beben in ihrer Stimme, nur in ihrem Blick eine verräterische Weichheit. Doch ihr Lächeln war nicht erzwungen. Nikostrate umarmte und küsste ihn; ihr kamen die Tränen.

»Großmutter, ich komme ja wieder«, tröstete er sie. »Dann bin ich ganz groß, weißt du das?«

Die beiden Frauen sahen sich an. Gerade das machte diesen Abschied so schwer. Wenn Aktis wiederkam, würde er ein anderer sein.

Timalkos kehrte von Pylos zurück, mit leeren Packsäcken, aber beladen mit allem, was Theano und Nikostrate hören wollten und mit Ungeduld erwarteten. Ja, Aktis war gleich nach der Ankunft in eine Schar von gleichaltrigen Jungen aufgenommen worden; nun, einige mochten etwas älter sein als er. Nein, er sei gar nicht schüchtern gewesen, obwohl ihm alles dort fremd war. Frei heraus hätte er jedem geantwortet, der ihn ansprach.

Auch das Haus, in dem die Jungen schliefen, hatte Timalkos gesehen, es schien darin an nichts zu fehlen. So war es an Nestors Hof, alles weise geplant, alles gut geordnet.

»Aber ein Zuhause ist es nicht«, sagte Nikostrate und wischte wieder ein paar Tränen weg.

Er war auch in Mekisteus' Haus gewesen, nicht nur in den Vorratshäusern. Davon hatte er mehr zu erzählen: Er hätte Eriopis gesehen, sie hätte ein paar Worte mit ihm gesprochen – wie es wäre in Erytheia, ob alle gesund wären, dergleichen. Aktis hatte sie nicht erwähnt, aber die Wärterin hätte ihren Sohn, den kleinen Antilochos, bringen müssen, damit er, Timalkos, der Herrin über ihn berichten könne.

»Und wie sah er aus?«, fragte Nikostrate begierig.

Timalkos war verlegen. »Ich sah ihn nur einen Augenblick. Mir schien, er sei der jungen Herrin ähnlich.«

»Er kann doch laufen?«

Das wusste Timalkos nicht, er hatte den Kleinen nur auf dem Arm der Wärterin gesehen. Aber Ino sei zu ihm gekommen und hätte sogar seinen Namen gewusst; allerdings mochte Arne ihn ihr zugeflüstert haben.

»Und mein Sohn?«

»Er war zufrieden mit dem, was wir brachten.«

Nikostrate meinte, etwas mehr hätte sie erwartet. »Er gab ihr keinerlei Mitteilung, keinen Auftrag, nichts?«

»Doch, Herrin, verzeih mir. Aber da du zuerst nach den Kindern fragtest – der Herr lässt dir sagen, dass er in Zukunft hin und wieder mit Gästen zu dir kommen würde; es wäre gut, wenn du die Gasträume bereithieltest.«

Nikostrate erkundigte sich, ob er bald wieder nach Pylos müsste. Ja, sehr bald, mit Korn und Wein, erwiderte Timalkos.

»Dann bestelle deinem Herrn, dass ich nicht nur die Gasträume, sondern das ganze Haus frisch herrichten lasse. Und dass ich dann, wenn alles fertig ist, nicht nur den einen oder anderen Gast, sondern auch Eriopis mit den Kindern erwarte.«

»Gewiss, Herrin«, sagte Timalkos und ging.

Theano war erstaunt über die Frische, mit der ihre Herrin sprach. Lange war sie matt und schwach gewesen und nun war auf einmal von einem solchen Unterfangen die Rede und dass es gut sein würde, hin und wieder neue Gesichter zu sehen: Das

Haus sei zu still geworden. »Diese Gäste«, bemerkte Nikostrate, »werden wegen der Pferde kommen. Nestors Pferde sind berühmt und von den besten haben wir einige hier. Beraten wir also, was zu tun ist, Theano, und lass die Handwerker kommen.«

Bevor die Handwerker kamen, kam Antibia, jammernd und scheltend über die Unruhe, die über sie alle hereinbrechen würde. Sie war alt und bequem geworden und nichts missfiel ihr so sehr wie ein Abweichen vom Altgewohnten. Pero dagegen stürzte sich mit Eifer in einen Strudel aus Geschäftigkeit, und eine willigere Hand, ein geübteres Auge hätte Nikostrate sich nicht wünschen können. »Das alles wollten wir schon vor Mekisteus' Hochzeit tun«, sagte sie, »aber Nestor betrog uns darum!«

Der Mond war beinahe wieder voll, bevor alles getan war: die Wände im Megaron frisch geweißt und mit schönen Streifen abgesetzt, mit mattblauen und sanft rostroten oben, unten aber mit breiteren weinroten Bändern. Sogar Theanos alter Gang war getüncht und der schäbige Vorhang durch einen neuen ersetzt worden, ihr eigenes Gewebe, tief dunkelblau.

Nikostrates Haus glänzte von oben bis unten vor Frische, sie durfte stolz darauf sein. Und Theano konnte nicht mehr daran zweifeln, dass sie merkbar aufgelebt war. Der Aufruhr hatte ihr gut getan.

Von Gästen aber oder von Eriopis' Kommen ließ sich nichts verlauten und Erytheia sank wieder in seine gewohnte Stille zurück.

Die Stille war es nicht, die Theano freudlos machte. Es war die Leere, eine Leere in ihr, die mit Regsamkeit nicht auszufüllen war. Ihr Verstand hielt ihr vor, dass es nur zu Aktis' Bestem wäre, wenn er am Fürstenhof heranwuchs; dass sie selbst es so gewollt hätte. Es nützte nichts. Das Kind, seine helle Fröhlichkeit, sein munteres Wesen – es fehlte ihr, dass es nicht zu sagen war. Jetzt erst wurde ihr bewusst, wie viel Kraft sie daraus gezogen hatte.

Sie ging zum alten Gang und öffnete die Truhe. Da lagen die kleinen einfachen Dinge, die er ihr anvertraut hatte, das Einzige, was ihr geblieben war, und greifbar. Das tönerne Pferdchen konnte sie streicheln und dabei fiel ihr der Lenker ein. Sie hatte versprochen sich nach ihm umzusehen, und was hatte sie getan? Nichts. Und bei ihm war doch etwas, das zu Aktis gehörte, etwas Lebendes, besser zu streicheln als kalter Ton, wärmer und weicher.

Sie lachte leise. Das Fohlen war ja auch ein Jahr älter geworden, ganz so weich und wollig würde es nicht mehr sein. Und streicheln? Es kannte sie nicht, es würde mit den kleinen Hufen ausschlagen, wenn sie es versuchte. Aber versuchen musste sie es, sie hatte es versprochen.

Sie füllte ein Tuch mit gedörrten Früchten, knüpfte seine vier Zipfel übereinander und ging zum Unterschlupf des zottigen Wilden. Der hielt sich stets fern von den übrigen Pferdehirten, es war nicht leicht, ihn zu finden, aber an diesem Abend saß er an einer Steinwand und sah seinen Pferden zu, die einander den Nacken kraulten. Das Fohlen lag dicht bei ihm, wie ein großer Hund. Der Lenker sah ihr ruhig entgegen, er stand nicht auf.

Theano hockte sich zu ihm und knüpfte ihr Bündel auf. Sie griff eine Hand voll brauner Feigen heraus und bot sie ihm an. Nun wurden auch die beiden Pferde neugierig und drängten sich herzu. Sie hätte ihnen gerne die Leckerbissen gereicht, aber der kleine Wilde verwehrte es ihr. Er zeigte auf die starken Zähne, die sie entblößten, um die Feigen zu erreichen; diese

Tiere hatten nie gelernt, behutsam und zierlich etwas von einem Handteller zu nehmen.

»Von Aktis«, sagte sie langsam, »Aktis schickt sie euch.«

Er brachte ein paar Laute hervor, die sie eher erriet als verstand. Es sollte wohl heißen: »Aktis weit.« Und dann, während er mit der flachen Hand auf den Boden schlug: »Aktis –?«

Traurig schüttelte Theano den Kopf, nein, sie konnte nicht sagen, dass Aktis bald heimkehren würde. Sie machte eine streichelnde Bewegung und wies auf das Fohlen, er sprang auf, zugleich mit dem jungen Tier, er hielt es fest und sicher und bedeutete ihr, nun dürfte sie ihm den Hals klopfen. Sie tat es, lächelte ihm zu und verließ den Winkel.

Morgen oder übermorgen, wenn jemand nach Pylos ging, konnte sie Aktis einen Gruß von diesen Freunden schicken.

Niemand hatte es versprochen, aber sie hatte erwartet, Aktis doch dann und wann zu sehen. Mekisteus kam jetzt öfter nach Erytheia, um nach seinen edlen Pferden zu sehen und sich mit dem Stallmeister zu beraten; fiel es ihm nie ein, den Sohn mitzunehmen? Nikostrate hatte es ihm einmal nahe gelegt, aber nur eine knappe Antwort erhalten. »Wenn er so weit ist, sich ein paar Stunden auf einem Pferderücken zu halten, vielleicht.« – Es war eine deutliche Abwehr. Mekisteus wusste so gut wie alle anderen, dass Aktis vom Schoß seiner Mutter gleich auf einen Pferderücken hinübergewechselt war.

Ach, was wusste sie von Mekisteus und was wusste Mekisteus von Aktis? Und was wusste er von ihr? Theano riss sich zusammen; besser so, besser so! Er war nichts als der Herr; mochte es so bleiben.

Immer schickte sie etwas für Aktis mit, wenn Timalkos nach Pylos musste, aber neuerdings brachte er auch etwas für sie.

Von Aktis: ein Tontäfelchen, in das er ein Zeichen geritzt hatte. Sie konnte nicht erraten, was es sein sollte, aber Timalkos wusste es. »Sieh«, erklärte er, »das ist eine Hand. Eine offene Hand, da sind die fünf Finger. Das soll bedeuten, dass du jede Woche einen Finger auskratzen kannst, und wenn alle fünf Finger abgezählt sind, kommt Aktis.«

»Ist es wahr oder ist es nur ein Spiel?«, fragte Theano. »Oder ist es nur sein Wunsch?«

»Es könnte wahr sein«, antwortete Timalkos. Es klang nicht ganz überzeugt.

»Und das hat er sich allein ausgedacht?«

»Ganz allein. Und weißt du, was ich denke? Da er es sich ausgedacht hat, bringt er es auch fertig, dass es wahr wird.«

Sie barg die kleine Tafel in der Truhe. Noch am gleichen Tag ging sie zum Töpfer und hieß ihn einen Becher machen, um den drei kleine schwarze Pferde liefen. Als sie ihm von der Tontafel erzählte, tat er es sofort und sehr gern. Bis Timalkos wieder nach Pylos ging, würde der Becher fertig sein: Er versprach es.

Timalkos hatte aber noch mehr von Pylos mitgebracht als eine Tontafel, nämlich den Bescheid, dass sein Herr in wenigen Tagen eintreffen würde, zusammen mit einem Gastfreund des Fürsten. Nein, verbesserte er sich, dessen Vater sei der Gastfreund gewesen, dieser Mann sei etwa so alt wie Mekisteus oder etwas jünger. Er hieß Evander und kam von Arkadien.

Weitere Gäste, bemerkte Timalkos, brauchten nicht eingeladen zu werden. Evander kam ausschließlich, Mekisteus' Pferde zu sehen. Trotzdem hatte Mekisteus seiner Mutter sagen lassen, sie solle ein Mahl richten lassen wie für ein Fest. Und er würde einen Sänger mitbringen.

Die Aufregung war groß. Endlich geschah doch einmal etwas. Man würde zeigen, was man konnte, und der Sänger würde nicht nur für die Herrschaft singen, sondern gewiss auch für den Haushalt, am zweiten Tag oder am dritten. So viel Zeit würde er ihnen schenken, genug für eine neue Mär oder einen alten Gesang, auf neue Art vorgetragen. Und was das Hausgesinde heute hörte, wurde morgen zu den anderen Sklaven getragen; es gab für sie alle kein schöneres Geschenk.

Zwanzigstes Kapitel

Einige Tage später trafen sie ein, Mekisteus und sein Gast, auf flinken Pferden, gegen Mittag. Etwas später kam der Sänger, mit einem Diener Evanders und einigen Packtieren.

Mekisteus erwies dem Fremden alle Ehre, führte ihn ins Megaron und reichte ihm selbst den Willkommenstrunk; gleich darauf erschien Nikostrate, gefolgt von zwei jungen Dienerinnen. Ihr Sohn beobachtete den höflichen Empfang mit Befriedigung. Der Gast mochte an Fürstenhöfe gewöhnt sein, aber auch Erytheia konnte sich sehen lassen und wusste, was sich schickte.

Während Evander sich nach dem langen Ritt erfrischte und sich umkleidete, sorgte Timalkos für einen leichten Imbiss und einer der Sklaven mischte den Wein. »Nicht zu stark«, warnte Mekisteus. Ein reger Nachmittag lag vor ihm und seinem Gast; er selbst trank stets nur mäßig, aber Evander hielt es vielleicht anders. Er kannte ihn erst seit wenigen Tagen, hatte nicht mit ihm zu Tisch gesessen und wusste ohnehin über ihn nur das, was Nestor ihm gesagt hatte.

Mekisteus war ein aufmerksamer Gastgeber. So wortkarg er bei Frauen war, mit Männer seinesgleichen wusste er umzugehen. Und Evander machte es ihm leicht: ein Mann von offenem, gefälligem Wesen und noch dazu einer, der sich auf Pferde verstand. Nestor hätte ihn nicht zu bitten brauchen dem Arkadier Gastfreundschaft zu gewähren.

Soviel ihm bekannt war, besaß Evander ausgedehnte Ländereien, und zwar nicht im wildesten, rauesten Arkadien, sondern zumeist am Fuß der hohen Berge. Er hatte vor, dasselbe wie Mekisteus zu tun, nämlich edle Pferde zu züchten, und wünschte seinen Rat zu erhalten. Vor allem hoffte er ein paar junge Stuten mit heimnehmen zu können; Nestor war ihm auch darin freundlich entgegengekommen.

Beide Männer hatten unter solchen Gesprächen ihren Imbiss beendet und traten ins Freie. Evander ließ den Blick schweifen – beim Zeus, dies war ein gesegnetes Land! Sie gingen durch Obstgärten und an den wohl betreuten Weinäckern entlang und so, auf einem kleinen Umweg, kamen sie zu Mekisteus' Pferden. Der Sänger saß derweil in einem ruhigen Winkel und holte ein Lied aus seinem reichhaltigen Gedächtnis herauf, denn er hatte erfahren, dass der Gast des Hauses ein großer Jäger sei. Für ihn war das eine Gabe der Götter, denn er wusste diesen herrlichen alten Gesang von Orion, dem größten aller Jäger, den Göttinnen geliebt hatten und der durch Artemis' Pfeile ein so tragisches Ende nahm. Es hieß, dass Orion der Vater des Arkas gewesen sei, Arkas aber war der Stammvater der Arkadier – das schönste Kompliment für Mekisteus' Gast. Aber er musste zusehen, dass er jede Zeile glatt und blank im Kopf hatte.

Sein eigenes Lied, das von den weißen Rossen des Königs von Troja, die göttlichen Ursprungs waren und über Meereswellen, über hohes Korn dahineilen konnten wie der Wind, *sein* Lied würde dem Gastgeber gefallen, dessen war er sicher. Vielleicht würde man ihn mit Gold belohnen und er durfte ein wenig ruhen von seinen langen Wegen.

Inzwischen waren Mekisteus und Evander mit den Pferden beschäftigt, die Adanos, der Stallmeister, ihnen vorführte. Nicht nur um Zuchtstuten ging es Evander, sondern auch um ein Gespann junger Pferde für seinen Rennwagen, und sie sollten sich in allem gleich sein. Zwei Schimmel wurden ihm gezeigt, aber obwohl er sie vollkommen fand, lehnte er sie ab. Es lag ihm an ganz jungen Tieren, da er seine Wagenpferde lieber selbst anlernte. »Die zwei da drüben«, sagte er und wies auf zwei Füllen, die neugierig bis an die Umfriedung der Weide herangekommen waren. Sie waren schwarz-braun und einander so ähnlich wie zwei Wassertropfen. »Ja«, erklärte er, »die zwei würden mir gefallen. Sind sie dir feil, Mekisteus? Ich gebe für sie, was du verlangst.«

Mekisteus hatte nicht im Sinn gehabt, so junge Tiere herzugeben, doch dachte er an die zwei Stuten, die Evander genommen hatte, ohne um den Preis zu feilschen. Er stimmte zu. Sie gingen, die Stammtiere der beiden Fohlen anzusehen, und Evander war zufrieden mit dem, was er sah und über sie hörte. »Nun noch der Preis«, sagte er lächelnd.

Wie es zuging, wusste Mekisteus selbst nicht, aber er schloss den Handel ab, ohne den Preis zu steigern. Sehr zufrieden mit dem Ergebnis bestiegen sie zwei von Mekisteus' Pferden und ritten über sein Land. Erst als die Sonne sank, kehrten sie heim.

Sie badeten und schmückten sich, denn ein Festmahl wartete auf sie. Antibia hatte sich selbst übertroffen und ihre Braten mit feinstem Können zubereitet; sogar Rebhühner brieten am Spieß. Drei waren es, für jeden eins, denn der Sänger speiste mit ihnen. Er war weit im Land herumgekomnıen und erzählte gut, aber er aß nur wenig, da er ja gleich nach dem Mahl singen wollte.

Es war vorüber, die Tafel wurde schnell abgeräumt, denn nun begann der beste Teil des Abends. Nikostrate kam aus dem Frauengemach, begleitet von Pero und Theano; sie nahm ihren Sitz seitlich von der Feuerstelle ein. Theano blieb hinter der Herrin stehen. Sie lehnte sich leicht an die hohe Rückwand des Stuhles. Alle drei waren festlich angetan, selbst Pero. Theano trug das dunkle Rot, das sie so gut kleidete. Evander blickte erstaunt zu ihr hin; wer war sie? Eine Verwandte des Hauses vielleicht – aber ihr Name war nicht genannt worden. Ihre Haltung war bescheiden und doch schien es ihr an Würde nicht zu fehlen.

Wieder und wieder musste er sie ansehen, sie stand jedoch im Schatten. Das Licht fiel auf die alte Frau, die Herrin des Hauses.

Die Trinkschalen wurden aufs Neue gefüllt, der Sänger stimmte seine Lyra. Er begann sein Lied. Er war kein gottbegeisterter Rhapsode, aber das Lied von Orion, dem großen Jäger, war von einem solchen gedichtet worden, das verlieh seinem Gesang einen gewissen Glanz. Das Saitenspiel war ihm angemessen und Mekisteus beschloss, ihn reichlich zu belohnen.

Sein Gast lächelte, sichtlich erfreut, das selten gewordene Lied zu hören. Er entsann sich, dass es oft in seines Vaters Halle erklungen war; es war überliefert, dass eine Linie seines Geschlechtes zu jenem Arkas zurückführte.

Mekisteus machte sich nichts aus Gesängen, die nicht von Helden und blutigen Schlachten handelten. Das zweite Lied, das von den zwei göttlichen Schimmelstuten und dem betrogenen Herakles, gefiel ihm weit besser. Auch war es kurz.

Der Sänger endete, und sie, die er mit seiner Kunst erfreut hatte, brachten ihm Geschenke. Die junge Frau, die hinter dem Stuhl der Herrin gestanden hatte, überreichte deren Gabe: zwei fein gearbeitete Spangen aus reinem Gold. Mekisteus, praktischer, gab ihm einen seiner besten Mäntel, noch nie getragen, und Evander hatte einen Halsschmuck für ihn bereit, Silber mit kunstvoller Emailverzierung, ein kostbares Stück. Der Sänger, überwältigt von solcher Freigiebigkeit, dankte bewegt. Danach zogen die Frauen sich zurück und auch der Sänger bat zur Ruhe gehen zu dürfen.

Es wurde mehr Wein gebracht, diesmal ein dunkler und schwerer Wein. Mekisteus trank ihn unvermischt, Evander nahm nur wenig davon und das wenige war halb Wasser. Er schützte Schläfrigkeit vor und Mekisteus, obschon enttäuscht, geleitete ihn zu seinem Schlafgemach. Ein junger Sklave war da, ihm zu leuchten und ihm die Sandalen zu lösen. Evander schickte ihn fort.

Mekisteus ging zurück ins Megaron und traf auf Theano, die beim Sitz der Herrin etwas zu suchen schien. Etwas blitzte in ihm auf – er konnte noch etwas tun, um seinem Gast, Nestors Gast, den Aufenthalt unter seinem Dach angenehm zu machen. Es sollte ihm an nichts fehlen. »Geh zu meinem Gast, Trojanerin«, rief er ihr zu, »und bleibe die Nacht über bei ihm.«

So hatte er sie noch nie erniedrigt. Ihr Blick sagte es ihm. Sie war totenbleich, sie stand starr wie ein Stein.

»Geh«, sagte er noch schärfer und sie ging.

Evander saß auf dem Rand seines Bettes und dachte über diesen Tag nach. Ein leises Geräusch ließ ihn aufblicken. Der Vorhang regte sich, eine Frauengestalt wurde sichtbar. Sie zog die schweren Falten hinter sich zusammen und blieb stehen.

Evander sprang auf, zu überrascht, um ein Wort herauszubringen.

Die Frau sagte tonlos: »Mein Herr schickt mich zu dir.«

Er nahm eine der Lampen und hob sie hoch. Ihr Licht fiel auf ein blasses Gesicht, auf ein rotes Gewand. »Ich sah dich in der Halle; wer bist du?«, fragte er.

»Die Sklavin des Mekisteus.«

»Eine Sklavin – du?«

»Ja. Aber wenn es besser klingt: die Gefangene seines Speers.«

»Und er schickt dich, mir die Einsamkeit zu vertreiben?«

Ohne zu antworten hob sie die Hand, ihr Gewand zu lösen. Er griff danach und hielt sie fest. »Nein, so nicht. Ich sah dich in der Halle und fand dich schön. Ich finde dich jetzt noch schöner, aber – nein, so nicht.«

Wortlos entzog sie ihm ihre Hand und wollte gehen. Er ließ es nicht zu. Er bat: »Bleib eine Weile bei mir. Ich verlange nichts weiter von dir.« Er führte sie zu einem Sitz, der unweit des Fensters stand, er selbst ließ sich wieder auf dem Bettrand nieder. »Nenne mir deinen Namen und deine Herkunft«, sagte er ruhig.

Alles hatte sie erwartet, alles, nur keine Güte. Sie verbarg ihr Gesicht in den Händen und fing an zu zittern; es schüttelte sie wie Frost. Evander trat zu ihr hin und zog sie vom Sitz auf. Den Arm um ihre Schultern gelegt, führte er sie zu dem Bett, setzte sich wieder und sie neben sich. Seinen Arm ließ er, wo er war, auf ihren Schultern. »Still«, sagte er tröstend, »du siehst doch, du brauchst dich nicht zu fürchten. Sieh mich nur an! Bin ich so schrecklich? So, nun ist dir besser, nun sag mir, wie du heißt.«

»Theano«, brachte sie mit Mühe heraus.

»Und woher stammst du, Theano?«

»Aus Troja.«

Die Gefangene des Speers – »Mekisteus' Konkubine?«

»Ich war es, bevor er eine Frau nahm.«

Evander nickte. So war es der Brauch. Kein guter Brauch, er selbst lehnte ihn ab. Er war kein Krieger und für den Krieg gegen Troja war er zu jung gewesen, als die Schiffe sich in Aulis versammelten. Sein Leben war freundlicher verlaufen, das war sein Glück. Andere hätten es nicht Glück genannt.

Behutsam nahm er ihre Hand. »Und seitdem, Theano?«

»Seitdem?«, wiederholte sie verwirrt. Sie war mit ihren Gedanken weit weg gewesen, tief in der Vergangenheit.

»Seit seiner Hochzeit«, erklärte er geduldig. »Wenn er hierher kommt, schläfst du mit ihm – oder mit einem Gast, den er bevorzugt?«

»Nein«, sagte sie entschieden, »nie. Dies ist das erste Mal, dass er –« Sie schüttelte seinen Arm ab, um sich ihm voll zuzuwenden. »Nie und nichts, seit ich das Kind geboren habe. Du musst es glauben, Evander. Es ist die Wahrheit.«

»Ich glaube dir ja. Das Kind, ist es ein Sohn? Werde ich ihn morgen sehen?«

»Er ist in Pylos. Dort soll er aufwachsen. Er ist acht Jahre alt.«

»So hast du niemanden mehr.«

»Niemanden.«

»Du irrst dich; von nun an hast du mich, Theano. Mekisteus wird nicht wissen, dass diese Nacht nicht so verläuft, wie er es meinte.« Er reichte ihr die Hand wie einem guten Freund: »Schlaf wohl, Theano«, er schlug den Vorhang zurück und ließ sie hinaustreten.

Sie war fort.

Evander warf sich auf das Bett. »Mekisteus«, sagte er halblaut, »und diese Frau. Die ihm einen Sohn geboren hat und er händigt sie aus wie – wie eine Sklavin.«

Aber das war sie und was Mekisteus tat, war Herrenrecht. Nur – ein Recht brauchte man nicht auszuüben! Und dann wunderte er sich, was für eine Frau die Gattin des Mekisteus sein musste, dass er diese hier so gering schätzte.

Er sprang auf, warf Gewand und Schuhe ab und legte sich wieder hin. Nie, hatte sie gesagt. Warum heute? Und warum schickte er sie mit?

Schade, dass es kein Traum war, dachte er. Wär's ein Traum gewesen, ich hätte sie nicht gehen lassen.

Oben im alten Gang, auf ihrem harten Bett, lag Theano; lange fand sie keinen Schlaf. Immer wieder hörte sie seine Worte: »Nein. So nicht.«

So nicht? Wie denn? Was kam auf sie zu?

Einundzwanzigstes Kapitel

Theano hatte die Gewohnheit, immer um Sonnenuntergang mit dem Krug zu einer Quelle zu gehen, die oberhalb des Hauses zwischen Felsen hervorsprang und in ein natürliches Becken fiel. Nirgends sonst gab es so gutes Wasser und doch kam selten jemand hierher. Erytheia hatte Brunnen genug, aus denen die Sklavinnen Wasser zogen, auch waren drunten die Pfade eben. Das machte ihre nie endende Arbeit leichter.

Dieser Gang den Hügel hinan war Theanos Erholung von den vielen Pflichten, die ihren Tag füllten, und das Wasser, das sie heimtrug, war Nikostrates liebster Trank. Nikostrate glaubte fest, der Quell danke seine kristallene Farbe den Nymphen, denen dieser Ort von alters her heilig war, und sie erlaubte keinerlei Entweihung. Das Landvolk scheute ihn. Vor Nymphen nahm man sich besser in Acht.

Nach und nach war Theano dazu gekommen, den lieblichen Flecken als ihr Eigen anzusehen, ebenso wie den alten Gang in Nikostrates Haus. Sie saß gern hier und hörte dem Wasser zu und im Frühling den Nachtigallen, die dann süß und laut und unermüdlich sangen. Es war so recht der Ort für Nachtigallen.

An diesem Abend blieb sie nicht allein. Sie hatte gerade ihren Krug niedergestellt, als sie Schritte vernahm. Gleich darauf trat Evander auf die Lichtung.

Den ganzen Tag war sie ängstlich darauf bedacht gewesen, ihm nicht zu begegnen. Zu viel war in ihr wach geworden und wollte sich nicht zum Schweigen bringen lassen. Und hier war er. Wie hatte er sie nur gefunden?

Es war nicht schwer gewesen und ein Zufall hatte ihm geholfen. Evander hatte eine kurze Abwesenheit seines Gastgebers damit verbracht, sich die nähere Umgebung des Hauses anzusehen; er sah Theano mit ihrem Krug aus dem hinteren Tor kommen und war ihr gefolgt. So einfach war es.

Ein paar Augenblicke lang hatte er sich an dem schönen Bild erfreut: die schlanke Gestalt, die sich über das Becken beugte, das lichte Grün ringsum – aber die Zeit drängte, er musste mit ihr reden, ihr eine Frage stellen, ihr ein Versprechen geben. »Sei gegrüßt, Theano«, rief er ihr zu und sie antwortete: »Sei auch du mir gegrüßt, Evander.«

Sie zeigte keine Verwirrung, keine Scheu. In diesem Augenblick wusste sie, es war ein starkes Band zwischen ihm und ihr.

Evander näherte sich ihr nicht, er durfte sie nicht berühren.

Nicht diese Frau, die einst mit Gewalt genommen worden war. Geradeheraus fragte er: »Sag mir, Theano – soll ich Mekisteus bitten dich mir zu überlassen?«

Zu seiner Überraschung stieg ein Lächeln in ihre Augen. »Gegen gutes Silber, Evander?«, fragte sie zurück.

»Ja, ohne das wird es nicht gehen. Ich will, dass du mir angehörst, und wenn ich dich kaufen muss. Soll ich, Theano?«

»Nein«, erwiderte sie, ohne zu zögern. »Mich würde er vielleicht hergeben, aber das Kind nicht. Und ich trenne mich nicht von meinem Kind.«

»Das habe ich vorausgesehen«, gab er zu. »Was wird nun aber aus uns beiden? Morgen früh verlasse ich Erytheia.«

Sehr sanft antwortete sie: »Morgen gehst du fort, aber du kommst wieder und findest mich hier.«

»Theano!«

»Ja«, sagte sie, trat auf ihn zu und war in seinen Armen.

Längst lief der Krug über, aber er war vergessen, wie alles ringsum. Wer konnte jetzt an einen Krug denken?

Theano konnte es. Sie machte sich los, sie ging hin und nahm ihn auf. Noch einmal wandte sie sich ihm zu und fragte: »Wenn Mekisteus mich am Abend wieder zu dir schickt, was dann, Evander?«

»Du kommst wie gestern und du gehst wie gestern.«

»Sei bedankt, Evander.«

Ihre Augen sagten viel mehr. Die Zeit wird mir lang werden, bis du wiederkommst, sagten sie.

Mekisteus war erstaunt, als er zurückkam und seinen Gast nicht bei den Pferden sah. Er ließ es Evander merken, als dieser wieder auftauchte.

Doch, er sei bei Pferden gewesen, widersprach Evander.

»Aber nicht bei deinen Schönheiten, Mekisteus. Warum hast du mir nicht gesagt, dass du kleine Bergpferde züchtest?«

»Hast du sie entdeckt?«, sagte Mekisteus mit einem halben Lachen. »Ich habe nicht gewusst, dass du auch auf solche Seltsamkeiten aus bist.«

»Nicht gerade darauf aus – ich sah sie vom Hügel kommen, da drüben, die drei und ihren Hirten. Beinah hätte ich gesagt, die vier. Seltsam sind sie, ja. Und lustig.«

»Lustig?« Mekisteus wusste nicht, was lustig an solchen Wesen war.

»Wir haben sie auch in Arkadien, im wildesten Arkadien. Aber an die kommt man nicht heran. Deine sind dagegen zahm zu nennen.«

»Nicht allen gegenüber zahm! Aber mein Sohn ritt die kleine Stute, der Wilde hat es ihm beigebracht.«

Während sie sprachen, hatten sie das Haus erreicht. »Deinen Sohn, wenn er mit diesen Tieren umgehen kann, möchte ich gern sehen«, bemerkte Evander.

»Das wirst du, morgen oder übermorgen, in Pylos. Ich bin froh, dass du keins von diesen struppigen Dingern kaufen willst! Sie gehören Nestor.«

»Sie gehören sich selbst, alle vier«, sagte Evander.

»Nein, Nestor«, beharrte Mekisteus.

Dieser Abend verlief nicht wie der erste. Wohl setzten sie sich wieder zu einem vorzüglichen Mahl hin, aber die festliche Stimmung fehlte. Der Sänger war am Nachmittag weitergezogen und Evander merkte, wie viel er zu dem fröhlichen Verlauf der Mahlzeit beigetragen hatte. Man hatte doch von anderem gesprochen als nur von Pferden. Jetzt war von nichts als von den beiden Schwarz-Braunen die Rede; es sah beinahe so aus, als ob es Mekisteus gereute, sie hergegeben zu haben. Mit großer Ausführlichkeit belehrte er Evander, wie er sie handhaben müsste, um zwei hervorragende Wagenpferde aus ihnen zu machen; mehrmals fielen Worte wie »strenge Zucht« und »kein Nachlassen«. Evander hörte höflich zu. Selbst als Mekisteus bedauerte, dass er sie nicht auf einem Schlachtfeld erproben könnte, stimmte er ihm bei. Seine Gedanken waren anderswo: auf einer grünen Lichtung, bei einer jungen Frau, die ihren Krug füllte. Wenn er sie mir heute wieder anbietet –!, dachte er und fühlte einen brennenden Zorn in sich aufsteigen.

Aber dazu kam es nicht; Mekisteus hatte nur mäßig getrunken. Das Mahl war beendet und wurde weggeräumt, frische Trinkschalen wurden gebracht und ein neuer Wein. Die Frauen erschienen nicht. Mekisteus erklärte, dass seine Mutter, alt und schwach geworden, abends nur selten nach unten käme. Er schlug vor, zeitig zur Ruhe zu gehen, da sie am Morgen früh aufbrechen müssten, vor dem ersten Licht. Und so gingen sie auseinander.

Timalkos war es, der Evander weckte und ihm den Frühtrunk reichte. »Das Brot ist frisch, Herr«, empfahl er die goldbraunen, mit Sesam bestreuten Ringe, »Theano ist sehr früh aufgestanden, um es zu backen.«

Evander blickte den Hausverwalter scharf an. Steckte eine Anzüglichkeit hinter den harmlosen Worten? Aber das ehrliche Gesicht des Mannes zeigte nur guten Willen und den Wunsch, es dem Gast des Hauses bis zuletzt an nichts fehlen zu lassen. Evander aß von Theanos Brot und lobte es. Wie beiläufig fragte er, ob diese Theano immer das Brot für das Frühmahl backte.

»Nein, Herr«, gab Timalkos zurück, »aber sie sorgt immer für das Frühstück, wenn unser Herr so zeitig aufbricht.«

Mekisteus trat in die Halle, grüßte ihn und griff nach Brot und Becher. Er sagte, Evanders Leute seien schon bei den Pferden und bereit, sie auf den Weg zu bringen. Er wandte sich an Timalkos: »Du wirst der Herrin sagen, wir hätten sie so früh nicht stören mögen.«

»Sage ihr meinen Gruß«, fügte Evander hinzu, »und meinen Dank für den festlichen Abend, den ich hier verbringen durfte. Selten war mir so wohl wie unter ihrem Dach.«

Mekisteus stand schon bei der Tür, er hatte es eilig fortzukommen. Die beiden Pferde, von den Sklaven gehalten, warteten an den Stufen. Evander hütete sich zurückzublicken; auch Theano würde vorsichtig sein, das wusste er.

Der Zug der Sklaven mit seinen vier neuen Pferden war schon unterwegs. Mekisteus und Evander saßen auf und lenkten die Hengste der Straße nach Pylos zu. Noch flammte der Morgenstern am Himmel.

Sie ritten schweigend, Mekisteus war nicht gesprächig. Evander konnte sich in seine Gedanken versenken. Wenn er Theano früher, viel früher begegnet wäre – oder einer, die ihr ähnlich war! Er dachte an seine Gattin daheim, so ganz das Gegenteil von der Trojanerin. Aridela war eine stolze Frau von herrischem Wesen; alles musste nach ihrem Willen gehen. Er ließ es zu, jedoch ohne sich zu beugen, früh schon war er eigene Wege gegangen. Sie hatte nie versucht ihn zu gewinnen, ihn zu halten. Er war etwas jünger als sie, sie hatte immer auf ihn herabgeblickt, ohne es zu verbergen. Ihre zwei Söhne waren ganz wie sie, er konnte sie nicht lieben.

Sie waren halbe Kinder gewesen, er und Aridela, als man sie zusammengab; niemand hatte gefragt, ob sie einander wollten oder nicht. Aridela mochte von einem Helden geträumt haben – ganz gewiss nicht von einem leichtherzigen Knaben wie ihm, der lieber in den Wäldern umherschweifte als darauf bedacht war, seinem Haus Glanz und Ruhm zu gewinnen. Mochten ihre

Söhne es tun – sicher gab es, wenn sie alt genug waren, irgendwo einen Krieg und sie konnten Befehlshaber werden. Sie dachten auch jetzt schon an nichts als an Krieg und Kriegsabenteuer.

Theano hatte einen Sohn, jünger als seine beiden. Morgen würde er ihn sehen. Wem mochte er gleichen, seiner Mutter oder Mekisteus? Er wünschte sehr, Theanos Sohn lieben zu können.

Evander hatte kaum bemerkt, dass es hell geworden war. Nun sah er sich um, er atmete tief. Ja, ein gesegnetes Land, das Reich Nestors, sehr verschieden von seiner Heimat. Die hatte nicht viel mehr zu bieten als Berge, wilde Wälder und karge Weiden für Ziegen und Schafe. Ah, aber solche Jagdgebiete, wie er besaß, konnte Messenien nicht vorweisen.

Die Luft hier, so weich, der weite Blick hinaus aufs Meer, den er von Nestors Palast aus bewundert hatte, an seinem ersten Morgen! Und doch, wer liebte sein Land nicht mehr als alle anderen Länder, und wären sie noch so reich und schön?

Wenn er sie mitnehmen könnte, sie und das Kind!

Zweiundzwanzigstes Kapitel

Am Quell der Nymphen saß Theano; sie war im ersten grauen Schein des Morgens hierher gegangen, nur halb wissend, warum. Es zog sie zu diesem Ort, sie brauchte seine Stille, das völlige Alleinsein. Im Haus würde sich in kurzer Zeit das laute, geschäftige Leben entfalten, das es den Tag über füllte. An dem sie teilnehmen musste.

Sie bedurfte der Klarheit. Was über sie hereingebrochen war, so unvermutet und nie erhofft, musste ermessen werden. Noch gehörte es ihr allein. Nur sie konnte es erklären.

Sie saß so still, dass kleine scheue Vögel bis an ihren Fuß kamen, um zu trinken, so reglos ruhte er auf dem Rand des Beckens. Sie bemerkte es nicht. Nicht an diesem Morgen.

Evander. Dass dies geschehen konnte! Der Mann, dem ein anderer sie zugeworfen hatte wie eine Frucht, die er selbst nicht wollte – dass dieser Mann sie in ihrer Erniedrigung gesehen und sie aufgehoben, mehr noch, ihr Achtung erwiesen hatte –, sie konnte es nicht fassen. Schon deshalb musste sie ihn lieben.

Theano hielt ein. Lieben? Einmal hatte sie geliebt, vor langer Zeit. Wie hatte sie Anthas geliebt, und er sie! Ein so junges, leuchtendes Glück. Es war ihnen zerstört worden und nicht nur das Glück: das Leben selbst.

Sie war wie nach einem Schiffbruch an Land getrieben worden, das Leben war ihr geblieben. Aber das Lieben war daraus verschwunden. Es sei vorbei auf immer, hatte sie geglaubt und dafür die Mutterliebe eingesetzt. Die hatte sie erfüllt, ganz und gar, oder so meinte sie doch. All diese Jahre hindurch hatte sie keine andere ersehnt. Wenn jemand ihr gesagt hätte: Du wirst wieder lieben, sie hätte es verneint.

Und nun erlebte sie, dass es in Wahrheit so war. Wenn es auch Evanders Güte war, die zuerst ihr Staunen und ihre Dankbarkeit geweckt hatte – jetzt blickte sie tiefer in sich hinein und erkannte, dass sie nicht nur eine Mutter, sondern auch eine Frau war.

Aber wie konnte es so kommen? Sie war nicht mehr jung, sie hatte nichts Anziehendes und Evander begehrte sie? Theano erhob sich und ging um das Quellbecken zu einem winzigen Teich zwischen Steinen, in dem das Wasser still lag, ein dunkler Spiegel. Er zeigte ihr ein blasses, geheimnisvolles Gesicht. Und das kann er lieben?, dachte sie staunend. Er muss doch noch etwas anderes in mir sehen. Eines Tages wird er mir sagen, was es ist. Vielleicht.

Sie hegte nicht den geringsten Zweifel, dass sie Evander wiedersehen würde, hier, bei dieser Quelle. Hier, wo sie erkannt hatten, dass er sie und sie ihn liebte.

Wie immer in der Abendstunde ging sie mit dem Krug zur Quelle, viermal, fünfmal, ohne Ungeduld. Noch konnte er nicht kommen, er war der Gast Nestors. Die Sitte verbot ihm, seinen Besuch plötzlich abzubrechen. Außerdem hatte er dafür zu sorgen, dass seine neuen Pferde heil und sicher in seine Heimat gelangten. Es war ein weiter Weg bis dahin; wenn er den Zug selbst leitete, konnte er noch wochenlang ausbleiben.

Ob er Aktis gesehen hatte? Wo, in Mekisteus' Haus? Das hieß, dass Evander auch dort gastlich empfangen wurde; man sparte keine Mühe, einen Gast zu ehren und zu bewirten. Aktis und Evander – wie gern wäre sie dabei gewesen, wenn die zwei einander zum ersten Mal begegneten. Sie mussten Gefallen aneinander haben, es konnte nicht anders sein.

Schon am fünften Abend wartete Evander auf der Lichtung auf sie. Er hatte seinen Rückweg so angeordnet, dass er einige Tage in ihrer Nähe bleiben würde.

»Aber wo?«, fragte Theano verwirrt. Es gab nur wenige Gehöfte in der näheren Umgebung und die gehörten zu Erytheia.

»Komm mit und sieh«, sagte er heiter. »Lass sie denken, die Nymphen hätten dich weggestohlen!« Er legte den Krug auf den Boden, so, als sei er umgestoßen worden, fasste ihre Hand und zog sie mit sich fort.

»Nur auf eine Stunde«, warnte sie.

Theano war stets nur bis zur Quelle gegangen, nicht weiter, Evander aber hatte sich in kurzer Zeit gründlich hier umgesehen. Er führte sie zu einem Hang, an dem es keine Ölbäume gab, sondern buschige Kiefern: Sein Pferd wartete hier und sein Lagerplatz war gerichtet.

»Hier – und jetzt?«, fragte er und sie antwortete: »Hier und jetzt.«

Unter Kiefern, unter freiem Himmel liebten sie sich und ihre Freude aneinander war groß. Nur erschrak Evander, als er ihre Augen sich mit Tränen füllen sah. »Nein«, rief er beschwörend, »keine Tränen!«

»Versteh es doch«, bat sie, »es war so lange, dass... so lange Jahre...«

»Wir werden sie auslöschen«, sagte Evander und zog sie aufs Neue an sich.

Drei Abendstunden, konnten sie fast neun einsame Jahre auslöschen? Sie konnten es, sie waren reich und überreich.

Dann kam die Letzte, die Stunde des Abschieds. Bevor Evander ging, sagte er ihr, wie sie miteinander in Verbindung bleiben würden. »Wir haben einen zuverlässigen Boten – den Lenker der kleinen Pferde«, erklärte er, »und dies ist das Zeichen, das ihn von dir zu mir bringt.« Er reichte ihr einen Pfeil.

»Aber es ist weit bis zu dir«, wandte sie ein, »und wie findet er den Weg? Wie kann er sich auf viele Tage entfernen?«

»Er kommt und geht, wie er will. Mekisteus' Hirten sind so daran gewöhnt, dass er plötzlich verschwindet, sie glauben, er kann sich unsichtbar machen.«

»Woher weißt du das?«

»Von Aktis. Den hat der kleine Wilde sich sehr geschickt herangezogen, wusstest du es nicht?«

Theano staunte. So hatte ihr Sohn mehr als ein Geheimnis? Eins mit ihr, eins mit Evander – oder sollte sie sagen, eins mit dem kleinen Wilden? Evander fuhr fort: »In einigen Tagen wird Aktis bei dir sein, ich habe es mir von Mekisteus erbeten. Nicht um deinetwillen – darum hätte er sich wenig gekümmert –, sondern im Namen seiner Mutter. Dass sie es so sehr wünsche den Enkel wiederzusehen, nicht wahr?«

»Aktis schickte mir schon einmal Bescheid, dass er kommen würde, durch Timalkos, aber es ist nichts daraus geworden«, sagte sie traurig. Und sie erzählte ihm von der Tontafel in ihrer Truhe.

»Diesmal wird etwas daraus«, versicherte er, »denn Nestor war zugegen, als ich es erwähnte. Nestor ist sehr für enge Familienbande, und nicht nur zwischen Vater und Sohn.«

Sie hatten viel über Aktis gesprochen, denn Evander war mehrmals mit ihm zusammengekommen, und nicht nur in Mekisteus' Haus. Er wiederholte ihr fast jedes Gespräch; er sah, wie sie danach hungerte, von ihrem Kind zu hören. »Es ist erstaunlich, wie klug er reden kann«, schloss er. »Ist er wirklich erst acht Jahre alt?«

»Etwas älter«, verbesserte sie.

Nachdenklich sah er sie an. »Man könnte ihn sogar für neun halten, was die Größe betrifft«, bemerkte er. Er überlegte einen Augenblick. »Theano, etwas fiel mir auf«, begann er von neuem. »Mekisteus hat es in diesem einen Jahr fertig gebracht, sich seinen Sohn zu entfremden. Du solltest das wissen. Er ist unglaublich streng mit dem Jungen, hart sogar. Und er kann doch auf ihn stolz sein.«

»Nicht ein Jahr hat er dazu gebraucht«, erwiderte sie, »es war immer so. Nicht streng und hart war Mekisteus, nur – fremd, lieblos. Ich merkte es frühzeitig, ich achtete stets darauf, dass ihm das Kind nicht in den Weg lief. – Er war ja nur selten in Erytheia«, setzte sie hinzu.

Ganz plötzlich entschloss sie sich, ihm noch mehr anzuvertrauen. »Evander«, sagte sie, die Hand auf seinem Arm, »es gibt noch andere Boten, durch die wir einander Nachricht geben können«, und sie erzählte ihm vom Heiligtum der Demeter in Triphylia, von Themiste, seiner Priesterin, von Antenor und Lykaon. Nur von Troja sprach sie nicht, noch von dem gemeinsamen Ziel; sie hatte Themiste geschworen, es nie zu tun. »Siehst du, das ist ein Stück Heimat für mich. Sollte hier etwas von Bedeutung vorfallen, dann schicke ich Nachricht«, schloss sie.

»Das ist gut«, stimmte er ihr bei, »tu beides, schick mir den Pfeil und gib deine Nachrichten den Freunden in Triphylia.« Er war froh, dass die Heimatlose irgendwo Freunde hatte. »Ich werde hinfinden und sie auch zu meinen Freunden machen. Obendrein wirst du durch Aktis von mir hören. Ich beneide Mekisteus um diesen Sohn«, gestand er.

Sie lächelte. »Er ist mein Sohn und von jetzt an, da du ihn liebst, auch der deine.«

Sie umarmten sich, es war weiter kein Wort nötig. Doch fand Evander ein Übriges und rief es ihr nach: »Bald!«

Der Mond war im letzten Viertel, als Aktis heimkam. Timalkos brachte ihn und zugleich den Bescheid, dass Mekisteus nach Orchomenos gereist sei. Aktis durfte bleiben, bis der Mond wieder im ersten Viertel stand.

Nikostrate war überglücklich. »Wie groß er geworden ist«, rief sie wieder und wieder, »Theano, sieh, wie er gewachsen ist! Und so kräftige Hände, fühl nur!«

»Das kommt von den Übungen«, erklärte Aktis stolz, »fühl

nur meinen Arm«, und er bog ihn, damit der Muskel hervorträte. Gehorsam legte Nikostrate ihren Finger auf die nur angedeutete Schwellung. »Nicht zu glauben«, murmelte sie.

Theano, am Webstuhl, hörte sie und lachte leise. Ab und zu warf sie einen Blick auf ihren Sohn. Für neun würde ich ihn nicht halten, dachte sie, und sie wünschte, wie schon mehrmals letzthin, dass sie sich nicht verraten hätte. Sie vertraute Evander und doch wäre es besser gewesen, wenn sie aus der Acht keine Neun gemacht hätte. Oder hatte er etwas aus ihr herausholen wollen? Möglich war es. Auch seine Worte über Mekisteus' Härte konnten Fühler gewesen sein.

Aber nein. Evander hatte offen gefragt, nicht heimlich nach der Wahrheit gefischt. Da – nun hatte sie im Muster einen Fehler gemacht; recht war ihr geschehen. Was hatte sie solchen Vermutungen nachzugehen, statt auf ihr Gewebe zu achten? Schon wollte sie mit dem Auftrennen anfangen, da stand Aktis neben ihr: »Mutter, kommst du mit zu den kleinen Pferden?«

Nikostrate stimmte ihm bei: »Ja, geht hinaus, ihr beiden! Zeig ihm alles, was neu ist, Theano.«

»Nein«, rief Aktis, »nein! Ich will alles sehen, was so ist wie früher!« Das meiste war noch so, es hatte sich wenig geändert in Erytheia. »Lass uns zuerst zu Dryope gehen«, schlug Theano ihm vor, »sie hat sich auf dich gefreut.« Es war ihm recht und sie gingen auf Dryopes Hütte zu.

Heute saß sie nicht auf ihrer Schwelle, sie war gerade heimgekommen und wechselte ihr Kleid. »Oh«, rief sie, »wer ist der Gast? Wartet, ich muss mir etwas Besseres anziehen!«

Aber da warf Aktis schon die Arme um sie und drückte sie wie ein junger Bär. Sie schalt und lachte und ließ es bei dem alten Kleid, sie holte Nüsse und eine Honigwabe. Und ihr Lächeln war so stolz, wie das der Herrin gewesen war.

Aktis klopfte Nüsse auf und schleckte den Honig aus der Wabe, Dryope wandte sich Theano zu. »Du hast dich rar gemacht in der letzten Zeit«, sagte sie.

»Nimm es nicht übel«, bat Theano, »es war –«

»Ich weiß: Es war so viel zu tun«, spottete die alte Frau. »Was immer es war, es ist dir gut bekommen, das sehe ich.«

»Was sonst siehst du, Dryope?«

»Viel mehr Leben«, war die Antwort. »Es steht dir gut.«

»Das ist, weil ich gekommen bin«, rief Aktis, »weil sie sich darüber freut.«

»Richtig, das ist es«, bestätigte Dryope. »Wir alle freuen uns, dass du endlich gekommen bist. Bleibst du lange bei uns?«

»Nicht sehr lange«, gab er zu, »aber von jetzt an komme ich öfter. Der Fürst hat es gesagt. Und jetzt müssen wir zu den kleinen Pferden.« Schon war er draußen.

Dryope sah ihre junge Freundin an. »Wir können stolz sein«, bemerkte sie.

»Wir sind es«, sagte Theano.

Dreiundzwanzigstes Kapitel

Wie ein verdunkelter Raum lag das vergangene Jahr, das Jahr ohne Aktis, hinter Theano.

Endlich war Evander erschienen, hatte die schweren Fensterläden aufgestoßen, Luft und Licht konnten hereinfluten, und Aktis über die Schwelle geschickt: Damit begann ein neues, ein frohes Jahr. Theano glaubte es und Nikostrate glaubte es auch. »Dein Sohn macht uns wieder jung«, sagte sie und rief ihn zu sich, ließ ihn zu ihren Füßen sitzen und von seinem Leben in Pylos erzählen.

Nur befremdete sie, dass er so wenig von Mekisteus' Haus, von Eriopis und den Kindern zu berichten wusste. »Ich bin fast nie da und die Kleinen kriege ich nicht zu sehen«, erklärte er. »Nur Arne sah ich, das letzte Mal. Sie sagt, Eriopis hat für nichts Zeit als für ihren Sohn; den Haushalt führen die Sklaven schlecht und recht. Mekisteus ist meistens im Palast, dort sehe ich ihn manchmal; öfter im Hof der Knaben.«

»Der ist nah beim Palast?«

»Er gehört dazu. Da sieht er mir beim Wettlauf, beim Springen, bei allem zu, was wir dort treiben, und sagt mir, was ich falsch mache.« Aktis hielt inne und schob eine trotzige Unterlippe vor. »Aber unser Lehrmeister sagt, ich mache nicht mehr falsch als die anderen Zehnjährigen.«

»Du übst mit den Zehnjährigen?«

»Jetzt, ja. Ich bin ebenso groß wie die und flink genug. Aber nicht so stark. Das kommt noch, Großmutter«, und er lachte zu ihr empor.

Sonderbar, mich nennt er Großmutter, wie es natürlich ist, seinen Vater stets Mekisteus. Aber denke ich nicht selbst immer Mekisteus, nie »mein Sohn«?

Sie forschte weiter: »Mögen sie dich gern, da im Hof der Knaben?«

Wenn sie glaubte, er würde sagen, alle hätten ihn gern, irrte sie sich. Aktis belehrte sie, dass es darauf nicht ankäme. »Gern haben oder nicht, wir raufen uns mit allen, Freund oder Feind.«

Dazu sagte Theano später: »Eins wundert mich. Hier ist er unter Frauen aufgewachsen, wenn wir Timalkos und den Lenker der kleinen Pferde nicht rechnen wollen. Er wurde in die Welt der Männer verpflanzt und er ist auch da völlig zu Hause.«

»Man erzählte etwas Ähnliches von Achilles«, entsann sich Nikostrate, »der unter Mädchen, sogar in Mädchengewändern aufwuchs. Aber sobald ihm blanke Waffen in die Hände kamen, war es aus mit Schmuck und bunten Bändern: Sofort war er ganz ein Krieger.«

Sie sah, wie Theanos Gesicht sich verschloss, wie immer, wenn von Helden Achäas die Rede war, besonders von diesem Helden. Sie ergriff die Hand der jungen Frau und sagte mitleidig: »Noch immer, Theano? Das alles liegt so weit zurück.«

»Vergib, Herrin – nie weit genug.«

Aktis war längst fortgelaufen, zu seinem Freund, dem Wilden, wahrscheinlich oder zu den Pferdekoppeln, um sich einen Ritt auf einem höheren Pferderücken zu erbetteln. Die beiden Frauen setzten ihr Gespräch fort, denn Nikostrate war beunruhigt, weil er so wenig von Eriopis zu sagen wusste. Sie hatte angenommen, dass er bei ihr ein zweites Zuhause finden würde. Es wäre gut für ihn gewesen, meinte sie – so immer nur in seinem Knabenhof und sonst nichts als Wettkämpfe…

»Es scheint ihm nicht schlecht zu bekommen«, sagte Theano. Sie schwieg einen Augenblick, dann fuhr sie fort: »Herrin, wenn ich etwas sagen dürfte, das mir längst im Sinn liegt?«

»Sprich nur«, sagte die alte Frau lächelnd.

»Seit Eriopis das letzte Mal hier war, bist du viel kräftiger geworden. Möchtest du nicht auf ein paar Wochen nach Pylos gehen, mit Pero und ein paar von unseren jungen Mädchen? Der Weg brauchte dir nicht zu schwer werden, auf einer Trage und mit häufigen Ruhepausen. Und wenn du in ihrem Haus wärest, müsste Eriopis doch –«

»Müsste sie die Hausherrin spielen, meinst du, Theano?«

»Ja; nur habe ich sagen wollen, dass sie sich aufraffen müsste. Sich Mühe geben, wenigstens vor dir.«

»Dass ich daran nicht selbst gedacht habe! Aber so ist es, alles überlasse ich dir.«

»So überlass mir auch dein Haus, mir und Antibia und Timalkos. Wir werden es gut verwalten.«

So schnell war es beschlossen – Nikostrate würde nach Pylos aufbrechen, sobald Aktis zurückmusste, zusammen mit ihm. Sofort wurde ein Bote hingeschickt, ihre baldige Ankunft anzumelden; dem Verwalter Aletes befohlen, einen Tragsessel zu beschaffen. Ihm war nicht wohl, als er den Auftrag erhielt, Timalkos aber, der weit in der Welt herumgekommen war, hatte irgendwo ein solches Gerät gesehen und er warf sich mit Eifer in die schwierige Aufgabe.

Pero und die jungen Sklavinnen gerieten in keine geringe Aufregung – nach Pylos, zum Hof des Fürsten, all seine Pracht zu sehen, all die hohen fürstlichen Gestalten!

»Wie, meint ihr zum Palast gebeten zu werden?«, fragte Dryope, die mit getrockneten Kräutern für Peros Salben und Öle hereingekommen war.

»Wir nicht«, riefen die jungen Mädchen, »aber unsere Herrin gewiss und sie wird nicht ohne Geleit zum Palast gehen!«

»Lass sie sich freuen, Dryope«, warf Theano dazwischen.

»Wärst du nicht auch gern mit dabei?«, fragte die Thrakerin.

»Ich? Nein, mein Platz ist hier«, wehrte Theano ab.

Es war nicht nur, dass ihr Platz hier war und dass sie ihn ausfüllen musste, so gut sie es verstand, es lag ihr im Augenblick nicht daran, anderswo als in Erytheia zu sein. Diese kleine Unruhe vor Nikostrates Aufbruch noch und sie konnte sich sammeln.

Es war ihr wichtig. Ihr war, als käme etwas Neues auf sie zu und sie hätte sich darauf vorzubereiten. Auch andere Erwägungen hielten sie hier fest: Themistes Bote musste bald eintreffen;

vielleicht war Antenor aus der Troas zurück und kam selbst! Ihn durfte sie auf keinen Fall verpassen – was würde er zu berichten haben? Sie war so oft mit ihren Gedanken drüben, ihr schien, als könnte sie jeden Stein zählen, den sie dort abtrugen, jeden, den sie zu anderen Steinen fügten, damit eine Mauer erstehe. Hier in Erytheia konnte sie unbemerkt mit ihm zusammen sein, in Pylos aber, in Eriopis' Haus, war es unmöglich. Und sie sehnte sich so, von Themiste zu hören und ihr von Aktis zu erzählen, durch den Mund des Boten.

Vor allem aber – und sie war ehrlich mit sich selbst – konnte ein Gruß von Evander eintreffen. Er vermutete sie hier; wohin sonst würde er ihn schicken?

Einstweilen ermutigte sie Aktis, oft mit dem Lenker der kleinen Pferde zusammen zu sein.

»Aktis«, fragte sie ihn eines Abends, als sie mit ihm im alten Gang allein war, wo er, ihr großer Sohn, jetzt schlief, sie aber immer noch vorm Einschlafen erwartete wie als kleines Kind, »Aktis, verstehst du wirklich, was er dir sagen will? Evander sagte es und er behauptete sogar, du könntest ihm auch antworten. Aber die Laute, die er hervorbringt, sind doch keine richtige Sprache!«

»Sprache«, wiederholte Aktis nachdenklich, »nein, Sprache ist es nicht. Wörter sind es. Nicht unsere Wörter, aber Namen für Dinge hat er. Viele nicht, er braucht ja nicht viele.«

»Glaubst du, er kann denken?«

»Meinst du, so denken wie wir?«

»Ja.«

»So wie wir nicht. Ich weiß nicht, er kann – ich weiß nicht, wie ich es sagen soll, Mutter, aber er kommt irgendwohin damit, nur auf einem anderen Weg als wir.«

Es leuchtete ihr ein und Aktis fuhr fort: »Vom Leben in den

Wäldern und auf wilden Gebirgen weiß er viel mehr als sonst einer hier. Sie lachen über ihn, selbst die Sklaven, und tun, als wäre er weniger als ein Mensch. Aber schicke einen von ihnen in die Wildnis und ich kann dir sagen, wer ihn wieder findet, wenn er sich verläuft!«

»Lerne von ihm, so viel du kannst, mein kluger Sohn«, sagte Theano und Aktis darauf lachend: »Willst du mich in die Wildnis schicken, Mutter?«

»Wer weiß?«

Aktis wurde ernst. »Diesmal hast du mir nichts von Troja erzählt, Mutter.« Fast war es ein Vorwurf.

»Ist es noch nötig?«

»Es ist immer nötig. Ich weiß noch alles, was du mir erzählt hast, aber ich möchte es wieder hören.«

Der Wunsch sollte ihm erfüllt werden. Wenige Tage vor seinem Weggehen lief er auf sie zu, sehr geheimnisvoll und ein wenig aufgeregt: Es sei jemand da, der mit ihr zu reden hätte, und der Lenker hätte etwas von ihr gesagt; sie wüsste, wo er sie erwarte.

»Hast du den Fremden gesehen?«

»Ja. Er ist jung und er hat eine Lyra.«

Ihr Herz tat einen Sprung. Das konnte nur Antenor sein. Schnell gab sie der Sklavin, die auf ihre Anweisungen wartete, etwas zu tun, schickte eine andere zu Nikostrate, ihr zu sagen, dass sie mit Aktis zur Pferdekoppel gehe, und eilte mit ihm fort. Niemand nahm sich die Zeit, ihnen nachzublicken, sonst hätte man gemerkt, dass sie einen ungewöhnlichen Weg zu den Weiden nahmen.

Unterwegs fragte sie: »Weißt du wohl noch, Aktis, als du noch ganz klein warst, da haben wir eine Reise gemacht, mit Eriopis und Dirke – in meinem Wagen –«

»Nur, was du mir davon erzählt hast, weiß ich.«

»Bald wirst du viel mehr wissen!«

Wie aus dem Boden gewachsen, stand der Lenker vor ihnen. Er führte sie auf dem kürzesten Weg, der aber immer noch ein Schlupfweg war, zur Hütte und da waren sie, und da war Antenor. Aktis staunte, mit welcher Herzlichkeit seine Mutter ihn begrüßte, und er staunte noch mehr, als der Fremde ihn bei den Schultern nahm und rief, sein kleiner Freund Aktis sei er aber nicht mehr.

»Nun wird er dein großer Freund sein«, sagte Theano heiter.

Der Lenker hatte sich in der Nähe des Pfades niedergelassen und Aktis fragte sich, ob er sich zu ihm setzen sollte. Aber nein – was immer seine Mutter und dieser Antenor zu besprechen hatten, sie zeigten ihm deutlich, dass er dazugehörte. Und Antenor begann seinen Bericht.

Das alte Märchen, das kein Märchen war, wurde wieder lebendig, Antenor erzählte, wie nur ein Sänger es konnte. Aktis *sah* das Schiff, das ihn nach Troja getragen hatte, er spürte den Wind, der es trieb, dem fernen Gestade zu, er landete mit Antenor in der weiten Bucht. Und da war der Hügel – aber wo war Troja?

Er war dabei, als Antenor und seine Gefährten stumm dastanden, in tiefer Bewegung, und zu den zerstörten Mauern aufblickten. Sie waren bemerkt worden, von oben kamen Männer mit Packtieren zu ihnen herab. Nur eine kurze Begrüßung, zu mehr ließen sie sich nicht Zeit; sofort wurde ausgeladen, was das Schiff ihnen brachte, sie stapelten auf, was sie nicht fortschaffen konnten, beluden ihre Saumtiere mit dem Rest und trieben sie hinauf zur Stadt. Ja, sie nannten das, was auf dem Hügel lag, Stadt. Immer noch war es Troja, ihre Stadt. Der sie ein neues Leben gaben.

Und Antenor erzählte, wie sie sich gedulden mussten – noch

würden sie die Stadt nicht betreten. Sie hatten einen langen Weg zu den Siedlungen jenseits des Skamander, den sie noch bei Tageslicht überschreiten sollten. Jeder packte sich auf, so viel er tragen konnte; auch die Esel und Maultiere, die man ihnen gelassen hatte, waren schwer beladen und der Marsch begann.

»Was musst du empfunden haben, den Boden zu betreten –«, sagte Theano leise.

»Das kam später. Fürs Erste war für Rührung keine Zeit übrig. Die wenigsten von uns waren gewöhnt, schwere Packen zu tragen, der Weg war rau, und die, die uns führten, waren uns unbekannt. Wir brachten alles und uns selbst glücklich über den Fluss und es ging den Hügeln zu.«

Aktis hörte alles an, als dürfte ihm keine Silbe verloren gehen, und er sah, dass auch seine Mutter die Worte trank, als seien sie Wasser des Lebens. Und sie konnte sagen, jetzt müssten sie heim!

»Man wird mich vermissen«, rief sie ihn zurück in das Jetzt und Hier, doch versprach sie, er dürfe noch einmal zu Antenor gehen und ihm bringen, was sie ihm mitzugeben habe.

»Gehen wir schnell«, rief Aktis stürmisch, »umso schneller bin ich wieder hier!«

»Wie wäre es, wenn er bei mir über Nacht bliebe, hier in der Hütte?«, schlug Antenor vor.

»Mutter, o Mutter, ja!«, bettelte Aktis und sie sagte: »Du darfst. Aber was sage ich der Großmutter?«

»Sag, dass die kleine Stute ein Fohlen erwartet. Es ist wirklich wahr. Nur heute Nacht noch nicht, aber das sagst du ihr nicht.«

»Du hast sehr Recht, das behalte ich besser für mich«, gab sie zurück und mit großem Ernst fügte sie hinzu: »Möge Hermes, der Gott der Lügner und Betrüger, uns in dieser Nacht beschützen.«

Dem Lenker wurde klargemacht, was geplant war, und sie belud ihn und Aktis mit guten und nahrhaften Dingen. Sie tat auch zwei warme Mäntel dazu und einen Krug Wein für Antenor. Und so begann für Aktis die bedeutsamste Nacht seines Lebens.

Vierundzwanzigstes Kapitel

Wenn sie Antenor nochmals in Ruhe sprechen wollte, musste Theano zu ihm gehen, bevor das Haus lebendig wurde. Sie versah sich mit Leckerbissen für die kleinen Pferde und lief zuerst zu der Schutzwand, hinter der sie nachts zu liegen pflegten. Der Lenker war nicht bei ihnen und auch die kleine Stute fehlte. Sicher hatte sie sich in ein Dickicht zurückgezogen, um ungestört ihr Junges zur Welt zu bringen.

Bis dahin hätte man Theano vom Haus oder von den Höfen beobachten können, nun aber tauchte sie im Gebüsch unter und war bald in der Nähe von Antenors Unterschlupf. Sie hörte seine Stimme. Da waren sie, Antenor und der Lenker, und die kleine Stute nahebei, halb verborgen vom dichten Laubwerk.

Was trieben die beiden so verschiedenen Menschen? Sie stand still und schaute ihnen zu. Es sah so aus, als ob der Waldmensch den Sänger ein Spiel lehre, ein Spiel der Finger, der Hände. Immer wieder ließ er Antenor gewisse Bewegungen ausführen, bis es endlich zu seiner Zufriedenheit gelang. Theano war überzeugt, dass der struppige Lehrmeister sie längst gewahrt hatte; Antenor, vertieft in die neue Fertigkeit, nicht. Sie lachte leise.

»Wo ist denn Aktis?«, fragte sie.

»Der schläft noch. Komm und sieh.« Sie traten in die Hütte und da lag ihr Sohn, fest in den großen, warmen Umhang eingehüllt.

»Du solltest ihn nicht wecken«, warnte Antenor, »mehr als die halbe Nacht hat er mich von Troja singen und sagen gehört. Ich bin ausgepresst wie eine Traube.«

»Von Troja, wie es war?«

»Und wie es sein wird. Es ist erstaunlich, wie er es erfasst. Er ist seinen neun Jahren weit vorauf, was Begreifen und Vorstellungskraft angeht. – Aber nun ist die Reihe an dir. Dir muss ich sagen, was wir erreicht haben, drüben über dem Meer. Der Tempelplatz ist geebnet und die Ruinen der Burg sind fortgeräumt; mit dem Bau des Heiligtums können sie beginnen. Einen Baumeister haben sie aus Phrygien geholt, einen eigenwilligen Mann, aber das ist kein Fehler, wenn eine neues Ilion erstehen soll. Dein Aktis würde am liebsten heute noch hineilen, um dabei mitzuhelfen.«

»Ach, er ist noch ein solches Kind«, wehrte sie ab, »aber du sprichst wohl nur im Scherz.«

»Nicht ganz, Theano. Es gibt auch Kinder in den Siedlungen, nicht alle, die an Troja bauen, sind erwachsen. Die unser Werk begannen, sind reife Frauen und Männer, und Kinder sind mehr als willkommen.«

»Sind auch von den verschleppten Mädchen einige dabei?«

»Ich sah zwei. Sie waren auf Lesbos geblieben und wuchsen dort auf. Zwei der unseren holten sie herüber, kauften sie los, natürlich. Sie sind mit allen Kräften am Werk, emsiger als mancher Mann.« Während Antenor sprach, sah er sie an.

Sie erriet, was dieser Blick sagen wollte. »Daran ist nicht zu denken«, sagte sie streng.

»Denke trotzdem daran«, drängte er. »So sollst du denken: Wenn mein Sohn hinüberfährt und ich mit ihm –! Denn fahren wird er, Theano.«

»Das soll und wird er, aber lass die Frucht reif werden, bevor du sie brichst.«

Er antwortete nur mit einer Handbewegung, die so gut besagen konnte: Wie du willst, wie auch: Warten wir ab. Dabei beließen sie es. Theano befragte ihn über seine nächste Aufgabe.

Dieselbe wie zuvor, erklärte Antenor, nur sollte er von jetzt an offen als Sänger durchs Land ziehen, um Gold zu gewinnen, Gold für Troja.

»Die früheren Verbündeten helfen uns und sie sind freigiebig, aber auch wir müssen beitragen, so viel wir leisten können.«

Theano dachte an die goldenen Spangen, die jener Sänger von Nikostrate erhalten hatte; wertvoll, ja, aber wenn es darum ging, eine Stadt zu erbauen und ein Volk zu ernähren, doch nur ein Tropfen für eine durstige Kehle. Trotzdem, wenn viele Sänger – oder auch nur mehrere – an Fürstenhöfen und auf Adelssitzen so reich beschenkt wurden! Ein kleiner Quell, aber nicht zu verachten. »Dann kommst du auch zu uns«, rief sie, »nicht nur nach Pylos! Meine Herrin liebt nichts so sehr wie ein neues Lied und sie hat eine offene Hand.«

Sie stand auf, um Aktis zu wecken. »Was sage ich Themiste von dir?«, fragte Antenor.

Theano wies auf Aktis, der zerzaust und noch halb im Schlaf aus der Hütte kam. »Sprich zu ihr von ihm! Von mir ist nichts zu berichten, nur dass ich an sie denke. Bring ihr meinen Gruß!«

Sie nahmen Abschied voneinander, denn er wollte noch am gleichen Tag weiterziehen. Aktis flehte ihn an, noch zu bleiben, wenigstens so lange, bis er selbst zurück nach Pylos müsste, aber vergebens. Er versprach jedoch, bald nach Pylos zu kommen. »Bis dahin – ist unser Geheimnis bei dir sicher?«

»Ganz sicher«, beteuerte Aktis.

»Du weißt, es hängt viel davon ab«, mahnte Antenor.

Die Augen des Jungen blitzten. »Bin ich nicht auch ein Trojaner?«, gab er zurück.

»Einer von den Besten«, sagte Antenor und schob ihn seiner Mutter zu.

Während sie zum Haus zurückgingen, überlegte Theano, ob sie der Absicht Antenors so heftig ausgewichen wäre, wenn es Evander nicht gäbe. Und dass ihr Gruß an Themiste ungewöhnlich karg war. War das nicht schon Verrat?

Nein, das war es nicht. Sie selbst durfte Themiste alles sagen und würde es tun, wenn es ein Wiedersehen für sie gab. Bis dahin – besser nur ein kurzer Gruß, nicht das Ganze aus eines Dritten Mund.

Aktis ging merkwürdig stumm neben ihr dahin. Auch hinter seiner Stirn ging etwas um und um. Auf einmal blieb er stehen. »Mutter«, sagte er, »solche wie Antenor – mit solchen möchte ich immer zusammen sein. Du auch, Mutter?«

»O ja, ich auch. Aber ich muss in Erytheia bleiben und du, mein Kind, am Hof Nestors.«

»Ich weiß. Die Großmutter hat dich nötig. Und ich muss lernen, so viel ich kann.«

»Du lernst es für Troja.«

Eine kleine Weile schwiegen sie. Theano dachte an Evanders, an Antenors Worte: »Er ist seinem Alter weit vorauf.« Sollte sie es wagen, Aktis die bittere Wahrheit zu sagen?

Sie beschloss, es zu wagen. »Nicht nur, weil Nikostrate mich braucht, bleibe ich hier. Ich muss bleiben, weil ich ihre Sklavin bin. Verstehst du, Aktis? Eine Sklavin kann nicht tun, was sie will.«

Wieder hielt er sie an, diesmal mit einem Griff, der schmerzte. »Du bist eine Sklavin? Du doch nicht, Mutter!«

»Als Troja brannte, wurde ich durch das Los dem Mekisteus zugeteilt. Seitdem bin ich eine Sklavin.«

»Und darum ist er mein Vater?«

»Darum.« Sie dachte: Für die ganze Wahrheit ist es noch zu früh.

Aktis warf die Arme um sie: »Wenn ich groß bin, kaufe ich dich ihm ab. Und dann gehen wir zusammen nach Troja.«

Neun Jahre alt und seinem Alter weit vorauf? So sprach ein zärtliches Kind. Sie hatte Tränen in den Augen, aber sie brachte ein Lächeln zu Stande. »Werde erst einmal groß, dann reden wir darüber.«

Als sie die Stufen hinanstiegen, sagte Aktis noch etwas. »Ich habe immer geglaubt, Erytheia gehört uns«, murmelte er.

»Umso leichter wirst du es verlassen.«

Am Tag vor ihrer geplanten Abreise erklärte Nikostrate, sie fühle sich nicht kräftig genug, um auf holprigen Wegen nach Pylos befördert zu werden, noch dazu auf einem Tragsessel. Pero jammerte: »Aber es ist doch alles bereit!«

Die zwei jungen Sklavinnen, die sich unbeschreiblich auf das große Erlebnis gefreut hatten, standen da wie beraubte und verlassene Kinder.

Timalkos wollte schon zu Aletes gehen und ihm sagen, die Reise sei aufgegeben, da hob Nikostrate die Hand. »Geh noch nicht! Wo ist Theano?«

Die junge Charis lief, sie herbeizuholen, und fand sie in den Vorratsräumen. Sie war dabei, von Erytheias bestem Honig in irdene Töpfe zu füllen, für Eriopis und die Kinder. »Das kannst du lassen«, weinte Charis, »es wird nichts aus der Reise. Die Herrin will nicht fort.« Sie stampfte mit dem Fuß auf. »Komm schnell, Theano! Vielleicht kannst du sie umstimmen.«

Theano lief zum Frauengemach hinauf, so, wie sie war, klebrig vom Honig, das Haar in ein altes Tuch eingebunden. »Was ist dir, Herrin?«, rief sie besorgt.

»Geht alle weg, nur Pero nicht«, befahl Nikostrate. Und als die Mädchen fort waren, als auch Timalkos sich entfernt hatte, zog sie Theano dicht an sich heran und wisperte: »Es ist wegen dem Tragsessel. Ich kann vieles ertragen, aber so nach Pylos befördert zu werden – nein. Damit kann ich mich nicht abfinden.«

»Ja, Herrin, aber was sonst? Ziehst du einen Ochsenkarren vor?«

»Auf keinen Fall. Ich bleibe hier. Du wirst reisen. Die Mädchen nimmst du mit. – Aber du, Pero?«

»Wenn du hier bleibst, bleibe ich auch«, sagte Pero bestimmt.

Theano griff sich mit klebrigen Händen an die Stirn.

»Aber, Herrin, was soll ich in Pylos? Sie erwarten dich!«

»Was du sollst«, sagte Nikostrate gedämpft, »ist dasselbe, das ich dort wollte. Herausfinden, was im Haus meines Sohnes vorgeht, warum Eriopis nie mehr kommt, warum meine Enkel mich nicht besuchen, warum Aktis bei Eriopis nicht willkommen ist. Ich glaube, dir wird es noch besser gelingen als mir.«

»Ich werde bei Eriopis noch weniger willkommen sein als Aktis«, gab Theano zurück.

»Einmal warst du ihre Vertraute. Du wirst es wieder sein, wenn du erst dort bist, unter ihrem Dach. – Pero! Pack aus, was du für mich eingebündelt hast, und gib Theano, was für sie passt. Gib ihr vom Besten!«

»Nein, Pero, nein!« Theano lief der alten Dienerin nach. »Das Einfachste, Pero, ich bitte dich!«

»Einfach oder nicht, es ist alles neu, es ist alles vom Besten. Du willst uns doch nicht in Pylos Schande machen?« Pero lachte verschmitzt. Sie holte die beiden Mädchen herbei und schärfte ihnen ein, sie hätten Theano anzukleiden: »Achtet darauf, dass sie nicht geputzt, aber stets durchaus würdig erscheint.«

Theano gab sich geschlagen und ging zu ihren Honigtöpfen zurück. Timalkos folgte ihr und erklärte, er sei völlig verwirrt. Und was Aletes sagen würde – der mit seinem Tragsessel, den nun niemand brauchte...

Aktis war gerade dabei, diesen Sessel auszuprobieren, als seine Mutter kam, ihn zu holen. Er tanzte vor Freude, als er hörte, dass sie ihn nach Pylos begleiten würde, er lief zu Adanos und bat ihn der Mutter ein besonders ruhiges, sanftmütiges Reittier zu geben und einen Sklaven, der es am Zügel führen sollte. »Und für mich den Schecken«, rief er zuletzt noch. »Ja, ja, kleiner Herr«, versprach Adanos lachend.

»Kleiner Herr«, wiederholte Theano betroffen, »Adanos, so solltest du ihn nicht nennen.«

»Warum nicht? Er weiß, was er will, ganz wie ein Herr.«

Theano entfernte sich ohne ein weiteres Wort. Adanos sah ihr nach. »Es kommt ihm doch zu«, brummte er vor sich hin.

So kam es, dass Theano am nächsten Morgen den Weg nach Pylos antrat, auf dem Rücken eines stattlichen Maultiers, neben sich den ebenfalls berittenen Pferdeknecht, der es führte. Hinter ihr folgten die beiden Mädchen, Charis und Malis, und hier, da und überall ihr Sohn auf dem Schecken, beide so übermütig, wie nur junge Geschöpfe es sind. Die Packesel mit ihren Treibern vervollständigten den Zug.

Es war ein schöner Tag, die Sonne glänzte auf den jungen Rosenblättern, der Wind strich die Olivenkronen kraus und wieder glatt. Lerchen sangen und die beiden Mädchen sangen mit. Seit ihrem Besuch in Demeters Heiligtum war Theano nicht weiter weg gewesen als bis zum Quell der Nymphen und Evanders Lagerplatz: Sie genoss dies alles sehr.

Einmal war sie denselben Weg gefahren – nach ihrer Ankunft in Pylos, auf einem Streitwagen. Sie hatte sich nicht umsehen können, so hatte die Fahrt sie durchgeschüttelt; jetzt erst sah sie, wie schön Nestors Stadt Pylos und ihre Umgebung waren.

Damals war sie von der Küste gekommen. Jetzt näherten sie sich vom Lande her. Von einer leichten Höhe sahen sie ihn: Nestors Palast, auch er auf einer Höhe und die Häuser der Stadt überragend; ein reiches, glänzendes Haus mit Höfen und freien Plätzen, aber nicht von Mauern eingefasst. Offen und königlich stand es über der sanft abfallenden Landschaft und blickte hinaus auf das Meer.

Sikalos, der den Zug anführte, lenkte ihn auf das Haus des Mekisteus zu, das etwas für sich stand, näher dem Palast als der Stadt. Sie waren am Ziel.

Theano und die beiden Dienerinnen brauchten Hilfe beim Absteigen, so steif waren sie von dem langen Ritt. Aktis sprang ab und auf den Türhüter zu, der ihn kannte: »Meine Mutter ist gekommen, das ist sie!«

Der Mann war sichtlich verblüfft. Da sie Aktis' Mutter war und Aktis der Sohn seines Herrn, war sie nicht einfach eine Sklavin. Aber was war sie? Sie kam auf ihn zu, begleitet von zwei Dienerinnen, ganz wie seine Herrin, wenn sie ausging.

Er öffnete weit die Tür und ließ sie eintreten. Dazu gehörte keine Anrede.

Und hier lief Arne auf sie zu und warf ihr beide Arme um den Hals! Ganz wie ihresgleichen. Dabei war die Frau eingetreten wie eine Fürstin. Er gab es auf und zog sich ins Pförtnerhäuschen zurück.

Arne führte Theano zum Frauengemach hinauf, trat zuerst ein und meldete ihre Ankunft. Eriopis erhob sich, um, wie sie meinte, ihrer Schwiegermutter entgegenzugehen. Sie stand vor Theano. Offenbar war es ihr eine unliebsame Überraschung. Sie fuhr zurück, mit abwehrend vorgestreckten Händen.

»Sei gegrüßt, junge Herrin«, sagte Theano ruhig. »Erlaubst du mir einzutreten?«

Eriopis rief: »Was willst du hier? Wo ist Nikostrate?«

»Sie hat mich geschickt, weil sie den langen Weg scheute. Ich fürchte, für ein paar Tage wirst du mich aufnehmen müssen.«

»Warum, was soll das alles?«

»Meine Herrin möchte erfahren, wie es dir und ihren Enkelkindern geht. Es ist verständlich, denn du hast sie ihr lange nicht gebracht.«

Eriopis hatte sich abgewendet. Sie spielte mit den Enden eines bunten Gürtels, der von ihrem Sitz herabhing. Hinter dem Sitz kauerte ein Kind, das einen kostbaren Halsschmuck in den kleinen Händen hin und her schwenkte. »Nimm ihn auf, Arne«, befahl Eriopis, »und leg den Schmuck in die Truhe.« Gleich darauf verkündete ein gellendes Geschrei, dass dies dem Kind nicht gefiel, und Eriopis lief hin, es zu besänftigen.

Theano blieb, wo sie war, die beiden Mädchen hinter sich. Sie mochten sich wundern über einen solchen Empfang, sie selbst wunderte sich nicht. Schon bei ihrem letzten Besuch in Erytheia hatte Eriopis sich seltsam launisch gezeigt.

Arne trat wieder zu ihnen. »Du siehst, wie es ist, Theano. Und ihr beiden, lasst es euch nicht verdrießen. Uns allen hier im Haus, außer Eriopis' Frauen, seid ihr willkommen, sehr willkommen. Ich zeige euch jetzt, wo ihr schlafen werdet –«

In diesem Augenblick kam Aktis in den Raum. Er zog ein Mädchen mit, etwas jünger als er. »Hier ist Ino«, rief er, »wie lange habe ich sie nicht gesehen!«

Die Kleine sträubte sich, aber Aktis ließ nicht locker. »Ino«, sagte Theano erfreut, »komm her, liebes Kind! Du warst noch klein, als ich dich zum letzten Mal sah, aber damals kamst du gern zu mir.«

Ino war scheu am Türvorhang stehen geblieben, halb von seinen Falten verborgen. Arne nickte ihr ermutigend zu, Theano streckte ihre Hände aus: Ino wagte es und kam aus den Falten hervor. »Meine Großmutter wollte kommen«, sagte sie. »Kommt sie noch?«

»Diesmal nicht, aber sie hat mich geschickt. Ich soll dir von ihr sagen, dass sie dich sehr lieb hat und dass du bald zu ihr kommen musst.«

»Ich weiß nicht«, stammelte das Kind. Es sah Arne Hilfe suchend an: »Du auch, Arne?«

»Aber ja, wir alle«, bestätigte Arne.

Zusammen gingen sie in die Kammer, die für sie bereitgemacht war. Sie war luftig und geräumig, drei schmale Lager standen darin, nicht weit voneinander. Ihre mitgebrachten Bündel lagen darauf.

»Das ist in Ordnung«, sagte Aktis zufrieden. »Ich muss nun fort, zurück zum Hof der Knaben. Morgen kommst du, Mutter?«

Sie versprach es und küsste ihn. Als sie sich aufrichtete, sah sie Eriopis in der Tür stehen und sie mit einem Ausdruck anblicken, den sie sich nicht erklären konnte. War es Furcht, war es Abscheu?

Theano stand vor einem Rätsel. Ich war doch immer gut zu ihr, dachte sie, was kann sie gegen mich haben? Ich wollte, ich wäre nicht in ihr Haus gekommen! – Aber Arne ist immer noch die Gleiche, sie wird mir helfen. Sie wird auch wissen, was hier vorgeht.

Fünfundzwanzigstes Kapitel

An diesen ersten Tagen musste Theano sich wieder und wieder fragen: Was geht in Eriopis vor? Sie hatte sofort begriffen, dass sie sich dem kleinen Antilochos nicht nähern durfte. Tat sie es, dann stand sogleich jemand zwischen ihr und dem Kind.

Arne, auf die sie gerechnet hatte, verschloss sich nun doch. Sie ging zu ihr, um eine Erklärung zu erhalten, bekam aber nur den Rat, so viel wie möglich aus dem Haus zu gehen.

Wohin sollte sie gehen? Außer Aktis kannte sie niemanden in Pylos. Und ihn konnte sie nicht allzu oft besuchen. Gewiss, es gab noch einen, den sie kannte, Mekisteus. Aber sie hätte nicht einmal auf einer Straße sein mögen, die zu Mekisteus führte. Zum Glück hatte er sich nicht gezeigt, seit sie nach Pylos gekommen war.

Wie peinlich war das alles! Nur die kleine Ino war ihr eine treue Gefährtin, zutraulich, dankbar für jedes gute Wort. Theano begann zu verstehen, wie einsam das Kind in seinem Elternhaus war. Arne, die es liebte, war zu sehr in Anspruch genommen, denn seit Eriopis sich um nichts mehr kümmerte, hatte sie die Leitung des Haushalts übernehmen müssen. Eine ältere Wirtschafterin war da, aber sie taugte nicht viel. Und die Sklaven, ohne strenge Aufsicht, taugten auch nichts.

Charis und Malis, ihre beiden Begleiterinnen, hatten es leichter als Theano. Sie waren bald mit den Sklavinnen des Hauses befreundet, sie sahen und hörten so viel Neues, dass ihnen die Zeit nicht lang wurde. Da gab es neue Farben an Rockfalbeln zu bewundern oder ein Schmuckstück der Herrin; ein Reiterzug kam vom Palast her, auf dem Weg zur Küste; umgekehrt waren es Fremde, die von der Küste heraufzogen – alles musste bestaunt und besprochen werden. Dann die Stadt selbst, ihre Straßen, ihre Menschen: So viele Menschen auf einmal hatten die Mädchen vom Lande nie gesehen. Und die Werkstätten der Töpfer, der Schmiede, der kunstreichen Arbeiter in Kupfer und Bronze!

Dazu das Geschwätz der Sklaven, ein nie versiegender Strom. Über alles waren sie unterrichtet, alles trugen sie weiter. Theano war überzeugt, dass sie von den Frauen um Eriopis alles, was sie wissen wollte, erfahren könnte, aber sie hütete sich, aus diesem Quell zu schöpfen. Es konnte leicht sie und auch andere in Ungelegenheiten bringen.

Noch eine andere Erwägung hinderte sie daran. Die Frauen um Eriopis – und Eriopis selbst: Was war es nur, das ihr den Aufenthalt im Frauengemach, auch den kürzesten, so unerquicklich machte? Nach und nach kam sie darauf, dass es der Argwohn war, der die Luft darin verpestete. Nicht nur gegen sie richtete er sich, auch gegeneinander, keine traute der andern. Eriopis war freigebig und am meisten gab sie derjenigen, die eine andere bei ihr verdächtigte. Auch war sie leichtgläubig und alle wussten, dass sie nie daran dachte, die Wahrheit herauszufinden. Sie hörte, sie strafte, sie belohnte – alles, ohne den Dingen auf den Grund zu gehen. Und noch immer hatten Hellseher und Wahrsager Zutritt bei ihr.

Das Kind, das sie so ängstlich und eifersüchtig behütete, fuhr schlecht dabei. Es war nicht kränklich, aber so verzärtelt, dass es auch nicht gesund zu nennen war, ganz gewiss nicht kräftig. Nur sein Wille war stark und oft genug machte er sich bemerkbar. Wurde ihm nicht gewährt, was er verlangte, dann schrie Antilochos, bis er dunkelblau wurde, und verfiel in Zuckungen. Es wirkte immer und Theano hatte das Gefühl, dass er es wusste, so jung er war.

Wenn es ihr nicht um Aktis gegangen wäre, sie hätte am dritten Tag schon den Heimweg angetreten. Aber jeder Augenblick mit ihm war ihr kostbar, und seine Freude, sie am Rand des Übungsfeldes zu entdecken, das schönste Geschenk. Sie konnte es so schnell nicht aufgeben. Immer stahl er ein paar Minuten, um zu ihr hinzuspringen, und war's auch nur für einen kurzen Gruß.

Einmal kam er nicht so fröhlich auf sie zu. Er sagte: »Mekisteus weiß, dass du hier bist.«

»Das sollte er wissen. Ich bin ja in seinem Haus.«

»Hast du keine Angst, er schickt dich fort?«

»Ich habe keine Angst vor Mekisteus, aber ich wäre froh, wenn er mich heimschickte.«

»Ja, heim nach Erytheia!« Seine Augen glänzten. »Die kleine Stute wird nun ihr Fohlen haben, meinst du nicht?«

»Bestimmt hat sie es jetzt!« Und beide lachten, weil sie an Aktis' flinke Ausrede dachten, damals, als er die Nacht über bei Antenor bleiben wollte.

Das waren die einzigen sorglosen Augenblicke hier in Pylos. Schließlich ertrug sie es nicht mehr und sie erzwang sich eine Unterredung mit Arne.

Arne, in die Enge getrieben, gab zu, dass sie den Grund für Eriopis' feindseliges Verhalten kannte. Sie nannte ihn ungern, denn sie hatte Theano stets geachtet, sie sogar bewundert, und nun sollte sie ihr etwas sagen, das sie kränken musste.

»Eriopis glaubt«, gestand sie, »dass du gekommen bist, Antilochos zu schaden. Dass du ihm gefährlich bist.«

Theano starrte sie an, als wäre sie von Sinnen. »Arne, du träumst! Ich sollte dem Kind Böses zufügen wollen?«

»Nicht nur Eriopis glaubt es. Alles hier glauben es.«

»Alle? Du meinst die Kinderfrau und Eriopis' Kammerfrauen?«

»Ja.«

»Arne!«

»Es ist aber so«, beharrte Arne. »So denken sie eben. Warum sonst wärst du gekommen? All diese Jahre und nie hat dich jemand gesehen. Auf einmal – da bist du! Du musst doch was im Sinn haben, sagen sie.«

»Was? Ihn, den Sohn, aus dem Weg zu räumen, Arne?« Theano fing an zu lachen. »Soll ich dir etwas verraten? Genau das hat Dryope einst von Eriopis gesagt – dass mein Aktis ihrem Sohn im Weg wäre. Dabei hatte Eriopis damals noch keinen Sohn, nur eine Weissagung.«

Arne ereiferte sich, etwas, das sie selten tat. »Da hast du es! Dryope, und wie sehr du mit ihr befreundet bist! Eriopis hat es nie vergessen. Dryope und ihre Pulver, ihre Tränke –«

Eine schrille Stimme unterbrach sie: »Dryope, ja, und ihre Pulver, ihre Gifte –« Eriopis stand mitten im Raum. »Gesteh es doch! Du bist gekommen, um deinem Sohn den Weg frei zu machen.«

Theano, die auf ihrem Lager gesessen hatte, stand auf. »Ich bin gekommen, weil meine Herrin es befahl. Befiehl du nun,

Gattin des Mekisteus, dass Nikostrates Leute alles zur Abreise bereitmachen, für morgen Früh.«

Eriopis, wie immer, wenn man ihr fest entgegentrat, wurde unsicher. Theano ging zur Tür, drehte sich aber noch einmal um. »Sag mir nur eins, Eriopis. Bist du deswegen nicht mehr nach Erytheia gekommen, weil du so dachtest? Dass Dryope oder ich deinem Kind gefährlich werden könnten?«

Sie antwortete nicht, aber ihre Augen, die den Blick Theanos nicht ertrugen, waren Antwort genug.

»Ich verstehe«, sagte Theano. Sie wandte sich an Arne: »Schick einen von unsern Jungen, dass er Aktis zu mir bringt.«

»Nein, nein«, rief Eriopis, »geh nicht, Arne! Morgen bin ich zum Palast befohlen und Mekisteus hat mir sagen lassen, Theano soll eine von den Frauen sein, die mich begleiten.«

»Nimm eine andere mit«, sagte Theano gleichgültig. »Ich rüste mich zur Reise. Arne, du lässt mir Aktis holen.«

»Er wird auch im Palast sein. Du kannst morgen nicht reisen!« Eriopis rang die Hände. »Ohne dich kann ich nicht gehen!«

Arne mischte sich ein: »Übermorgen, Theano, übermorgen. Ich bereite alles vor. Aber morgen gehst du mit der Herrin zum Palast.« Sie betonte das Wort Herrin ganz leicht.

Endlich war Theano allein. Sie hatte nachgegeben; Eriopis war ein unseliges, schwaches Geschöpf, sie wollte ihr das Dasein nicht noch schwerer machen. Mit einem bitteren Lächeln dachte sie daran, dass Charis und Malis den Höhepunkt ihrer Freuden erreichen würden: Den Hof Nestors würden sie sehen.

Sie grübelte. Warum wollte Mekisteus, dass gerade sie eine von Eriopis' Gefolge sein sollte? Damit sie ihn in seiner Vorzugsstellung am Hofe bewundern könnte? Oder wollte er Nestor zeigen, was aus der Trojanerin geworden war? Unsinn, er war ja nicht stolz auf sie. Aber vielleicht zur Erinnerung an eine ruhmvolle Zeit?

Darauf, dass Mekisteus einfach gedacht hatte, die Dienerinnen seiner Frau seien nicht eben ansehnlich, gut, dass die Trojanerin und die zwei sehr hübschen Mädchen aus Erytheia im Haus waren – darauf kam Theano nicht. Und sie wusste doch, dass es bei Mekisteus sehr auf das Äußere ankam.

Eine von Eriopis' Frauen stand vor ihr: »Das schickt dir die Herrin«, und überreichte ihr einen schön gewirkten Gürtel mit goldenen Schließen.

»Sag der Herrin meinen Dank«, gab sie zurück. Die Frau verschwand wieder.

Glaubte Eriopis, mit einem solchen Geschenk könnte sie den Schimpf, den sie ihr angetan hatte, auslöschen? Und es war ein Schimpf.

Sie hatte es damals nicht von Eriopis glauben wollen, sie hatte Eriopis verteidigt, sie erinnerte sich genau. Aber Eriopis hatte von ihr das Schlimmste gedacht, zwei Jahre lang, von ihr und Dryope. Die so viel für sie getan hatte, als Ino zur Welt kam.

Ino! Es durchfuhr sie wie ein Blitz. Vielleicht konnte etwas Gutes aus all dem Hässlichen erwachsen? Wenn sie mir Ino mitgeben würden, rein aus schlechtem Gewissen! Wir alle lieben das Kind, dachte Theano. Wie würde Nikostrate sich freuen, und Pero und Antibia. Wenn ich das erreichen könnte! Das wäre besser als bunte Gürtel, um wieder gutzumachen.

Sie hatten den ganzen Morgen damit zu tun, Eriopis' Putz für den Empfang im Palast auszuwählen und zusammenzustellen. Es war eine Aufgabe, an die sich ihre Kammerfrauen mit größtem Eifer begaben; mehr noch, sie prüften mit Luchsaugen alles, was Theano und die Mädchen mit sich führten, und verwarfen fast alles. Jede Missgunst war verflogen, sie stöberten in den Gewandtruhen und kamen mit schöneren Kleidern an: »Dies für Charis – und dies für dich, Malis!«

Man musste zugeben, auf solche Dinge verstanden sie sich.

An Theano wagten sie sich nicht heran, sie hatten Angst vor ihr. Auch sagten sie sich, dass es klug von ihr sei, die größte Einfachheit zu wahren. Die Herrin prunkte in den reichsten Farben, die Falbeln ihres Rockes klirrten von kleinen Goldornamenten, goldene Armreifen ringelten sich bis zu ihren Ellbogen hinauf. Theano dagegen trug ein schlichtes Gewand, aber wie sie die Kanten des Rockes übereinander geschlagen hatte und sie mit einem auffallend schönen Gürtel – ihre eigene Arbeit – festhielt: Die Kammerfrauen konnten es nur loben. Fremdartig war es, aber wirksam; die langen Gürtelenden fielen, sich etwas verbreiternd, bis zum unteren Saum hinab: Das gab der Trägerin Höhe.

Ein wenig mehr Höhe hätte Eriopis auch gestanden. Sie war füllig geworden, aber sie musste tragen, was man bei Hof trug – das eng anliegende Jäckchen, den weiten, schwingenden Rock mit seinen fünf Falbeln, den Gürtel, der ihre Mitte unbarmherzig einschnürte …

Nun noch Haartracht und Kopfputz, und Eriopis war für den Palast bereit. Es wurde beschlossen, dass Charis und Malis links und rechts von ihr gehen sollten; hinter ihnen gingen Theano und die jüngste der Kammerfrauen, die ihr ungefähr an Größe gleich war. Und so bewegte sich die kleine Frauengruppe auf Nestors herrliches Haus zu; neidische und bewundernde Blicke folgten ihr.

Weit hatten sie nicht zu gehen. Einmal an den Häusern der Edlen vorbei, überquerten sie einen weiten Platz, betraten den

Palast durch einen Seiteneingang und wurden von einer Dienerin der Nestortochter Polykaste in Empfang genommen. Sie führte sie eine Treppe hinauf, einen Gang entlang, und sie durften eintreten – in einen kleinen Saal, in dem fröhliches Stimmengewirr und Gelächter herrschten.

Eriopis bewegte sich hier mit Sicherheit; es war nicht das erste Mal, dass sie diesen Raum betrat. Der Tür gegenüber saß Polykaste auf einem thronartigen Sessel: ihr hatte die Gattin des Mekisteus ihre Aufwartung zu machen. Die Begleiterinnen, wie es sich gehörte, blieben zurück. Eriopis legte die rechte Hand an ihre Stirn und neigte sich vor der Fürstin. Damit war der höfischen Sitte Genüge getan, sie durfte sich den übrigen Gästen zugesellen.

Die Begleiterinnen fanden einen Winkel, von dem aus sie die Gesellschaft beobachten konnten, und den jungen Mädchen von Erytheia kam sie so glänzend vor wie die des Olympos. Zwar waren hier nur Göttinnen anwesend, aber etwas später sollten sie auch Götter bewundern dürfen, denn die große Halle unten hatte sich gefüllt, und denen auf der Galerie bot sich ein bewegtes, ein fesselndes Bild. Eriopis winkte Theano herbei und trat mit ihr an die Balustrade. Sie hatte die Genugtuung zu sehen, dass es der Trojanerin den Atem verschlug.

Es war aber auch atemberaubend, diesen Reichtum an leuchtenden Farben, an immer abwechselnden Mustern, diese großen, meisterhaft ausgeführten Wandgemälde zu sehen, zum ersten Mal. Keine Handbreit des immensen Thronsaals war ohne Schmuck geblieben, alles zeugte von einer unbegrenzten Prachtliebe und Erfindungskraft. Selbst die Platten des glatten, glänzenden Fußbodens wiesen Zeichnungen auf, leichter, verspielter als die der oberen Kanten: Polypen, Delfine, Schuppen- und Wellenmuster, Kreise, Blüten. Und das mächtige Rund der Feuerstätte in der Mitte der Halle – eine heitere Volute umlief sie, als wäre sie lebendig.

»Siehst du die Greife, die Löwen?«, flüsterte Eriopis. »Und dort die Gazellen!« Sie ergriff Theanos Hand: »Der Thron dahinter, siehst du ihn, Nestor und Nestors Söhne, siehst du sie? Und dicht neben ihnen Mekisteus!«

Theano sah alles, Greife und Gazellen, Nestor und Mekisteus, und neben Mekisteus – Aktis.

Ihr schwindelte. Zwischen den mächtigen Säulen wirkten die Gestalten klein, unendlich fern. Aber Aktis mit seinen scharfen Augen hatte sie erspäht und winkte ihr unbekümmert zu.

»Komm«, wisperte Eriopis und zog sie fort. »Wir sollten uns nicht bemerkbar machen.«

»Und was geschieht uns jetzt, da wir es getan haben?«, fragte Theano.

»Wir hatten Glück. Eben ist eine fremde Gesandtschaft eingetreten, alle schauten nur nach ihr.«

Zu ihrer Freude bemerkte Theano, dass auch Charis und Malis einen heimlichen Fleck gefunden hatten, von dem aus sie die Herrlichkeiten des Thronsaals in sich aufnehmen konnten. Eben huschten sie zurück zu der Kammerfrau, die allein noch da stand, wo sie stehen sollte. Der Kreis um die Fürstin hatte sich nicht vermindert; all diesen Frauen waren Megaron und Thronsaal nichts als das Gewohnte.

Aber Polykaste lächelte Eriopis zu: »Hast du deiner Freundin all unseren Stolz gezeigt? Bring sie doch zu mir!«

Freundin! Wie konnte Eriopis sich aus dieser Schlinge ziehen? Man stellte der Fürstentochter doch keine Sklavin vor! Hilflos starrte sie Theano an. Diese trat einen Schritt näher.

»Wir sehen gern neue Gesichter an unserm Hof!«, sagte Polykaste zu Theano. »Woher bist du?«

»Von Erytheia«, erwiderte Theano bescheiden.

»Ah, eine Verwandte Nikostrates! Ich sah sie lange nicht. Bring ihr meinen Gruß!«

Nochmals verneigte sich Theano und sie waren entlassen.

Sechsundzwanzigstes Kapitel

Einen Tag musste sie noch zugeben. Eriopis, wie ein Kind, das sich wieder einschmeicheln will, ließ sie nicht fort. Sie ließ Aktis holen, um ganz sicher zu sein, dass Theano blieb, sie ließ ein besonders gutes Mahl auftragen und war die aufmerksamste Wirtin; sie willigte sogar ein, Ino jetzt schon mit nach Erytheia reisen zu lassen. Es war, als hätte es nie ein bitteres Wort zwischen ihnen gegeben.

Ist sie wirklich nur ein Kind, heute so und morgen anders, wunderte sich Theano, oder versucht sie mich zu täuschen? Damit ich bei Nikostrate nicht über sie klage?

Als ob ihr das Geringste an Nikostrate gelegen sei! Sie traute diesem plötzlichen Umschwung nicht.

Mit Arne sprach sie über das, was etwa noch für den Sommeraufenthalt in Eryhteia getan werden müsste. »Du kommst ja mit, Arne, du kamst doch jedes Mal«, sagte sie ermunternd, »ihr sollt aber alles finden, wie ihr es haben wollt.«

Arne sagte darauf kaum etwas. Sie schien bedrückt zu sein.

Theano betrachtete sie forschend. »Sag es doch, Arne! Irgendetwas bedrängt dich.«

Es dauerte eine Weile, bis Arne den Mut fand, es ihr zu sagen. »Ich komme mit, wie immer«, begann sie stockend, »aber ich weiß nicht, ob ich hierher zurückkomme. Es ist nicht gut in diesem Haus, ich möchte hier nicht länger sein. Wenn die alte Herrin Ino behält, was soll ich dann noch hier?«

Plötzlich überstürzten sich die Worte: »Theano, hilfst du mir? Willst du mit Nikostrate reden – ihr gut zureden, dass sie mich daheim bleiben lässt? Erytheia ist daheim für mich, nicht Pylos.«

Theano war überrascht. Immer hatte sie gemeint, Arne, diese ruhige, willige Dienerin, schickte sich in alles, was ihr befohlen wurde; wohin man sie sandte, dahin ging sie und war zufrieden. Und nun zeigte sie sich so unglücklich, war vielleicht schon lange unglücklich gewesen?

»Sie brauchen dich hier«, wandte sie ein.

»Wer? Eriopis? Nein, oder doch nur als Aufwärterin. Ihr kleiner Sohn? Der erst recht nicht, er hat seine Mutter, seine Kinderfrau und alle drei Kammerfrauen. Theano, hilf mir heim! In Erytheia wird sich Arbeit für mich finden, Antibia wird dafür sorgen.«

Theano fuhr in die Höhe. »Ich weiß etwas für dich! In diesem Augenblick ist es mir eingefallen. Ich glaube, du bist gerade die Rechte dafür. Hör zu: Dryope ist letzthin sehr gebrechlich geworden, wir sprachen schon darüber, Nikostrate und ich. Sie muss unbedingt Hilfe bekommen, vor allem aber geht es uns um eine Nachfolgerin für sie, die sie selbst ausbilden kann. Was sagst du dazu, Arne? Ich meine, du wärst dafür geeignet.«

Es war klar, Arne hätte im Leben nicht an so etwas gedacht. »Ich bin nicht klug wie Dryope«, wehrte sie ab.

»Noch nicht und vielleicht nie ganz so klug. Aber du hast so gute Hände, Arne, und eine so ruhige Art. Das ist das Beste für die Kranken, für Verletzte, für die Gebärenden. Sag noch nichts! Du hast Zeit bis zum Sommer, darüber nachzudenken.«

Arne, immer noch ungläubig, versprach es ihr.

Noch ein Abend mit Aktis, der ihr unzählige Grüße an Erytheia auftrug und versicherte, er würde bald kommen. Mekisteus hätte bestimmt, dass der Schecke in Pylos bleiben sollte, zu seinem Gebrauch. Und wenn Antenor sich zeigte, sollte er den Weg nach Triphylia, zu Demeters Heiligtum, aufzeichnen – auf ein Stück Baumrinde, auf eine Tontafel, damit er ihn sich merken könne.

»Aktis, du wirst doch nicht eines Tages plötzlich dorthin reisen!«, rief Theano bestürzt.

Aktis sagte, nein, noch nicht. Er müsse ja erst den Weg wissen. Aber eines Tages, wenn er alt genug sei –: »Wär's nicht schön, Mutter? Und es ist nicht so weit weg wie –«

»Schweig, Kind!«, unterbrach ihn Theano beinahe zornig.

»Ja, ja, ich bin schon still. Ach Mutter, ich möchte überallhin, so weit die Welt ist! Jetzt, wo ich mein Pferd habe –«

»Es ist nicht dein Pferd«, mahnte sie streng.

Aber das wog nicht schwer. Aktis war jung genug zu glauben, die ganze Welt wäre sein. Aber seine Mutter nahm sich vor, diesen Auftrag nicht auszurichten.

Sie verließen Pylos am nächsten Tag, kurz nach Mittag, Ino, etwas ängstlich, zuerst mit Charis reitend, dann mit Malis, um die Bürde zu verteilen. Die Esel, nicht mehr so beladen wie auf der Herreise, trabten munter dahin und ließen die langen Ohren spielen. Der Rückweg schien viel kürzer zu sein oder es kam ihnen allen doch so vor. Es war, als hätten Menschen und Tiere es eilig, wieder nach Hause zu kommen. Nur die beiden Mädchen hatten sich ungern von all dem Neuen und Bunten, das Pylos bot, getrennt.

»Da ist es, da ist es«, jubelte Ino, die als Erste das Haus an seinem Hang liegen sah. Theano hielt ihr Maultier an und blickte hin, blickte sich um: die vertraute Landschaft, die Konturen der Hügel, das klare, sanfte Licht des späten Nachmittags über allem …

»Aber ich liebe es ja!«, sagte sie halblaut – und erschrak.

Lieben? Wie konnte sie es lieben? Das Land der Achäer, Erde, die nicht trojanische Erde war! Sie war treulos, treulos – sie war nicht mehr wert, Trojanerin zu heißen.

Sie suchte sich zu verteidigen: Ich liebe es nicht, wie ich Troja liebe, aber während sie um Fassung kämpfte, sagte eine Stimme in ihr: »Du liebst einen Achäer; warum nicht auch sein Land?«

Es war eine zutiefst aufgewühlte Theano, die nach Erytheia zurückkehrte.

Und es war eine freudige Nikostrate, die sie bald darauf begrüßte. »Ino, du bringst mir Ino!«, rief die alte Frau beglückt und schloss die Enkelin in ihre Arme. »Aber wo ist Arne?«

Damit waren sie schon bei der Aufgabe, die zu lösen Theano nach Pylos gegangen war, doch bat sie später darüber berichten zu dürfen. Es war so viel zu erzählen: über Aktis, über Nestors Palast, über das Entzücken der beiden jungen Mädchen – so viel, anderes zuzudecken.

Charis und Malis halfen begeistert mit, trugen sie doch das Nachtmahl auf, und wenn sie auch nicht am Tisch der Herrin aßen, so blieben sie doch im Raum und schwatzten unermüdlich mit. Die Kluft zwischen Herrin und Dienerschaft war in Erytheia, wie überhaupt auf dem Lande, weder weit noch tief.

Für Theano war es eine Freude zu sehen, wie das Kind Ino sich sofort der Wärme dieses Hauses öffnete; wie glücklich Pero war, es wiederzusehen. Und Antibia, die immer wieder selbst mit besonderen Leckerbissen hereinkam und natürlich bei ihnen blieb; es war eine Heimkunft, ganz, wie sie sein musste.

Plötzlich rebellierte Theano. Wenn ich es lieben kann, warum soll ich es nicht lieben, stritt sie gegen ihr Gewissen an. Meine Mutter hätte mich nicht herzlicher begrüßen können, als Nikostrate es tat. Liebe weckt Liebe, sollte ich sie verneinen? Wenn ich froh bin, wieder hier zu sein, warum sollte ich es von mir weisen? Es ist ein so kleines, bescheidenes Glück.

An diesem Abend wurde nicht über Eriopis gesprochen und Theano beschrieb den kleinen Antilochos so schonungsvoll sie konnte. Mehr zu sagen, hätte den schönen Abend verdorben, und dazu war sie nicht fähig.

Am nächsten Tag aber, als Charis und Malis im ganzen Haus umherliefen und Ino immer ihnen nach, saß Nikostrate im Frauengemach und Theano eröffnete ihr, was Eriopis so lange fern gehalten hatte. Und dass sie entsetzt gewesen sei, sie, Theano, in ihrem Haus zu sehen. »Auch Dryope hat sie verdächtigt, nannte sie Giftmischerin – wer hat ihr das nur eingeredet?«, schloss sie.

»Und du solltest gekommen sein, um ihrem Kind Gift zu reichen?«, staunte Nikostrate. »Viel Verstand hat sie nie gehabt, aber so wenig –!«

Ihre Handbewegung wischte Eriopis und ihre dunklen Gedanken beiseite. »Aber das Kind ist gesund, sagst du? Ist es ein schönes Kind?«

Theano musste gestehen, dass sie es kaum gesehen hätte, doch hätte sie von den Sklavinnen nichts gehört, das auf Schwäche hindeutete. »Aber es ist kein glückliches Haus, Herrin. Darum lag mir daran, Ino daraus fortzunehmen.«

Dann kamen sie auf Arne zu sprechen, und was Theano von ihr erzählte, bestätigte das Vorhergegangene. Nikostrate war bekümmert, aber als sie Theanos Vorschlag, Arne zu Dryopes Nachfolgerin zu machen, hörte, stimmte sie sofort zu. »Geh zu

Dryope, sprich mit ihr darüber«, sagte sie, »und versichere ihr, dass es auch mein Wunsch ist.«

»Ich sollte es jetzt tun, ich habe sie noch nicht begrüßt – wenn es dir passt, Herrin?«

»Je eher, desto besser«, antwortete Nikostrate.

Dryope sah mürrisch und müde aus, aber als sie sah, wer da zu ihr kam, erhellte sich ihre Miene und sie streckte ihr die Hand entgegen. »Nun«, rief sie, »du bist nicht da geblieben?«

»Wie konntest du das denken, Dryope! Niemand in dem Hause wollte mich behalten.«

»Einer bestimmt: Aktis.«

»Er ist nicht darin.«

»Aha!«, sagte die Alte bedeutungsvoll.

»Er lässt dich viel-, vielmals grüßen, Dryope.«

»Gewiss – zusammen mit den kleinen Pferden und seinem Freund, dem Lenker.«

Theano musste ihr Recht geben. Sie lachte und sagte, so sei er nun einmal. »Davon später; jetzt aber –«, und sie machte Dryope ihren Vorschlag.

Die Thrakerin eilte sich nicht mit der Antwort. Ein gutes Zeichen: Sie lehnte ihn doch nicht kurzweg ab. Sie erwog ihn.

Dryope wusste längst, dass ihre Kräfte nachließen, sie hatte auch schon an einen Ersatz gedacht. Aber von den Frauen, die sie in Betracht gezogen hatte, schien nicht eine geeignet zu sein. Fast alle hatten drei oder vier Kinder und einen Mann zu versorgen, ganz abgesehen von der Arbeit auf den Feldern, in den Webkammern, in Haus und Hof.

Hier nun kam Theano und schlug ihr Arne vor. An die sie nie gedacht hatte. Sie war ja auch schon seit Jahren in Pylos. »Wenn Arne wegwill, muss es übel aussehen in Mekisteus'

Haus«, bemerkte sie. »Ich kann es mir vorstellen«, fügte sie hämisch hinzu.

»Und jetzt hat sie Ino nicht mehr; was sollte sie dort festhalten? Sie ist nichts anderes als eine, die hinter allen aufräumt, auch hinter Eriopis' Kammerfrauen. Jedes dumme kleine Mädchen könnte es ebenso gut. Aber Arne ist mehr wert. Auch sie ist des ganzen Treibens überdrüssig. Diese Frauen um Eriopis: Das sind Vipern, Dryope. Und Arne ist ein gerader, ehrlicher Mensch.«

»Das ist sie. Weiß sie von diesem Plan, ist sie willig?«

»Sie weiß davon. Zuerst war sie sprachlos. Dann sagte sie, sie wäre nicht klug genug.«

»Noch nicht, aber das kann sich ändern.«

»Ganz, was ich ihr gesagt habe. Du bist also nicht dagegen, Dryope?«

»Wir müssen es versuchen. Ich weiß keine andere. Aber Eriopis?«

»Arne ist Nikostrates Sklavin, sie wurde nur Inos wegen mit nach Pylos gegeben. Überdies, Eriopis macht sich wenig aus Ino, noch weniger aus Arne.«

»Diese Eriopis«, sagte Dryope geringschätzig.

»Nicht nur sie ist schuld. Was für ein Mann ist es, der seine Frau, sein ganzes Haus, sogar den ersehnten Sohn in einen solchen Zustand geraten lässt? In den Tagen, die ich in Pylos verbrachte, ist er nicht einmal im Haus gewesen.«

»Warum sollte er? Er lebt am Hof, fürstlich.«

Theano schwieg eine Weile, dann fuhr sie fort: »Aber Aktis, um den kümmert er sich. Er geht oft zum Hof der Knaben, hauptsächlich, um ihn anzuspornen. Er nimmt ihn mit zum Palast; ich sah beide in der Nähe Nestors. Er hat ihm den Schecken geschenkt –«

»Auf dem Schecken wird Aktis ihm Ehre machen«, urteilte Dryope.

»Schön, aber willst du wissen, woran Aktis sofort gedacht hat? An den Weg zu Demeters Heiligtum.«

Dryope griff sich an die Stirn: »Hätt ich's doch bald vergessen! Lykaon war hier und ließ eine Botschaft für dich zurück: ›Themiste sendet ihren Gruß, zusammen mit dem eines gewissen Evander.‹«

Eine helle Röte überflog Theanos Gesicht, eine freudige Röte, unverkennbar.

»Nun?«, fragte die alte Frau, der nichts entging. Aber Theano hatte sich schon gefasst. »Wir werden noch öfter von ihm hören, denke ich«, sagte sie gelassen.

Wenige Wochen später wurde dieser Evander nochmals erwähnt. Diesmal war es Theano, die von ihm anfing. Sie kam mit einer erstaunlichen Neuigkeit zu Dryope: dass sie wieder ein Kind haben würde.

Sie war überglücklich. »Nach so langer Zeit, Dryope, noch einmal ... O Dryope, ich habe geglaubt, für mich sei alles vorbei!«

Die Thrakerin nahm ihre beiden Hände und strich sacht darüber: »Du bist froh, also hat es mit Mekisteus nichts zu tun.«

»Doch, aber nicht, wie du es meinst. Jener Evander, von dem Lykaon mir einen Gruß brachte – er ist der Vater.«

Hier war endlich etwas, das Dryope völlig überraschte. »Lass sehen, wer war denn das?«, sann sie laut. »Warte! Kam nicht jemand mit Mekisteus, um seine Rosse anzusehen? Ich habe es – er war aus Arkadien und blieb ein paar Tage hier, als Mekisteus' Gast.«

»Ja«, sagte Theano, nun sehr ernst, »als sein Gast. Und nach dem Mahl – erinnerst du dich, es war auch ein Sänger mitgekommen –, nach dem Mahl schickte Mekisteus mich zum Bett seines Gastes.«

»Dich!«

»Er hatte viel getrunken, Dryope.«

»Und du freust dich auf dieses Kind!«

»Warte doch, es kommt noch mehr. Evander war nicht gesonnen, Mekisteus' Aufmerksamkeit anzunehmen. Er fragte dies und das, er sprach mir gütig zu und schickte mich fort. Aber nach wenigen Tagen war er wieder hier, nicht als Gast, sondern als ein Mann, der mich begehrte. Mehr als das: der mich liebte. Und ich liebte ihn, liebe ihn noch, und das ist die ganze Geschichte.«

»Den Göttern sei Dank«, sagte Dryope erfreut, »es ist eine sehr schöne Geschichte. – Was wirst du Nikostrate sagen?«

»Dasselbe wie dir.«

»Dass Mekisteus dich –«

»Ja. Es wird sie schmerzen. Aber dass nun ein Kind kommt, wird sie trösten.«

»Du hast Recht. Sag es ihr noch heute.«

Theano versprach es und führte das Versprechen aus.

Siebenundzwanzigstes Kapitel

Die Zeit lief dahin wie ein klarer, friedlicher Bach zwischen glatten Steinen, eine Zeit der Stille, die kein Wind stören durfte. »Alkyone brütet«, sagte Theano zu Ino, mit der sie auf den warmen Stufen saß und den Sonnenschein genoss. »Alkyone?«, wiederholte Ino. »Wer ist das?«

»Kennst du das Märchen nicht?«

Und Theano erzählte, dass Alkyone ein Vogel sei, blau wie das Meer, der sein Nest auf Wellen baue und da seine Eier ausbrüte. »Bis die Jungen ausschlüpfen, darf kein Wind blasen. Es könnte dem Nest schaden, wenn die See rau würde.«

Ino sah es ein und Theano fuhr fort: »Alkyone war nicht immer ein Vogel, sie war verzaubert. Der Vater der Winde gewährte ihr jedes Jahr dieses windstille Zeit, damit sie in Ruhe brüten konnte, und darum nennt man eine solche Zeit Alkyones Stille.«

»Dauert sie lange?«, wollte Ino wissen.

»Für Alkyone lange genug; für uns – selten«, erwiderte Theano. Sie stand auf, bunte Schneckenhäuser fielen von ihrem Schoß, lauter solche, die Ino aus irgendwelchem Grund zurückgewiesen hatte. Ino sammelte mit Eifer Schneckenhäuser, aber nur die schönsten behielt sie. Die kamen in eine kleine bemalte Truhe und wurden behütet wie ein kostbarer Schatz.

»Gehen wir morgen und suchen noch schönere?«, fragte sie und, einem neuen Einfall folgend: »Gibt es auch blaue Schneckenhäuser?«

»Blaue sah ich nie«, gab Theano zurück, »aber ja, wir gehen morgen. Suchen können wir sie; wer weiß, vielleicht hast du Glück.«

Daraus wurde nichts, weder am nächsten Tag noch am übernächsten. Ein Bote kam von Pylos und richtete aus, dass Eriopis bald eintreffen würde. Alkyones stille Tage waren vorüber. Von jetzt an durften die Winde blasen, so viel sie wollten.

Theano hatte ihre Herrin gebeten Eriopis nichts von ihrer Schwangerschaft zu verraten. Eriopis würde nicht den ganzen Sommer in Erytheia zubringen; Zeit genug, davon zu reden, wenn sie wieder heimgereist war.

Eriopis selbst erklärte, sobald sie angelangt war, sie dürfe nicht lange bleiben; die Meerluft würde ihrem kleinen Sohn fehlen.

Nikostrate hob die Augenbrauen. »Ist die Luft hier auf unsern Hügeln weniger frisch?«, fragte sie.

Eriopis ereiferte sich, aber Nikostrate winkte ab. Sie ließ sich das Kind reichen, das aber sogleich von ihr fortstrebte. Antilochos hatte kürzlich sein zweites Jahr vollendet, wurde aber immer noch von seiner Wärterin herumgetragen und schrie, wenn man ihn auf den Boden stellen wollte. »Läuft er noch nicht?«, fragte Nikostrate.

»Doch, sehr gut«, sagte Eriopis gekränkt.

Es war kein guter Anfang. Ino, die seit der Ankunft ihrer Mutter sich eng an ihre Großmutter gehalten hatte, wurde kaum beachtet. Nikostrate übersah es nicht. Das verschüchterte Kind wagte sich erst hervor, als Arne hereinkam. Da war die Freude groß, aber Arnes Freude noch größer. Ino wiederzusehen und wieder in Erytheia zu sein – alles würde sie tun, wenn sie nur hier bleiben durfte!

Nach und nach gewöhnten die Gäste sich ein und solange sich alles um Antilochos drehte, waren sie zufrieden. Theano hielt sich zurück, je weniger sie mit Eriopis zu tun hatte, desto lieber war es ihr. Sie hatte sich der Wirtschaft anzunehmen, da Antibia die Arbeit allein nicht mehr schaffen konnte, das half ihr ganz im Hintergrund zu verschwinden.

Auch die allabendlichen Gespräche mit der Herrin waren aufgegeben worden. Eriopis saß statt ihrer im Frauengemach und unterhielt Nikostrate mit Geschichten von Nestors Hof, an denen nicht viel Wahres sein mochte.

»Erzähle mir lieber etwas von Aktis«, forderte Nikostrate, die sich aus solchem Gerede nichts machte, aber von ihm wusste Eriopis kaum etwas. Nur, dass Mekisteus ihn oft sähe, sie selber nicht. Und ihr Gesicht verdüsterte sich, als sie es sagte.

Es wurde nicht heller, als Nikostrate mit ihr über Arne sprach. »Du willst Arne hier behalten?«, rief sie. »Du hast sie doch mir überlassen!«

»Als Inos Wärterin, ja. Aber Ino braucht keine Wärterin mehr und deinen Sohn hast du Arne nicht anvertraut. Was soll sie noch in Pylos?«

»Es ist viel Arbeit in einem großen Haus wie dem unseren«, sagte die junge Frau mürrisch.

»Dann sieh zu, dass deine Sklaven sie tun«, war die ruhige Antwort.

»Ist dir zugetragen worden, dass sie sie nicht tun?«, fragte Eriopis spitz.

»Zugetragen? Wenn du es so nennen willst! Sag du mir also selbst, wie es in deinem Haus zugeht. Ich möchte es von dir hören.«

Aber Eriopis war beleidigt und bat sich zurückziehen zu dürfen. Danach war Arne für sie nicht mehr vorhanden und sie hielt Theano aufs Neue für ihre Feindin.

»Nun fehlt nur noch, dass Antilochos sich an mich gewöhnt, dann ist an uns allen kein gutes Haar mehr«, seufzte Nikostrate. »Theano, sollte Aktis nicht bald kommen? Etwas Freude könnten wir gebrauchen.«

»Versprochen war es«, sagte Theano vorsichtig. »Aber es ist besser, er kommt nicht, solange Eriopis hier ist.«

»Was hat sie nur gegen ihn? Er ist doch auch mein Enkel.«

»Das hat sie gegen ihn«, erwiderte Theano.

In diesen Tagen kam Antenor, zuerst heimlich zur Schutzhütte, um ihr Grüße und Berichte von Themiste zu bringen, danach, etwas später, in seiner Eigenschaft als Sänger, ein Nachtmahl zu erbitten und seine Lieder als Gegengabe anzubieten. Er durfte es ruhig wagen, obwohl Eriopis im Haus war. Möglich war es, dass sie ihn einst in Demeters Heiligtum gesehen hatte, doch glaubte Theano nicht, dass sie ihn wieder erkennen würde. Antenor hatte sich seitdem sehr verändert; aus dem Jungen, der damals mit Aktis die Tauben gefüttert hatte, war ein weit gereister, gewandter junger Mann geworden.

Eriopis war hocherfreut über die Abwechslung, denn die Langeweile plagte sie. So ließ Nikostrate auftragen, als wäre ein Verwandter zu Besuch gekommen, und sie erlaubte den Haussklaven, seinem Spiel zuzuhören, in geziemender Entfernung.

Antenor stimmte die Lyra und gab sein Bestes. Da er meinte, nur Frauen hörten ihm zu, wählte er keine Heldenlieder, sondern Hymnen an Artemis und Athene, aber, da sie sehr darum baten, auch noch seinen neuen Gesang von dem guten Schiff Argo und dem Goldenen Vlies. Es bereitete Theano das reinste Vergnügen, zu sehen, wie reichlich Eriopis ihn belohnte; Nikostrate zeigte sich großzügig wie immer, aber Eriopis übertraf sie bei weitem. All das für Troja!

Ein Nachtlager erwartete den müden Sänger, aber es wurde spät, bis er es aufsuchen konnte. Ganz zuletzt hatte er ihnen noch eine erstaunliche Neuigkeit mitgeteilt – nach so vielen Jahren war König Odysseus, verschollen seit dem Sturz Trojas, heimgekehrt nach Ithaka, seiner Insel. Er hatte sein Reich von den unverschämten Eindringlingen gesäubert, die seit langem seine Gattin belästigt und seine Güter verprasst hatten. Keiner war ihm entkommen.

Des Staunens und Fragens war kein Ende, aber Antenor konnte nicht sagen, wo der Held sich aufgehalten hatte, noch was für Irrfahrten hinter ihm lagen. Dass er die unglaublichsten Abenteuer erlebt und bestanden hatte, war anzunehmen.

Endlich mahnte Nikostrate, ihm Ruhe zu gönnen, und alle, die ihm offen oder heimlich zugehört hatten, zogen sich zurück. Am nächsten Tag würde das Haus summen wie ein Bienenstock, denn so viel Neues fand selten seinen Weg bis hierher.

Theano aber lag wach auf ihrem Bett im alten Gang und hegte wie einen Schatz die Worte Themistes über Evander. Er hatte sie aufgesucht und ihre Freundschaft zu gewinnen gewusst, sie schätzte ihn sehr, sagte Antenor. Auch Evanders Grüße und sein Versprechen, bald zu ihr zu kommen, hatte Antenor ihr überbracht. Wie gut! Sie konnte ihm selbst sagen, dass sie ihm ein Kind schenken würde.

Je länger Eriopis blieb, desto öfter erschienen die Sorgenfalten aufs Nikostrates Stirn. Solch ein Treiben in ihrem Frauengemach, so viel Aufhebens um ein kleines, verzogenes Kind war nicht, was sie gutheißen konnte. Im Gegenteil, ihr riss die Geduld und sie überließ den Raum Eriopis und ihrem Sohn, der Kinderfrau und den beiden Dienerinnen. Sie selbst richtete sich in einem kleinen Gemach neben dem Megaron ein und hielt sich tagsüber darin auf. Zu Theano sagte sie: »Mag sie den Sitz jetzt schon haben, den sie nach meinem Tode doch einnehmen wird. Mein armes, schönes Erytheia in *den* Händen!«

Theano fasste sich ein Herz und bat ihre Herrin um ein Versprechen: dass ihr Kind nie Eriopis überlassen würde. Sollte sie die Niederkunft nicht überstehen, das Kind aber leben, dann sollte sie daran denken, dass es Evander angehörte, und es zu ihm schicken. Oder besser noch, ihn zu sich rufen und es ihm übergeben, sie selbst.

Nikostrate schalt sie liebevoll: »Was für dunkle Gedanken

sind das! Nie habe ich dich so blühend gesehen; alles wird gut gehen. Aber ja, ich verspreche es dir, ich verspreche es feierlich!«

Sie hielt inne, legte ihre Hand auf Theanos Arm und sprach weiter, sehr ernst: »Auch ich habe nachgedacht in der letzten Zeit und dies ist, was ich beschlossen habe: Sobald dein Kind geboren ist, werde ich es für frei erklären, in der Form, die unser Gesetz verlangt. Denn ich weiß nicht, wann ich zu den Schatten hinuntermuss, und ich will, dass Evander nehmen kann, was sein ist.«

Theano, überwältigt von Dankbarkeit, neigte sich tief und legte ihre Wange auf Nikostrates Hand. Sie wusste, was ihre weise Herrin nicht aussprach – dass dieses Kind sicher sein sollte. Dass niemand es als Pfand benutzen oder es aus sonst einem Grund Theano entreißen konnte.

Nikostrate strich sanft über Theanos Haar und sagte, mehr zu sich selber als zu ihr: »Es ist nun einmal so – kein Tropfen unseres Blutes ist in diesem Kind und doch fühle ich, es ist mein Enkelkind, so gut wie Aktis.«

Theano zuckte zusammen, sprach aber kein Wort. Nie durfte Nikostrate wissen, dass auch in Aktis kein Tropfen ihres Blutes war. Es war der einzige Dank für ihre Großmut, den sie der Herrin entrichten konnte.

In Erytheia wurde es wieder still, Eriopis war mit allem, was zu ihr gehörte, abgereist. Nur Ino und Arne hatte sie zurückgelassen; es war ihr nicht schwer gefallen.

Noch war der Sommer nicht ganz vorüber, die Hitze war groß. Theano spürte sie in diesem Jahr, nahm es aber lächelnd hin. Ein solches Geschenk, wie ihr zuteil geworden war, durfte etwas von ihr fordern.

Es war ihr nun anzusehen, dass sie ein Kind trug, zwar noch kaum, aber die Frauen im Haus und in den Werkräumen hatten ein wissendes Lächeln in den Augen, wenn sie ihr begegneten. Alle wünschten ihr Glück und eine, die etwas vertraulicher war als die Übrigen, rief: »Endlich wieder!«

Aktis dagegen war finster, als er seine Mutter sah. Er war alt genug, zu wissen, was eine nicht mehr so schlanke Mitte, ein unbewusst behutsamer Gang bedeuteten.

Er sagte nur ein Wort: »Mekisteus?«

Und sie antwortete mit nur einem Wort: »Evander.«

Als wäre es ein Zauberwort, so fegte es ihm die Wolken von der Stirn. »Evander?«, rief er. »Du und Evander?«

»Ja, wir haben uns sehr lieb.«

»Weiß er es schon?«

»Ich werde es ihm sagen, wenn er kommt. Er wird es dann auch Themiste sagen. Antenor war vor kurzem hier, aber diese Botschaft mochte ich ihm nicht mitgeben. Er will nämlich, dass ich mit nach Troja gehe und dort helfe alles wieder aufzubauen: auch das Volk.«

Aktis verstand, was sie mit den letzten Worten meinte; er lachte laut. Und er freute sich. So kannte er seine Mutter nicht. Sie sprach mit ihm wie mit einem Erwachsenen, sie scherzte mit ihm. Fröhlich waren sie oft miteinander gewesen, aber eben kindlich-fröhlich. Er fühlte, dass sie von jetzt an in ein anderes Verhältnis traten: Er war jetzt der große Sohn. Er konnte seiner Mutter eine Stütze sein, wenn sie es brauchte.

Sie saß an ihrem Webstuhl und arbeitete, während er ihr von Pylos erzählte. Er sollte schon bald den Hof der Knaben verlassen und zu der jungen Schar hinüberwechseln, die von Nestors Kriegern ausgebildet wurde.

Theano fand es bedenklich; ob er nicht zu jung sei für diesen

Schritt? Vielleicht, gab er sorglos zurück, aber er sei groß genug für zwölf und stark genug für vierzehn Jahre.

Das lehnte sie ab. »Eilt es so sehr?«, fragte sie. »Stetig wächst der Baum. Wer hat das angeordnet?«

»Mekisteus, wer sonst? Es war, nachdem Evander mich gelobt hatte. Er hält große Stücke auf Evander.«

Es waren immer die besten Tage, wenn Aktis daheim war. Aber diesmal waren sie noch reicher als früher. Und als er wieder fort war, kam jedes Mal ein Gruß von ihm, sooft Timalkos oder sonst ein Bote von Pylos zurückkehrte. Die Tontäfelchen mehrten sich in Theanos Truhe, jedes mit einem eingeritzten Symbol: einem Vogel im Flug, einem Schiff mit großem Segel, einer Ähre, einem Pferdekopf. Mit dem letzten ging sie zu Aktis' zottigem Freund; offensichtlich war es für ihn bestimmt. Was Vogel und Segel ihr sagen sollten, erriet sie leicht, ebenso wie die Ähre, aber dieser klobige kleine Pferdekopf hatte ihr nichts zu sagen.

Dem Lenker dagegen sagte er etwas, aber was es war, konnte er ihr nicht erklären. Sie lächelte ihm zu, gab ihm außer Äpfeln ein paar Sesamkringel für seine und Aktis' Lieblinge und wollte gehen. Er aber ergriff ihre Hand und legte sie auf die kleine Wölbung unter ihrem Gürtel, dann ging er zu der kleinen Stute, die rund wie ein Ölkrug war, legte seine Hand an ihre Flanke und nickte ausdrücklich. Was sich in ihnen beiden begab, hatte seine Billigung.

Theano zählte ihre Freunde zusammen: eine thrakische, weise Frau, die manche eine Hexe nannten, ein halb wilder Waldmensch, ein Türhüter, der ein Sklave war, und die Herrin von Erytheia. Wahrlich, eine wunderliche Mischung. Arne zählte sie nicht mit, es war nicht Wunderliches an Arne.

Sie wurde ernst. Sie hatte nichts, das sie ihr Eigen nennen

durfte, nicht einmal das Gewand, das sie trug. Aber an Freunden war sie reich.

Reicher noch an Liebe. Evander kam, sah sie und nahm sie in die Arme. »Unser Kind!«, sagte er, nichts weiter, aber sie wusste, wie beglückt er war. Nikostrates Versprechen rührte ihn tief. »Das ist eine wahrhaft edle Frau«, sagte er, »was kann ich tun, ihr meinen Dank zu erweisen? Weißt du etwas, Theano?«

Ja, sie wusste etwas. »Sei ihr ein Sohn!«, bat sie. »Kehre manchmal bei ihr ein, zeige ihr, dass sie dir wert ist.«

»Ich werde es tun«, versprach er, »und es wird mir nicht schwer fallen.«

Achtundzwanzigstes Kapitel

Mekisteus war überrascht, als er Theano nach einiger Zeit wiedersah. Nikostrate begrüßte ihn im Megaron, Theano kam mit Wein und Brot, grüßte den Herrn mit einem leichten Kopfneigen und ging wieder hinaus. Er blickte ihr nach. »Ist sie trächtig?«, fragte er, als spräche er von einem Stück Vieh.

Seine Mutter sah ihn an und in ihren Augen stand unverhüllte Abneigung. »Wenn du meinst: ›Erwartet Theano ein Kind‹ – ja.«

»Von wem?«

»Von deinem Gastfreund Evander«, sagte sie.

»Evander? Er hat sie kaum gesehen.«

»Du solltest es wissen, du hast sie zu seinem Bett geschickt.«

Er zuckte die Schultern: »Warum nicht?«

»Weil sie meine Sklavin ist, nicht die deine«, erwiderte sie mit Schärfe. »Das hattest du wohl vergessen.«

Mekisteus zuckte nochmals die Schultern. Er erinnerte sich nicht genau, sicher hatte sie Recht. Er rief einen Sklaven, er solle Aletes Bescheid geben, dass sein Herr hier sei. Dann wandte er sich wieder seiner Mutter zu. »Gegen Evander habe ich nichts«, sagte er wie beiläufig. Er überlegte. »Ich könnte das Kind aussetzen lassen«, bemerkte er schließlich.

»Dann hättest du mit mir zu rechnen, mein Sohn!« Nikostrate hatte sich erhoben und stand sehr aufrecht vor ihm, eine schmale, gebrechliche alte Frau, und doch in diesem Augenblick eine unerschrockene Gegnerin.

»Was könntest du tun?«, sagte er geringschätzig.

»Dich verfluchen, dich und dein Haus. Und ich meine nicht Erytheia, denn es ist mein Haus.

Selbst Mekisteus wusste, dass der Fluch einer Mutter von den Göttern erhört wurde. Er lenkte ein: »Es war nur ein Scherz.«

»Sind es solche Scherze, die ihr an Nestors Hof lustig findet?« Sie nahm ihr Gewand zusammen und schüttelte es, als hätte es Schmutz gestreift, und ließ ihn im Megaron allein.

Dass seine Mutter Nestors Namen erwähnt hatte, gab ihm zu denken. Vor seinem Fürsten zeigte er sich stets ehrerbietig; Nestor sollte nicht hören, dass er es seiner Mutter gegenüber nicht war.

Aletes fiel ihm ein, der auf dem Hofe auf ihn wartete. Der hatte einst die Trojanerin begehrt – er hätte sie ihm geben sollen!

Und nun Evander. Sie war nicht einmal mehr jung. Er verstand es nicht. Er selbst hatte sie nur genommen, weil es sein Recht war. Aber sie hatte ihm Aktis geboren. Selbst Nestor hatte gesagt, auf einen solchen Sohn dürfte er stolz sein. Hatte der Fürst vergessen, wer Aktis' Mutter war? Wie konnte er stolz sein?

Dumme Gedanken. Mekisteus ging hinaus, um mit Aletes ein vernünftiges Gespräch über Reben und Winterkorn zu führen.

Es war Mittwinter, als Theano einer Tochter das Leben schenkte. Die Geburt war leicht, sie war schnell vorüber, Dryope und Arne hatten ihr beigestanden. Nun lobten sie abwechselnd die Mutter und priesen das Kind.

Sie reichte es Arne: »Geh, zeig es der Herrin!« Denn Nikostrate musste seit einigen Tagen das Bett hüten. Einer ihrer Schwächeanfälle hatte sie heimgesucht.

Dryope blieb bei Theano, sie setzte sich an den Bettrand. »Wie soll sie heißen«, erkundigte sie sich, »und wie wirst du Evander wissen lassen, dass er eine Tochter hat?«

Theano lächelte unendlich sanft. »Zwei Fragen auf einmal«, scherzte sie. »Wie ich sie nennen werde? Alkyone, wenn Evander nichts dagegen hat. Und wie ich es Evander wissen lasse? Nichts leichter als das. Evander ist in Pylos, als Nestors Gast.«

Die Thrakerin lachte nicht oft laut, aber jetzt tat sie es.

Sie wurde ernst. »Theano, du weißt, du bist mir wie eine Tochter. Mit Evander ist das Glück gekommen – solltest du nicht zu ihm gehen und bei ihm bleiben? Nikostrate ist sehr schwach; wie lange kann sie dich noch schützen? Dich und deine kleine Alkyone?«

»Und Aktis überlasse ich Mekisteus?«

»Du hast mir selbst gesagt, dass er jetzt in Nestors Palast lebt, also unter seinem Schutz.«

»Immer noch in Mekisteus' Gewalt. Und Nikostrate, so alt, so allein. Sollte ich sie verlassen? Und dich, Dryope?«

»Mich könntest du mitnehmen. Erytheia hat jetzt Arne.«

»Ja, sie macht sich ausgezeichnet, unsere Arne. Es ist gut, dass wir sie haben. Aber sie ist nicht Dryope.«

Eben kam die so Gelobte mit dem schreienden Bündel neuen Lebens herein und legte es Theano an die Brust: »Da! Bei Nikostrate hat sie sich nicht sehr gut aufgeführt. Aber unsere Prinzess hatte Hunger. – Hat sie schon einen Namen?«

Dryope antwortete für Theano, die nicht hingehört hatte: »Alkyone. Ein schöner Name, nur ein bisschen lang.«

»Solange sie klein ist, können wir sie Alky rufen«, meinte Arne.

»Alky, doch, das könnten wir«, stimmte Dryope zu und Theano, halb im Schlaf und tief zufrieden, murmelte: »Alky und Aktis. Meine beiden. Ja, das klingt gut zusammen.«

Evander erschien am nächsten Tag, seine Tochter zu sehen und die Frau, die sie ihm geboren hatte. Nikostrate brachte ihn zu ihr, so schwach sie war, aber bei diesem freudigen ersten Sehen wollte sie nicht fehlen. Sie selbst gab Evander das Kind in die Arme – er bestand darauf: Es nur anzusehen genügte ihm nicht. Theano lehnte an ihrem Polster und sah lächelnd zu, mit welcher Vorsicht er das zarte Geschöpf hielt, behütend und schützend zugleich; sie brauchte keine Angst zu haben, dass dieses Kind je von ihm verlassen würde. Sie selber vielleicht, aber seine Tochter nie.

Nikostrate ließ sie allein. Evander gab Theano das Kind zurück, sah zu, wie sie es sorgsam an ihre Schulter legte, um es dann sicher und warm in ihren Arm zu betten. Er setzte sich auf den Rand des Lagers, beugte sich zu ihr hin und küsste sie beide. »Das Einzige, was mir gefehlt hat, eine Tochter. Und Haare hat sie auch schon«, sagte er bewundernd. »Mein Haar!«

Er hatte Recht, es war sein Haar. Braun wie Bronze, aber

hier etwas heller. Er strich mit einem Finger darüber hin – so weich! – und fragte: »Wie werden wir sie nennen?«

»Wenn dir der Name gefällt: Alkyone.«

Sinnend betrachtete er sie. »Ich glaube, ich verstehe, wie du es meinst. Alkyone – ja, das gefällt mir. So soll sie heißen.«

Theano dachte daran, wie sie einst Aktis seinen Namen erkämpft hatte. Damals hatte ihr ein Feind gegenübergestanden; wie ganz anders war es jetzt! Aber nun kam Arne herein und bat Evander auf einen Augenblick zu ihrer Herrin zu kommen und er ging.

Nikostrate saß in dem kleinen Gemach neben dem Megaron, sie war allein, aber Wein und ein kleiner Imbiss standen für ihn bereit.

»Reitest du heute noch zurück, Evander?«, fragte sie und als er sagte, das müsste er leider, kam sie gleich zu dem, was sie ihm mitzuteilen hatte: »Es geht um deine Tochter. Ich habe sie gestern, am Tag ihrer Geburt, freigelassen, in aller Form und vor Zeugen. Wie ich auch Theano längst die Freiheit geschenkt hätte, aber da hat mein Sohn mitzureden.« Sie schwieg, dann sah sie ihn offen an. »Ich möchte dir auch sagen, dass du mir als Gast stets willkommen sein wirst, als wärst du mein Verwandter; du sollst von deiner Lieben und von deinem Kind nicht getrennt sein. – Nicht durch mich«, ergänzte sie hastig.

»Du denkst an Mekisteus, Herrin.«

»Ich muss es wohl. Er ist der Erbe, er hat mitzubestimmen. Ihr seid Freunde?«

»Nein. Ich kam damals nur mit ihm nach Erytheia, weil Nestor es ihm nahe gelegt hatte.«

»Darf ich dich noch etwas fragen? Ich weiß, du hast eine Gattin und Söhne; vielleicht hast du daran gedacht, Theano zu dir zu nehmen?«

»Ganz am Anfang haben wir darüber gesprochen und sie sagte Nein, wegen Aktis, den sie nie verlassen würde oder verlieren dürfte. Ich wusste vorher schon, was ihre Antwort sein würde. In jener Nacht, als Mekisteus sie zu mir schickte, sprach sie zu mir über Aktis und ich verstand sie sehr gut.«

Nikostrate seufzte leise. »Wie verwickelt sind doch die Schicksale der Menschen«, sagte sie traurig.

»Ja, Herrin, und nicht nur Theanos, sondern auch das meine. Aridela, meine Gattin, und meine Söhne sind mir fremd, als kämen sie von den Grenzen der Erde. Darum bin ich flüchtig geworden, ein unsteter Mensch. Auch wenn Theano frei wäre, in mein Haus könnte ich sie nicht bringen. Aridela ist stolz und hart.«

»So bleibt euch nur eins – einander zu sehen, wenn das Glück es will. Theano und das Kind haben bei mir ihre Heimat, solange ich lebe. Es kann aber sein, Evander, dass ich nicht mehr lange lebe.«

»Sei ganz ruhig, Herrin, ich werde zur Stelle sein, wenn sie mich braucht.« Dann küsste er sie, wie ein Sohn seine Mutter küsst, und ging zurück zu Theano und seiner kleinen Alkyone.

Im ersten Frühlingsmonat rüstete Theano sich zu einer Reise: nach Triphylia, um Themiste ihr Kind zu zeigen. Und nicht allein darum ging es ihr, sondern auch darum, das Kind unter den Schutz von Themistes Göttin zu stellen.

Mit der milderen Jahreszeit hatte Nikostrates Befinden sich erheblich verbessert und als Theano sie bat auf einige Tage fortgehen zu dürfen, sagte sie sofort zu. Erst dann fragte sie, wohin es gehen sollte.

»Zu jenem Schrein, den ich schon einmal besuchte, mit Eriopis«, sagte Theano. »Es ist eine sehr mächtige Gottheit. Bevor

Alky geboren war, habe ich gelobt, mein Kind zu ihr zu bringen, dass sie es segne.«

Nikostrate erinnerte sich an gewisse düstere Vorahnungen, die Theano damals geäußert hatte. »Geh nur«, stimmte sie zu, »bring ihr auch Gaben von mir. – Wen willst du mitnehmen?«

»Timalkos, wenn du ihn entbehren kannst, denn er kennt den Weg, und ein oder zwei von unseren Mädchen. Ein paar Maultiere werden wir brauchen und die Packesel mit ihren Treibern.«

Die Herrin meinte, das sei nicht zu viel, aber solch ein Ritt mit dem kleinen Kind würde sehr ermüdend sein.

»Darum die Mädchen oder auch nur eins. Wir wechseln uns ab.«

Ein Mädchen, das auf einem Maultier reiten konnte, war zur Hand. Es stammte von einem Gehöft ganz in der Nähe; Nikostrate hatte es in ihr Haus genommen, um Antibia zu entlasten und eines Tages zu ersetzen. Es hieß Janthe und war der fröhlichen Dirke sehr ähnlich.

Timalkos traute sich zu, den Weg wieder zu finden, selbst nach all der Zeit. Einmal in Triphylia angelangt, könnten sie einen Ortskundigen dingen, der sie zum Heiligtum geleiten würde.

So zogen sie aus, eines frühen Morgens, und einen schöneren konnten sie sich nicht wünschen. Was Theano nicht wusste, war, dass noch jemand auszog und ihnen von weitem folgte, abseits von ihrem Weg. Ein kleiner, dunkler Reiter auf einem kleinen, dunklen Pferd: Aktis' Freund, der Lenker. Wo immer längs der Straße Gehölze waren, tauchte er in ihren Schatten, oft ritt er über Höhen, während sie unten zogen, und immer ritt er in der gleichen Richtung und nie bekam ihn jemand zu Gesicht.

Was ihn dazu bewog, wer konnte es sagen? Vielleicht ein

dumpfes Ahnen, dass seines Freundes Mutter beschützt werden musste, wenn sie so weit durch das Land zog?

Theano und ihre Begleiter erreichten das Ziel schneller als beim ersten Mal, da sie wohl Rast hielten, aber nie lange. Auch waren sie ohne Karren. Auf Wegen wie diesen ohne Karren – das half. Am Abend des zweiten Tages waren sie in Triphylia und blieben auf einem Gehöft über Nacht. Am Mittmorgen des dritten Tages erreichten sie das Heiligtum.

Neunundzwanzigstes Kapitel

Es war noch ganz so, wie Theano es im Gedächtnis trug: der Vorhof des Schreines mit seinem Altar, die Äste der Platanen über seiner Mauer, die Bank, auf der sie damals gewartet hatte ... und Themiste, die ihr entgegenkam, diesmal nicht im Halbdunkel des Tempels.

Sie glitt vom Rücken ihres Reittieres und nahm Janthe das Kind ab und hier war Themiste mit ausgestreckten Händen, es zu empfangen. »Komm«, sagte die Priesterin, »das Erste zuerst.«

Sie ging voran in den Tempel, aber durch den Vorhang ging sie allein – mit dem Kind. Es schlief; es erwachte auch nicht, als sie es dem Bild der Göttin entgegenhob. Worte waren nicht vonnöten. Die Mächtige wusste, was ihr Herz sprach.

Sie kehrte zurück zu Theano und sagte: »Nun ist dein Kind eins der ihrigen und ich bin mein Leben lang durch meinen Schwur gebunden, es zu schützen. Deswegen kamst du doch, Theano?«

Theano lächelte, aber ihre Augen waren feucht. »Nicht nur deswegen«, gab sie zurück. »Du hier, Themiste, du und die deinigen – wen sonst habe ich? Man bringt ein neues Kind zu den seinigen, damit sie es in ihren Kreis aufnehmen und es zu ihnen gehört.«

Langsam gingen sie auf Themistes Haus zu. Timalkos war mit seinem Gefolge von Eselstreibern zum alten Lagerplatz hingewandert, nur Janthe stand noch im Vorhof mit den Bündeln, die sie herausgesucht und abgeladen hatte. Theano kam eilends zurück: »Janthe! Ich habe gar nicht mehr an dich gedacht! Wir hatten uns so lange nicht gesehen, die Priesterin und ich. Wir werden bei ihr wohnen, du schläfst bei Anippe. Sieh, da kommt sie gerade.«

Anippe lief herbei, sie zu begrüßen und sie ins Haus zu geleiten. Theano machte die beiden miteinander bekannt, alle drei beluden sich mit den Bündeln und gingen Themiste nach.

Sie saß in ihrem kleinen Hof und hielt das Kind in ihren Armen. Es war nun wach und sah sie groß an; sie drückte es an sich: Man sah, ihre Freude war groß. »Es kommt noch jemand«, sagte sie, »jemand, der es nicht abwarten kann, seine Tochter wiederzusehen. – Theano, lass es mich sagen, wie froh ich bin, dass ihr euch gefunden habt! Evander ist so ganz, was ich für dich erwünscht hätte. Er war hier, wir haben über vieles gesprochen und heute kommt er wieder.«

»Du denkst nicht, dass ich treulos bin, Themiste?«

»Treulos, du? Es ist zehn Jahre her, seit Anthas starb, zehn Jahre hast du gelebt, als wärst du einem Altar geweiht. Wenn dir die Schicksalsgöttinnen nun einen helleren Faden spinnen, solltest du nehmen, was dir geschenkt wurde, ohne zu fragen.«

»Ohne zu fragen, ohne dich zu fragen, war mir nicht möglich. Aber ich bin dankbar. Er – Evander – ist die Güte selbst.«

»Ihr denkt nicht daran, jetzt, da ihr drei seid –«

»Vier, mit Aktis.«

»Aktis lebt auf etliche Jahre noch an Nestors Hof. Aber ihr, denkt ihr nicht daran, in Gemeinschaft zu leben?«

»Denken, daran denken, ja. Aber sollten wir auch das noch begehren? Wir haben so viel, Themiste.« Sie schwieg, dann begann sie in einem anderen Ton: »Ich weiß auch, dass ich Evander nicht festhalten sollte. Er muss frei schweifen dürfen, so viel er mag. Dann kehrt er wieder und wieder zu mir zurück.«

»Du bist sehr weise, Theano. – Was sagt denn Aktis von der kleinen Schwester?«

»Das sage ich dir mit seinen eigenen Worten: ›Sie ist sehr niedlich, aber ein Fohlen ist doch besser. Das kann schon am ersten Tag auf seinen Beinen stehen.‹«

Sie lachten, aber Themiste hängte einen kleinen Seufzer daran: »Wie gerne würde ich ihn wiedersehen. Ist er recht groß geworden?«

»Ja, und kräftig. Sie sehen ihn für dreizehn an, dort an Nestors Hof.«

Anippe und Janthe kamen, das Mahl aufzutischen. Theano erhob sich und nahm ihre kleine Tochter aus Themistes Armen: »Es wäre gut, sie vorher zu versorgen. Janthe, das Bündel!« Sie verschwand mit dem Kind im Nebenraum; es erwachte, als sie es frisch einhüllte, und suchte hungrig nach ihrer Brust. Sie setzte sich, sehr glücklich, wieder hier zu sein, wie in einem Elternhaus, dachte sie – und gab ihrem Kind zu trinken.

Fern auf einer Hügelkuppe hielt der dunkle Reiter, ungesehen, und wartete, bis er sicher war, dies sei das Ziel. Erst dann suchte er sich einen Unterschlupf und etwas, seinen Hunger zu stillen. Den Durst zu löschen, auch den des kleinen Hengstes, gab es Quellen genug an diesem Berg.

Sie saßen noch bei den Resten des Mahles, als Schritte hörbar wurden. Themiste erhob sich: »Das wird Evander sein.«

Noch war sie nicht bei der Tür, als der Vorhang zur Seite gezogen wurde und der Erwartete eintrat; ihm nach kam ein junger Mensch, kein Sklave, sondern ein Gefährte. Er stellte ihn Themiste als den Sohn seines Gastfreundes Leonymos vor, Learchos aus Mantineia. Dann wandte er sich Theano zu und fragte: »Schläft unsere Tochter?«

»Ich weiß es nicht. Gehen wir und sehen nach?«

»Darum bin ich gekommen.«

»Um Alkyone schlafen zu sehen?« Sie lachte leise. »So komm. Aber wenn sie schläft, wecke sie nicht auf.«

Themiste gab unterdessen Anweisungen, die das Essen und die Nachtlager für ihre Gäste betrafen; Anippe und Janthe gingen ins Haus, das Erstere zu besorgen. Noch ein junger Mann kam hinzu, Myndon, einer von Themistes Freigelassenen, der ihren kleinen Landbesitz verwaltete. Er brachte die Nachricht, dass im nächsten Hafen ein Schiff erwartet würde; ob sie Fracht oder eine Botschaft hinschicken wollte?

Wohin das Schiff segelte, wurde nicht erwähnt, es schien aber, dass öfter Schiffe dort anlegten und Reisende an Bord nahmen oder was sonst den Weg zur asiatischen Küste antreten sollte. Themiste verneinte – erst für das nächste Schiff würde sie eine Sendung bereithaben.

Sie bat Myndon zurückzukommen, wenn er dem Vermittler Bescheid geschickt hatte: »Wie du siehst, Myndon, habe ich Gäste. Evander hat mit mir viel zu besprechen, aber Learchos hier würde sicher gern etwas von unserem kleinen Land sehen.«

Themiste wusste, dass Evander hier bleiben wollte, solange Theano blieb, und gewiss die Zeit mit ihr verbringen würde. Die beiden hatten nicht oft die Gelegenheit, einander zu sehen, dieser junge Learchos aber sollte sich nicht langweilen. Myndon war gern bereit, sich des unerwarteten Gastes anzunehmen und auch den Abend bei Themiste zu verbringen.

Er war weit in der Welt umhergekommen, er würde ein unterhaltsamer Gefährte für Learchos sein.

Inzwischen waren Theano und Evander zum Tisch zurückgekehrt, wo ein frühes Abendbrot auf ihn und Learchos wartete. Der junge Mann war überrascht, dass die Frauen mit ihnen am Tisch saßen und sich mit Evander unterhielten, als ob sie eben nicht Frauen wären. Besonders die Gastgeberin schien über vieles unterrichtet zu sein, das eigentlich nur Männer anging. Es war von einer Schenkung die Rede und von einem Schiff, das Evander bauen ließ – oder war das Schiff die Schenkung?

Learchos fing an sich zu wundern, in was für ein Haus er gekommen war. Wer war diese Frau, so voll Hoheit, die sich mit ihren Dienern zu Tisch setzte? Und die andere, die jüngere, die sich ein wenig außerhalb des Lampenscheins hielt und am Gespräch nicht teilnahm – aber einmal streckte Evander seine Hand aus und augenblicklich legte sie die ihre hinein; wer war sie?

Wer war Evander selbst? Ein Gastfreund seines Vaters, der zu den Bergen bei Kyparissia unterwegs war, wo er jagen wollte, und dem er sich ohne weiteres angeschlossen hatte. Und dann kam dieser Abstecher zu einem Ort, dessen Namen er nicht einmal kannte.

Aber Learchos war zu müde nach einem langen Ritt und auch wohl zu unerfahren, das Rätsel zu lösen. Und nun kam Myndon zurück, der sich zu ihm setzte und ihm Vorschläge für den kommenden Tag machte. Sogar jagen könnten sie, sagte Myndon, denn die Hügelhänge wären voll von Rebhühnern, und Hasen sollte es auch geben. Learchos war zu allem bereit –

morgen –, aber jetzt verlangte ihn nach nichts so sehr wie nach einem guten, langen Schlaf. So nahm ihn Myndon mit zu seinem Haus, das, von Weingärten umgeben, nicht weit von hier stand. Evander erklärte, er käme ihm später nach, und es hieß »Gute Nacht« und »Guten Schlaf«.

Während Learchos sich dankbar in Myndons Bett ausstreckte – sein neuer Freund hatte es ihm abgetreten –, saßen Themiste und ihre Freunde noch eine geraume Zeit beieinander und besprachen wichtige Dinge. Anippe und Janthe hatten sich zurückgezogen, sie konnten frei reden: über Troja und wie es mit dem großen Werk stand; über das Schiff, das Evanders Beitrag zu diesem großen Werk war, denn er hatte Feuer gefangen und sich tätig dem Unternehmen angeschlossen, in einem Augenblick es zu seinem eigenen gemacht – zuletzt auch über ein Netz von Kundschaftern, das er erstellen wollte und dessen Mittelpunkt Themiste sein sollte. Evander, der überallhin kam, in Städte, zu Herrensitzen; den man herbeirief, wenn ein Untier das Land verwüstete oder eine Räuberschar zu übermütig wurde und eine Gegend unsicher machte – Evander war besonders geeignet, einen solchen geheimen Verkehr aufzubauen und aufrechtzuerhalten. Aber Themiste sah nicht ein, wozu ein solches Netz nötig wäre; was sollte daraus erwachsen?

Evander gab zu, genau wisse er es noch nicht, es sei ihm gerade erst eingefallen.

Vor allem ging es ihm heute darum, das Dasein seines Kindes sicherzustellen. Er würde die Einkünfte seiner Besitzungen hierher lenken. Themiste erklärte sich bereit, sie zu verwalten. Dass Nikostrate ihr Wort gehalten und Alkyone für frei erklärt hatte, wusste Themiste; nun fügte Evander hinzu, sie solle nicht nur frei, sondern auch vor jeder Not geschützt sein. Auch an Aktis dachte er, man konnte nie wissen, was plötzlich wie ein

Blitz vom Himmel herabfahren mochte. »Du weißt nicht, was diese beiden Kinder mir sind, Themiste«, sagte er eindringlich.

Themiste erwiderte, doch, sie wüsste es, waren sie ihr doch lieb wie eigene Kinder. »Wäre Theano frei, sie könnten in der Hut des Schreines aufwachsen. Und eines Tages –«

»Ja, eines Tages«, bemerkte Evander, »flögst du mit ihnen und Theano übers Meer davon – nach Troja! Aber ich käme euch nach, sei ganz sicher.«

»Ich bin sicher!«, sagte Theano.

Dreißigstes Kapitel

Themiste gab Evander und Theano einen ganzen Tag für sich und freute sich, wie glücklich die zwei darüber waren. Sie selbst ging ihren Pflichten nach und sprach mit denen, die zu opfern kamen oder Rat suchten. Anippe stand ihr dabei zur Seite. Janthe wanderte zum Lagerplatz hin und sah sich an, wie Timalkos sich und seine Leute untergebracht hatte. Myndon hatte ein halbes Lamm geschickt, das rösteten sie am Spieß; duftende Rauchschwaden zogen über den Platz dahin. »Hast du viel zu tun?«, fragte er und sie antwortete, nein, heute nicht.

»Dann bleib hier und hilf uns all das schöne Fleisch zu essen«, schlug er ihr vor und sie lief zu Theano, sich die Erlaubnis zu holen. Sie erhielt sie und dazu ein Wort für Timalkos: Morgen früh gehe es heim nach Erytheia.

Lange saßen Theano und Evander in dem stillen Hof, die kleine Tochter im Schoß der Mutter; sie redeten nicht viel. Eins wusste, was das andere zu sagen hatte, nichts von Wichtigkeit, aber ihnen das Wichtigste von allem. Sie scherzten darüber, aber dann wurde er ernst und eröffnete ihr, dass er selbst übers Meer fahren wollte und sich ansehen, was dort auf Trojas Hügel im Entstehen sei. »Wenn sie das Werk mit Verstand betreiben, wenn alle eines Geistes und eines Willens sind, werde ich eure gute Sache zur meinigen machen. Dies ist, was ich immer gesucht habe: eine würdige Aufgabe. Denn, Theano, ein Leben lang in Wäldern umherzustreifen, das halte ich nicht für eine würdige Aufgabe. Was gibt es sonst noch? Krieg führen – gegen wen, meine Nachbarn? Ich bin nicht streitsüchtig. Aber Troja, dein Troja! Eine vernichtete Stadt wieder ins Leben zu rufen, dabei zu helfen, nicht nur mit Gold, auch mit meinen Kräften, das hat Wert.«

»Man wird davon singen«, sagte Theano mit leuchtenden Augen, »in fernen Zeiten wird man davon singen, wie Troja wieder erstand.«

»Einstweilen singen die Barden nur von Trojas Fall«, war seine Antwort darauf. Aber Themiste, die zu ihnen getreten war, meinte: »Sie wissen eben nicht alles und Antenor, der alles weiß, verrät nichts.«

Sie nahm Theano das Kind aus den Armen, erzählte, Janthe sei drüben bei Timalkos, den Treibern und einem halben gerösteten Lamm, und sie selber wolle nun ein Weilchen Kindsmagd spielen: »Geht, ihr zwei! Ich gebe auf euren Sprössling Acht.«

Sie gehorchten gern, mussten sie doch früh am nächsten Morgen voneinander Abschied nehmen. Diesmal vielleicht auf lange, wenn Evander wirklich nach Troja reisen sollte.

Theano konnte nur hoffen, dass Aktis nichts davon erfahren würde, er würde schwer zu halten sein. Aber Evander beruhigte sie – noch sei es nicht so weit; er hätte auch nicht vor, in der nächsten Zeit in Pylos zu sein. Bei ihr, ja, wenn er es einrichten könne, aber bei Nestor nicht. Also sei es unwahrscheinlich, dass Aktis es erführe.

Evander und Learchos brachen am nächsten Morgen schon vor Sonnenaufgang auf, Learchos immer noch verwirrt, obwohl er inzwischen von Myndon etwas mehr über den gastlichen Ort ohne Namen gehört hatte. Er nahm sich vor, niemandem etwas von diesem Aufenthalt zu erzählen; man würde ihm nicht glauben. Zu einem Jagdausflug abzureiten und in einem ländlichen Schrein zu landen, das war lächerlich.

Myndon, allerdings, der war alles andere als lächerlich. Den Tag mit ihm hatte er sehr genossen und sie hatten eine achtbare Zahl von Rebhühnern erbeutet.

»Warte, bis wir auf dem Lykäon jagen«, versprach ihm Evander, »da gibt es andere Beute. Wir wär's mit einem schönen Luchsfell oder mit den Hauern eines Ebers zu einem Kriegshelm für dich?«

»Eber – auf dem Lykäon?«, zweifelte Learchos.

»Nicht ganz oben«, gab Evander zu.

Während sie redeten, ritt Theano auf anderem Wege tief in Gedanken dahin. Sie hatte viel gehört und erfahren bei diesem kurzen Besuch, sie würde Tage brauchen, das alles zu ordnen und im Gedächtnis zu verstauen.

Der Abschied von Themiste war ihr schwer geworden. Noch ganz zuletzt hatte die schwesterliche Freundin ihr geraten, ja ihr ernstlich zugeredet, mit den Kindern zu fliehen und zu ihr zu kommen – »und dann ein Schiff nach Troja!«

»Würdest du an Bord sein?«, hatte Theano gefragt.

»Nein, oder doch erst viel später«, war die Antwort gewesen. »Du weißt, mein Platz ist hier.«

»Und der meine, solange Aktis noch so jung ist, ist in Erytheia«, hatte Theano erwidert. Dabei waren ihr aber doch die Tränen gekommen, denn was Themiste ihr ausmalte, war ihr eigener, liebster und bester Wunsch, schon seit Jahren.

Janthe, die neben ihr dahinritt, sang leise vor sich hin. Alky schlief, die Landschaft lag lieblich und friedlich im Sonnenlicht. Lerchen jubelten hoch über ihnen, und hier unten, am Wegrain, liefen die Haubenlerchen zwischen Gras und Steinen umher und schwatzten sich und der Welt etwas vor.

Nur ich bin schweren Herzens, dachte Theano. Aber der schöne Tag ließ es nicht zu, dass sie allzu lange traurigen Gedanken nachhing.

Die Ankunft in Erytheia am übernächsten Abend verwehte den letzten Rest des trüben Schleiers, der ihr noch anhaftete. Sie wurde sogleich in das Leben des Hauses hineingezogen; von Nikostrate mit beiden Händen. Sie jedenfalls war nicht schwächer als vor Theanos Abreise, Dryope, die zugegen war und in den Tagen ihrer Abwesenheit viel bei ihr gesessen hatte, sah nicht mehr ganz so müde aus und Arne hatte alle Hände voll zu tun gehabt, gedieh aber sichtlich dabei. Und wo war Ino?

»Mit Aktis draußen«, hieß es, und Theano darauf: »Aktis ist hier?«

Nikostrate erklärte, sie hätte ihn holen lassen, Ino und sie wären einsam gewesen, ohne Theano und Alky. »Und jetzt«, fügte sie hinzu, »möchte ich meine jüngste Enkelin begrüßen.«

Theano überließ ihr das krähende, strampelnde Bündel und lief hinaus. Aktis und Ino zu suchen. Sie waren, wie sie vermutete, bei den kleinen Pferden, Aktis sehr damit beschäftigt, Ino die Angst vor ihnen auszutreiben. Der Lenker stand etwas abseits, den Arm um den Nacken des Hengstes gelegt; beide, mit unergründlichen Mienen, sahen dem Verfahren zu. Sobald der

»Wilde« Theano bemerkte, gab er ein leises Schnalzen von sich. Aktis blickte sich um und im nächsten Augenblick sah Ino sich verlassen.

Bei Aktis war nicht alles in guter Ordnung, das sah Theano sofort. Er war gewachsen, aber auch schmaler geworden. Sie umarmte Ino und winkte dem Lenker zu, dann zog sie Aktis mit sich fort; Ino lief dem Hause zu.

»Nun sprich«, befahl Theano, »sag mir, was dir ist! Bist du böse, weil ich ohne dich bei Themiste gewesen bin?«

Zum Teil war es das, er wäre zu gern mit dabei gewesen, aber er gab zu, dass es nicht sein konnte, solange er in Mekisteus' Händen war. Mit Geduld und vorsichtigen Fragen holte sie schließlich doch das Wesentliche aus ihm heraus – nichts Neues, aber das Alte rücksichtslos verschärft. Jeder kleine Übermut wurde ihm als Fehler angerechnet, jede Freude ihm verdorben. Kein Bestreben wurde anerkannt, kein Erfolg genügte. Mekisteus war ein harter Zuchtmeister und, endete Aktis: »So hart wie er muss ich auch werden. Er hat es mir gesagt.«

Aufgebracht rief Theano: »Du – werden wie er? Niemals, Aktis!«

»Nein. Ich weiß, aber was soll nur werden?«

»Du gehst deinen Weg in deinem Schritt, nicht in seinem.«

»Dann sagt er, ich mache ihm Schande. Er sagt es laut, vor den anderen.«

»Das ist schwer zu ertragen«, sagte seine Mutter, »aber ertragen lässt es sich. Ich könnte mit Nikostrate deswegen reden, aber ich werde es nicht tun. Kannst du es als Prüfung ansehen, die du bestehen musst? Ich weiß, es ist sehr viel verlangt. Aber, Aktis, schwöre es auf meine Hand – wenn er unerträglich wird, kommst du zu mir.«

Er legte seine Hand auf ihre Rechte und sprach die Worte nach, die sie ihm vorsprach: »Wenn ich komme, kannst du mir dann helfen?«, fragte er kindlich.

»Ich kann es, aber es wird schwer sein. Trotzdem, mein Sohn – du kannst dich darauf verlassen, dass ich mein Äußerstes tun würde. Das musst du mir glauben. Und nicht nur ich würde dir helfen – auch Evander.«

Sein Gesicht erhellte sich: »Du hast ihn gesehen?«

»Ja, und er lässt dich grüßen. Jetzt ist es dir leichter, nicht wahr? Und auch Themiste schickt dir einen Gruß.«

»Erzähl mir doch!«

»Jetzt nicht, wir müssen zur Großmutter und du musst deiner kleinen Schwester willkommen sagen. Aber später, im alten Gang, erzähle ich dir alles.«

Es gab ihr zu denken. Dass es so früh gekommen war – und durch Evanders Lob! Gleich darauf hatte Mekisteus ihren Sohn aus dem Hof der Knaben in die Halle der jüngsten Krieger versetzt, viel zu früh.

Könnte ich es ungeschehen machen, dachte sie halb verzweifelt. Und ich war nicht einmal die Ursache! Mekisteus war es. Er hat mich zu Evander geschickt, dann ging Evander, Aktis zu sehen, und der Rest folgte.

Ein großer Zorn wuchs in ihr auf. Mekisteus, immer Mekisteus! Wohin der Mann tritt, springt Übel auf. An Nestors Hof ist er einer der Ersten, da bringt er keinem Übles. Nur mir und meinem Sohn, haderte sie.

Aber Aktis ist *mein* Sohn, er wird durchhalten. Er muss es. Und wenn er vierzehn ist, schicke ich ihn fort nach Troja.

Es ist Wahnsinn! Mit vierzehn Jahren in die Welt – nach Troja – und wenn Evander nicht dort ist?

An das, was ihr geschehen würde, wenn sie diesen Schritt tat, dachte sie nicht.

In dieser Nacht schlief Theano nur wenig. Ihr wurde bewusst, dass Mekisteus sich an Evander rächen könnte, der ihm den Sohn gestohlen hatte. Denn das würde er glauben. Aber woher sollte er wissen, dass Evander drüben wäre und dass er sich Aktis' annähme?

Ach, er würde es wissen. An Nestors Hof wusste man immer alles, was es an Neuigkeiten gab, und alles, was Evander trieb, war Neuigkeit. Sein Ruf ging durchs Land, von Fürstenhof zu Fürstenhof, und wie konnte es verborgen bleiben, wenn er das Land verließ?

Schließlich, und der Morgen graute schon, verfiel sie auf die Hoffnung aller Ausweglosen: Etwas würde geschehen, etwas sich zeigen, das den Weg wies. Etwas musste sich ändern, die Wolken mussten sich trennen und ein Licht erscheinen –

Beinahe war sie so weit, dass sie zu den hohen Göttern um Hilfe flehte. Zu den Göttern, die sie verleugnet hatte, seit Troja fiel.

Einunddreißigstes Kapitel

Zwei Jahre noch und es wurden trotz allem gute Jahre. Nicht ganz ohne Stürme, aber im Ganzen doch freundlich.

Ein wenig Glück verhalf dazu. Nein, nicht ein wenig – Theano nannte es ein unerhörtes Glück: Mekisteus war oft weit weg von Pylos. Nestor schickte ihn, den fähigsten Mann seines Hofes, zu anderen Herrschern, mit denen er regen Verkehr unterhielt. Besonders oft war er in Orchomenos, zu welchem Zweck wurde nicht bekannt. Nestor war nun sehr alt, es lag ihm daran, Pylos' Verhältnis zu den Nachbarreichen auf freundschaftlichem Boden zu wissen; es womöglich noch mehr zu festigen.

Das Land gedieh in dieser Zeit des Friedens, sein Reichtum wuchs. Hunderte von Sklavinnen arbeiteten in den Flachsfeldern Messeniens, hunderte von Sklaven pflügten, säten und ernteten, pflegten die Reben und pressten Wein, schlugen die Oliven von den Bäumen und gewannen Öl. All diese Schätze lagerten in den riesigen Tonkrügen in kühlen Kellern und von allem war genug und im Überfluss da.

Auf Nestors Weiden und Hügelhängen grasten seine Herden, vor allem Schafe, deren Wolle, wie der Flachs, von beträchtlichem Marktwert war. Ein großer Teil davon wurde in seinen Werkräumen zu gutem Tuch verarbeitet, wieder von dem Heer der Sklaven und Sklavinnen, fast alle in fernen Ländern erbeutet. Aber es gab auch manche von den Inseln unter ihnen, vom gleichen oder verwandten Stamm wie die Achäer. Darum die kleineren Kriege; wenn sie nicht aus Machtgier oder Neid erwuchsen, dann ging es um Gold und um Sklaven.

Nestor besaß reichlich von beiden, ein weiser Herrscher und vom Glück begünstigt. Theano, wenn sie über solche Dinge nachdachte, sah ihn auf seinem Thron in der herrlichen Halle sitzen, das bemalte Rund der Feuerstätte vor sich, umgeben von seinen Söhnen, denen auch wieder Söhne heranwuchsen; von Helden, die sich unter seinem milden Zepter wie Halbgötter fühlten und wieder neue Helden aufzogen. Das alles schien wie für die Ewigkeit gegründet und errichtet und mittendrin Mekisteus, der mit Nestors Söhnen fast auf der gleichen Stufe stand.

Mittendrin auch ihr Sohn. Aktis, der als Mekisteus' Sohn galt. Um ihn kreisten ihre Gedanken, um seinetwillen versuchte sie in die Zukunft zu blicken. Hatte sie recht getan, sein Wesen in ganz andere Bahnen zu lenken, ihm ein Ziel zu weisen, das weit entfernt war von diesem höfischen Wohlleben?

Nein, das ging zu weit. Es konnte sehr schnell aus sein mit Glück und Begünstigung für einen Jungen, dessen Mutter, das wusste man, eine Sklavin war. Wohl lebte Aktis am Hof, aber nicht als einer der Bevorzugten, sondern als einer, den die Bevorzugten brauchen konnten. Also war das, wofür sie ihn herangebildet hatte, das Höhere und Bessere.

Themiste hätte keinen Augenblick daran gezweifelt; wie kam sie selbst nur auf solche Gedanken?

Die Antwort darauf war – Aktis war nicht zufrieden auf dem Platz, an den Mekisteus ihn gestellt hatte. Gewiss, jetzt ging es ihm besser, da Mekisteus dem Hof so oft fern war. Aber das sorglose, fröhliche Kind, das von jedem Menschen Gutes erwartete, war Aktis nicht mehr.

Theano hielt ein. Sie durfte nicht außer Acht lassen, dass er eben kein Kind mehr war. Die Zeit nahte, da sie ihn nach Troja schicken musste; Themiste drängte längst darauf. Aber wie es bewerkstelligen? Evander war in der Troas, er hätte Aktis am liebsten mitgenommen, schon dieses Mal. Aber auch er hatte zugeben müssen, dass es im Guten einfach nicht möglich sei, Aktis freizubekommen, es sei denn, er entführe ihn. Und das sei dann nicht im Guten.

Durch all dies Sinnen geisterte eine winzige Gestalt: das Töchterchen, Alkyone. Sie war nun etwas mehr als zwei Jahre alt und war Aktis einst der Liebling aller gewesen, so war sie es noch viel mehr. Sie war Nikostrates ganzes Glück – Nikostrate, die nun bettlägerig war und an sonst nichts Freude hatte.

Aber wenn Theano ihr Alky brachte, kam Leben in ihre matten Augen, kam etwas mehr Klang in ihre matte Stimme. Und der Tag war ihr nicht mehr ganz so lang.

Wen hatte sie auch sonst? Ino war nicht mehr bei ihr. Sie hatte vor einem halben Jahr Erytheia verlassen, als Verlobte, um in ihrem künftigen Heim Wurzeln zu schlagen. Sie war noch zu jung, aber die Verbindung war von Mekisteus in die Wege geleitet und galt als sehr vorteilhaft. Die in Erytheia hörten, dass es ihr gut ging; im nächsten Jahr sollte die Hochzeit stattfinden. Dann war Ino fünfzehn Jahre alt, gerade im rechten Alter.

Theano dachte an Eriopis. Sie war fünfzehn gewesen, als Mekisteus sie zur Frau nahm. Und damals war Nestor der Ehestifter …

Sie fing ihr kleines Mädchen in den Armen auf – wie gut, dass es einen Vater wie Evander hatte! Er würde nicht auf vorteilhafte Verbindungen sehen, er wusste, wie oft sie das Glück ausschlossen.

Bevor er nach Troja abreiste, hatten sie vieles miteinander besprochen, vor allem Alkyones Zukunft. Was konnte nicht geschehen, auf See oder in der Fremde? Darum hatte er dafür gesorgt, dass ein Teil seines Reichtums in Themistes Händen blieb; sie würde ihn treu bewahren für sein Kind. Überhaupt sollte Themiste die Hüterin, nicht nur des Goldes, sondern auch des Kindes selber sein.

»Alkyone hat eine Mutter, sie hat einen Bruder«, hatte Theano eingeworfen, aber Evander sagte ernst: »Beide in den Händen des Mekisteus.« Darauf gab es keine Gegenrede.

Solcherlei Gedanken zogen ihr durch den Sinn, besonders, wenn sie abends spät oder auch in der Nacht an Nikostrates Bett saß. Die alte Frau schlief nachts nur wenig, und wenn sie allein lag, wurden die Stunden doppelt so lang. Zwar sagte sie hin und wieder, Antibia könne bei ihr sitzen, aber Theano wusste, dass Antibia oft einnickte, und was hatte die Herrin dann an ihr?

Charis und Malis, deren Pflicht es gewesen wäre, denn sie gehörten zum Frauengemach, waren auch nicht die Richtigen, so gutmütig und geduldig sie waren. Mit ihnen konnte Nikostrate nicht von früheren Zeiten reden, sie wussten nichts davon. So blieb nur Theano und ihr kam es zu.

»Wie meine Tochter«, flüsterte die alte Frau, »ganz wie meine Tochter. Du bleibst bei mir, du verlässt mich nicht –«

Und sie murmelte etwas wie: »Aber ich hatte doch nur vier oder hatte ich fünf? Vier sind mir gestorben, aber diese blieb mir.« Manches verwirrte sich in ihrem Kopf, sie war glücklich über diese fünfte Tochter und schlummerte lächelnd ein. Immer nur auf wenige Minuten; Theano entfernte sich lieber nicht.

Sie sann vor sich hin. Evander! Wie sie sich nach ihm sehnte! Ihr letztes Zusammensein mit ihm, kurz bevor er nach Asien segelte, mit einer reichen Ladung und mehreren jungen Männern, die Lust auf ferne Küsten hatten, war reine Seligkeit für sie gewesen, obwohl der Abschied vor ihnen lag. Evander hatte bis zum letzten Augenblick gewünscht, dass sie mit ihm ginge, dass sie endlich nachgeben würde. Nicht nur er, auch Dryope hatte sie gedrängt: »Nimm die Kinder und zieh mit ihm! Mekisteus ist weit weg in Thessalien, gibt's eine bessere Zeit für die Flucht?«

Aber sie hatte an Mekisteus gedacht, dessen Rache schrecklich sein würde. Er wusste ja, wer Alkyones Vater war, und er würde sofort erraten, dass sie zu ihm geflohen sei. Und sein Sohn mit ihr.

»Ihr aber seid ihm weit vorauf, wenn nicht schon an der Küste Trojas«, beharrte Dryope.

Theano sagte: »Auch Mekisteus hat Schiffe.«

Da war Dryope still. Theano, in den stillen Nächten bei Nikostrates Bett, wandte die Sorge um und um; sie fand keine Lösung. Wieder musste sie sich auf die Zeit verlassen, die Rat bringen würde – vielleicht.

Wenn Mekisteus etwas zustoßen sollte? Ein Zufall konnte es bewirken. Aber Theano glaubte nicht daran. Der Zufall traf andere Menschen, nicht Mekisteus. Und doch, wenn – nein, sie durfte es nicht wünschen, nicht einmal hoffen.

Von Nikostrates Bett ging sie zum Bett ihrer kleinen Tochter. Lange blickte sie auf das runde Gesichtchen, die kleinen, leicht geballten Hände. Wie ruhig sie atmete, wie weich das bronzefarbene Haar um die reine Stirn lag. Dieses geliebte kleine Wesen in Gefahr zu bringen – der Gedanke war ihr unerträglich.

Plötzlich bäumte sich etwas in ihr auf. Warum wird das alles mir auferlegt, warum musste ich wählen, ob zu bleiben oder zu fliehen?

Weil es mein Geschick ist. Am Geschick ist nichts zu ändern.

Nein? Dann brauchte niemand etwas zu tun. Nur leiden, wenn es zuschlägt. Geschick oder nicht, ich will nicht erleiden, ich will handeln und zuerst werde ich diesem fruchtlosen Sinnen ein Ende machen.

Was sie tun musste? All ihre Kraft und Klugheit auf das eine richten: Wie Aktis' Rettung aus Mekisteus' Gewalt zu erreichen sei. Denn um eine Rettung ging es jetzt, ihres Sohnes Wesen war gefährdet. Dass es Mekisteus darum ging, seinen Willen zu brechen wie den eines widerspenstigen Pferdes, das hatte sie längst geahnt; es war die Art dieses Mannes. Gegen sie hatte sie immer ihren stummen Kampf geführt. Jetzt aber musste sie um Aktis kämpfen und nicht mehr im Geheimen.

Zweiunddreißigstes Kapitel

Es folgten einige ruhige, aber überschattete Wochen, eine bange Zeit, denn alle wussten, dass die Herrin ihrem Ende zuging. Sie litt nicht, sie schlummerte sacht darauf zu, aber noch immer konnte das müde Herz nicht still stehen. Alles im Haus ging auf leisen Füßen, sprach mit leiser Stimme. Es war, als hielte das Haus selbst den Atem an.

Mekisteus, aus Thessalien zurück, kam mehrmals herüber. Er stand dann am Bett seiner Mutter und blickte auf sie nieder, mit unbewegtem Gesicht. Was hinter der harten Miene vorging, war nicht zu erraten. Ein vorwitziger Haussklave sagte: »Es dauert ihm zu lange.« Es wurde gehört und er wurde schwer dafür bestraft: Er steckte seitdem im nahen Steinbruch und hatte nicht einmal die Zeit, seinen Fehler zu bereuen.

In allen Haussklaven klopfte die Angst, was aus ihnen würde, wenn die weise, gütige Herrin nicht mehr war. Und keine hatte mehr Grund, sich davor zu fürchten, als Theano.

Sie ging ihren Pflichten nach und achtete darauf, dass alles in der gleichen Ordnung blieb, die Nikostrate sie gelehrt hatte. Sie behielt die Aufsicht über die Werkräume fest in den Händen und hatte trotzdem noch Zeit, Pero beizustehen, die völlig gebrochen in der Tür zum Schlafgemach hockte. Die Pflege der langsam Dahinscheidenden teilten sich Arne und Dryope. Die Thrakerin deutete an, dass ihr, Theano, wenig Zeit mehr bliebe, Vorkehrungen zu treffen.

»Vorkehrungen?«, fragte Theano erstaunt.

»Gewiss: für den Tag, an dem du einen Herrn hast, keine liebe Herrin mehr.«

»Dryope, was meinst du? Was für Vorkehrungen?«

»Eine zum Beispiel, die deine kleine Tochter und ihre Sicherheit betrifft.«

»Alkyone ist seit dem Tag ihrer Geburt eine Freie, er kann ihr nichts anhaben.«

»Nein? Auch ein frei geborenes Kind kann in die Wildnis gebracht und Füchsen und Schakalen überlassen werden. Sie wäre nicht die Erste.«

Theano war wachsbleich geworden. »Nicht einmal er könnte etwas so Schändliches tun«, flüsterte sie.

»Nein?«, wiederholte Dryope. »Das Leben eines Kindes zählt nicht viel. Es gibt Beispiele genug. Und glaube nicht, dass du mit heiler Haut davonkommst! Ist Nikostrate einmal aus dem Weg und er kann mit dir machen, was ihm gefällt. Dich in die Flachsfelder oder zu den Wasserträgerinnen schicken; dich verkaufen, weit weg von hier, an einen dreckigen Rüpel: Wer kann es ihm verbieten? Und was wird dann aus Alkyone?«

Theano, es war klar, hatte an das alles nicht so gedacht. Dryopes Worte trafen sie ins Herz. Aber es war ein starkes Herz, es stockte einen Augenblick, dann schlug es wieder, wenn auch heftiger als zuvor.

»Du hast Recht, wie immer, und ich danke dir. Sollte es so kommen, wie du sagtest, dann muss Janthe das Kind zu Themiste bringen – oder nein, nicht Janthe! Auch auf sie könnte die Strafe fallen. Ich werde sogleich an Themiste Bescheid schicken, mir einen ihrer Leute zu überlassen; der soll hier in der Nähe bleiben und Alkyone in Empfang nehmen, trifft das Schlimmste ein.«

Dryope nickte beifällig. »So ist es recht. Tu es aber heute noch! Timalkos soll dir einen Jungen leihen, der zuverlässig ist; er soll ihm einen Esel geben. Wer vermisst schon einen Esel! Alle haben genug anderes zu bedenken.«

Sofort wurde ihr Rat ausgeführt. Timalkos erfasste gleich, worum es ging, und noch in derselben Stunde trabte ein junger Sklave, der öfter Botendienste verrichtete, nach Triphylia, Theanos Worte fest im Gedächtnis und das Eselchen mit den Fersen antreibend. Er kam mit der Zusage zurück, einer von Myndons Helfern würde in Kürze eintreffen und Theano zur Verfügung stehen. Theano atmete auf: Gerade noch rechtzeitig, Nikostrate hatte nur wenige Tage noch zu leben. Aber seltsam – sie belebte sich wieder, sie nahm sogar etwas Nahrung zu sich. Mekisteus war der Meinung, das Ende sei doch nicht so nahe, und er ging auf einige Tage nach Pylos zurück.

Nun, da ihr die Trennung von ihrer Tochter so nahe bevorstand, wurde Theano ihren Pflichten untreu. Sie mochte nicht einen Augenblick ohne das Kind sein, sie brauchte seine Nähe, sie überschüttete es mit ihrer Liebe. Sie, die sich sonst so streng beherrschte, gab Alky all die Zärtlichkeit, deren sie fähig war. Und wer hatte einen größeren Hort an Zärtlichkeit als Theano?

Es war, als blühe sie neu auf, als wäre das süße Geplauder der Kleinen ein Lebenselixier für sie.

Janthe verstand, warum Theano mit Alky hinausging, unter den Olivenbäumen, Blumen zu sammeln und sie zu kleinen Sträußen zu binden, und übernahm Theanos Pflichten. »Die bringen wir der Großmutter«, sagte Theano und Alky sah sie mit großen, klugen Augen an: »Großmutter schläft.«

Sie gingen weiter, bis hin zu den Kiefern, die goldengrün im Sonnenlicht standen, atmeten ihren Duft und machten einen Kranz von Kiefernzweigen, von den ganz weichen, jungen, biegsamen, für Alkys Haar. Die Mutter sollte auch einen haben, verlangte Alky, aber die sagte Nein, heute sei alles für Alky.

Derweil versah Janthe, so jung sie war, ihr Amt, denn sie

ahnte, dass etwas schwer auf Theano lastete, Schwereres noch als der nahende Verlust der Herrin.

So verging eine Woche und immer noch lebte Nikostrate.

Das Schicksal holte aus und schlug zu. Theano wurde plötzlich aus der Zweisamkeit mit Alky gerissen: Hufschläge trafen ihr Ohr, die Hufschläge eines bis zum Äußersten angetriebenen Pferdes. Jäh hielten sie an, sie hörte Aktis' Stimme und hastige Schritte. Sie übergab Alky der jungen Charis mit dem Befehl, sie nicht hinaus oder auch nur aus den Augen zu lassen. Und sie ging aus der Seitentür, nicht durch das Megaron, ihrem Sohn entgegen. Es musste etwas vorgefallen sein: So trieb er sonst kein Pferd.

Er kam schon auf sie zu und zog sie in ein Versteck zwischen hohen Büschen, wo man sie vom Haus oder von den Höfen aus nicht sehen konnte. Sie war tief erschrocken, so verstört sah er aus.

Er ergriff ihre Hände: »Mutter, ich muss fort! Hilf mir fort, Mutter!«

»Ja, gewiss, Aktis. Was ist geschehen?«

»Ich kann dir's jetzt nicht sagen. Ich muss fort, er kann noch in dieser Stunde hier sein. Oder einer der Sklaven.«

»So schlimm ist es?«

»Es kann nicht schlimmer sein, Mutter.« Seine Augen waren wild in dem jungen Gesicht, es war grau vor Angst.

»Geh zu Antenors Hütte«, sagte sie schnell, »ich komme zu dir, mit Kleidung, mit Proviant. Dass niemand dich sieht, Aktis! Ich schicke dir den Lenker.«

Er fiel ihr um den Hals. »Gerade wollte ich es sagen! Ich hatte nur Angst, er könnte fort sein.«

»Geh nun, ich sorge für alles.«

Er schlüpfte fort und obwohl Theano den Pfad kannte, sah sie nicht die Spur von ihm.

Es war nicht die Zeit, sich zu fragen, was geschehen sein mochte. Dagegen, ganz klar, war es die Zeit, Aktis auf seinen eigenen Weg zu schicken. Sie zögerte nicht. Sie lief zu dem Hof, wo der Lenker oft zu dieser Stunde bei seinen Tieren saß, und da war er, zum Glück. Sie bedeutete ihm, zu Aktis zu gehen, zur Schutzhütte, sogleich. Er sah sie scharf an, sagte so etwas wie »Ak-tis« und verschwand.

Das war gelungen. Nun Kleidung. Sie holte, was er brauchen würde, einfaches, haltbares Zeug; sie wählte einen guten Umhang und eine dunkle Chlamys für ihn. Sandalen waren im alten Gang, sie waren neu. Sonst brauchte er nichts.

Etwas zum Essen, für jetzt und zum Mitnehmen, Brot, Fleisch, gedörrte Feigen. Das war's, ein stattliches Bündel.

War niemand im Weg? Doch, ein paar Sklaven schwatzten im Gang, nahe der Tür. Sie ließ das Bündel drinnen und trat hinaus. Ein paar strenge Worte und sie hatten es eilig wegzukommen. Der Weg war frei.

In der Schutzhütte, endlich, erfuhr sie, was sich begeben hatte. Während Aktis aß, berichtete er, in heftigen, abgerissenen Worten.

»Er war arg, Mutter, ärger als zuvor. Seit er von Thessalien zurück war. Und heute – heute nahm er mir den Schecken. Weil ich ihn liebte. Ich wäre ein Weichling. Ich sollte ein Mann sein. Ein Mann hat nicht zu lieben, er hat zu beherrschen. Du kennst ihn ja.«

»Ich kenne ihn.«

»Er befahl mir, den Schecken in das Gehege zu bringen, wo die Pferde stehen, die sie verkaufen. Meinen Schecken!«

»Und du hast dich aufgelehnt.«

»Ich habe mich geweigert. Er hat geschrien, ich solle mich vorsehen, sonst ginge es mir wie dem Schecken. Ich hab's nicht verstanden, nicht sofort. Und er sagte: ›Wie ich den Schecken verkaufe, kann ich auch dich verkaufen, Sklave, der du bist.‹«

Theano gab einen erstickten Laut von sich. Sie fasste sich: »Und dann?«

»Dann schlug er mich, mitten ins Gesicht, und die Pferdejungen standen da und grinsten. Und da sprang ich ihn an. Er hatte das nicht erwartet, kriegte mich nicht in den Griff – ich war auf dem nächsten Pferd und war weg.«

Der Lenker hatte die ganze Zeit ruhig am Boden gesessen. Jetzt zeigte er auf Aktis, auf sich selbst, auf die vier struppigen Pferde.

»Wir gehen alle zusammen«, übersetzte Aktis.

»Zu Themiste«, sagte Theano. »Sie wird dich zunächst verbergen, dann weiterbefördern: zu Evander. Fahre wohl, mein Kind. Ich gebe dir ein Geschenk mit in das neue Leben: Du bist nicht Mekisteus' Sohn.«

»Mutter!« Ein Licht brach aus seinen Augen, das zu sehen alles aufwog. »Nicht sein Sohn! Wer war mein Vater?«

»Anthas, mein geliebter Gatte. Er starb in der Nacht, da Troja fiel.«

»Ich bin ein Trojaner!«

»Und nichts anderes.« Sie nahm sein Gesicht zwischen ihre Hände und küsste seine Stirn, seine Augen. »Geh, und wenn ich kann, folge ich dir.«

»Komm jetzt mit mir!«

»Noch nicht. Denk an Alky.« Sie trat zum Lenker, der wartend dastand. Sie legte ihre Hand fest auf seine Schulter und er die seine auf ihre Schulter. Er gab ihr einen leichten Stoß. »Geh, es ist Zeit«, hieß das.

Noch einmal sah sie ihren Sohn an. »Auf nach Troja«, sagte sie und sie ging.

So schnell sie konnte, eilte sie ins Haus. Es war geglückt, noch war Mekisteus nicht erschienen. Wichtiges war zu tun, jeder Augenblick kostbar.

Zuerst sah sie nach Nikostrate. Sie lag reglos und kaum atmend da, betreut von Charis und Dryope. Die Thrakerin wiegte leise den Kopf. Das hieß, keine Änderung. »Ich habe mit dir zu reden, Dryope«, sagte sie und wandte sich zur Tür.

Dryope folgte ihr ins Frauengemach. »Es ist etwas geschehen«, sagte sie.

»Ja. Aktis ist geflohen, nach einem schlimmen Streit mit Mekisteus. Er ist auf dem Weg zu Themiste. Mekisteus kann jeden Augenblick hier sein.«

»So schnell ist es über uns hereingebrochen«, murmelte die Alte.

»Wie ein Gewitter. Es kann uns erschlagen, und darum – nimm Alky und verbirg sie gut! Behüte sie mir. Ich weiß nicht, was mir geschehen wird.«

»Verlass dich auf mich. Sollte es das Schlimmste sein, dann bringe ich sie zu Demeters Heiligtum. Ich selbst.«

Theano küsste sie. »Dank, ewigen Dank! – Dryope, was wäre ich ohne dich!«

Sie fand Malis und Alky im alten Gang, schickte das Mädchen fort und führte das Kind zu Dryope. Mit bebenden Händen strich sie über das weiche Haar, über die runde Wange. »Geh mit Dryope, Alky. Ich hole dich später ab, mein Herz.«

Dryope wollte noch etwas sagen, aber Theano winkte ihr, zu gehen.

Sie war allein. Sie hatte nun nichts mehr zu tun, als Mekisteus' Ankunft zu erwarten.

Sie machte sich dafür bereit, kämmte ihr Haar und band es auf, sie wechselte das Kleid, das sehr mitgenommen war, und nach einem kurzen Zögern wählte sie ihr bestes. So ging sie die Stufen hinab, ins Megaron.

Im gleichen Augenblick stürzte Mekisteus ins Haus. Er kam ins Megaron wie ein Sturm. »Wo ist Aktis?«

Theano, bei der letzten Stufe, hielt an. Sie trat auf ihn zu, einen Schritt, noch einen. »Fort«, sagte sie und hob den Blick.

So hatte er ihre Augen nie gesehen. Sie flammten vor – was war es – Hass? Triumph? Was hatte sie gesagt, fort?

Er stampfte mit dem Fuß auf und schrie: »Wo ist er, wo ist mein Sohn?«

»Er war nie dein Sohn«, sagte Theano.

Etwas riss in ihr, musste heraus. Sie schleuderte es ihm ins Gesicht. »Er war Anthas', des Trojaners Kind, Anthas', meines Gatten Sohn – nicht der deine! Nie der deine!«

Er stand und starrte. Er sprang vorwärts und packte sie bei den Schultern, schüttelte sie unbarmherzig, schüttelte und schüttelte und stieß sie von sich.

Sie stürzte schwer, schlug mit dem Nacken auf die Kante eines Marmorsitzes und sank zu Boden. Mekisteus riss sie hoch, um zu schlagen, um zu würgen, sich zu rächen für das, was sie ihm angetan hatte. Sie fiel leblos zurück.

Der Tumult in ihm war beinahe Wahnsinn. Tot? Sie wagte es, tot zu sein, bevor er mit ihr fertig war?

Immer war sie so gewesen, so voller Trotz, so ganz ohne Unterwürfigkeit. Selbst wenn sie gehorchte, unterwarf sie sich nicht. Sie hatte sich zu unterwerfen!

Jetzt nicht mehr. Jetzt war sie tot.

Eine harsche Stimme sprach seinen Namen. Langsam, schwerfällig wandte er sich um. Dryope stand in der Tür.

»Nun hast du sie, wo du sie immer haben wolltest, Mekisteus, zu deinen Füßen. Aber sie kniet nicht.«

Sie beugte sich über die Tote und schloss ihr die Augen. Sie verschwand. Er war mit der Trojanerin allein.

Mit ihr und der Erkenntnis: Ich habe verloren. Gesiegt hat sie.

Thienemann Taschenbuch bei OMNIBUS

Jugendbücher
für Leser von heute:
abenteuerlich oder phantastisch,
historisch oder modern,
temporeich oder verträumt,
aber immer fesselnd bis zur letzten Seite.

Günther Bentele • Nortrud Boge-Erli
Michael Ende • Thomas Fuchs • Ralf Isau
Boy Lornsen • Jo Pestum

OMNIBUS